Ulrich Wickert

Frankreich muss man lieben, um es zu verstehen

Hoffmann und Campe

1. Auflage 2017
Copyright © 2017 by Hoffmann und Campe Verlag, Hamburg
www.hoca.de
Satz: Dörlemann Satz, Lemförde
Gesetzt aus der Adobe Garamond
Druck und Bindung: Friedrich Pustet, Regensburg
Printed in Germany
ISBN 978-3-455-50217-6

HOFFMANN
UND CAMPE

Ein Unternehmen der
GANSKE VERLAGSGRUPPE

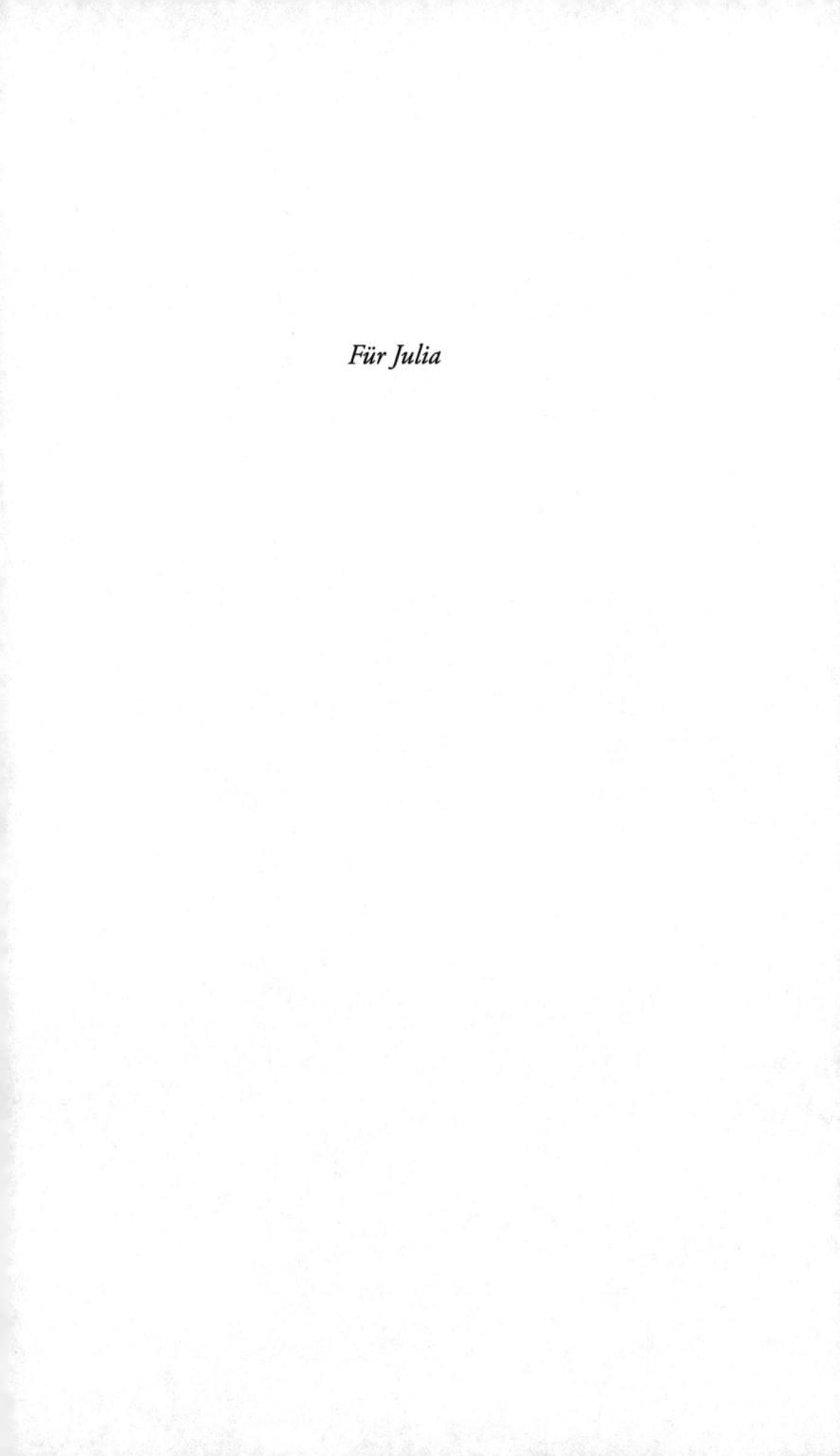

Für Julia

»Den Deutschen muss man verstehen, um ihn zu lieben.
Den Franzosen muss man lieben, um ihn zu verstehen.«

Kurt Tucholsky

Inhalt

Prolog

Ein denkwürdiges Abendessen

Den Abend des 22. September 2014 werde ich wohl nie vergessen. Bei einem vertraulichen Essen saß ich Emmanuel Macron gegenüber, dem zukünftigen Präsidenten Frankreichs. Niemand kannte diesen jungen Mann so recht, der einen Monat zuvor von Präsident Hollande zum Wirtschaftsminister ernannt worden war.

Und kein Mensch konnte seinen märchenhaften Aufstieg vorhersehen. Ich vermute, auch er selbst nicht.

Im August 2014 hatte Premierminister Manuel Valls den linken Wirtschaftsminister Arnaud Montebourg entlassen, der als Globalisierungskritiker die von Valls geplanten Wirtschaftsreformen nicht mittragen wollte. An Montebourgs Stelle trat dieser völlig unbekannte sechsunddreißigjährige Mann, mit dem ich nun am Tisch saß und den ich ausgesprochen sympathisch fand.

Emmanuel Macron hatte noch nie ein politisches Amt inne, hatte nie für ein Amt kandidiert und war nur einem kleinen Kreis als ehemaliger Wirtschaftsberater des Präsidenten bekannt. Nachdem er seinen Posten als stellvertretender Generalsekretär des Élysée im Juni aus persönlichen Gründen aufgegeben hatte, wollte er eigentlich für ein Jahr nach

Berlin ziehen, um Deutschland besser kennenzulernen; an der Hertie School of Governance sollte er eine Gastprofessur übernehmen, die ihm ein Bekannter, Hendrik Enderlein, Vizepräsident der Hochschule, vermittelt hätte.

Nun war er stattdessen Wirtschaftsminister Frankreichs geworden, weil Jean-Pierre Jouyet, ein Studienfreund von Präsident François Hollande, ihn protegierte. Auf Empfehlung Jouyets schlug Premierminister Valls ihn dem Präsidenten vor.

Der Premierminister war mit seinem neuen Wirtschaftsminister nach Hamburg gekommen, um das Airbus-Werk in Finkenwerder zu besichtigen. Zu einem kleinen Abendessen im Hotel Atlantic hatte der Premierminister den Hamburger Bürgermeister Olaf Scholz eingeladen. Ich nahm als Sekretär der Académie de Berlin an dem Essen teil.

Beim Aperitif vertieften Macron und ich uns in ein Gespräch über die wirtschaftlichen Probleme, die Frankreich hatten erstarren lassen. Er sprach offen und frei, zumal keine Journalisten anwesend waren. Die leidige Debatte um die Fünfunddreißig-Stunden-Woche müsse endlich beendet werden: weg damit. Ob das denn mit einer sozialistischen Regierung möglich wäre, wollte ich wissen. Möglich? Dringend notwendig, sagte er. Das habe er zum Entsetzen des linken Flügels der Sozialisten auch schon öffentlich gesagt. Es war erfrischend, wie Macron sprach. Ohne etwas zu beschönigen und ganz ohne ideologische Scheuklappen skizzierte er, wo er mit Reformen ansetzen und zum Beispiel das Arbeitsrecht liberalisieren wolle.

Wir kamen auch auf die Präsidentschaftswahlen 2017 zu sprechen. Damals gingen fast alle davon aus, dass es noch einmal zu einem Duell zwischen dem 2012 abgewählten

Präsidenten Sarkozy und dem inzwischen sehr unbeliebten Präsidenten Hollande kommen würde.

»Und wie könnte das ausgehen?«, fragte ich Macron.

»Das ist ziemlich einfach«, antwortete er in seiner freundlichen Art. »Wer auch immer von den beiden in den zweiten Wahlgang kommt, trifft dort auf Marine Le Pen und wird dann gegen sie gewinnen.«

»Sie meinen, der Front républicain wird einen Sieg der Rechtsradikalen verhindern?«

»Daran gibt es keine Zweifel«, lachte Macron.

Wir hatten eine gute Dreiviertelstunde Zeit für unser Gespräch, denn wir warteten auf den Premierminister, der ins »Tagesthemen«-Studio gefahren war, um sich von Caren Miosga befragen zu lassen. Miosga hatte ihn freundlich, aber hart in die Zange genommen. Beim Abendessen schüttelte Valls anerkennend den Kopf: So würde sich in Frankreich niemand trauen, den Regierungschef zu interviewen.

Im Herbst 2014, als das Treffen stattfand, galt der ehrgeizige Premierminister Manuel Valls und nicht sein jugendlicher Wirtschaftsminister als der heimliche Herausforderer von François Hollande. Gegen Ende des Essens bat mich der französische Botschafter Philippe Étienne, der das Gespräch bei Tisch geleitet hatte, um eine abschließende Frage, schließlich sei ich ja auch Journalist.

Ich zögerte, ob ich mich auf das Glatteis begeben sollte, doch dann erzählte ich kurz eine meiner Lieblingsanekdoten. Einem Bauern zur Zeit der Revolution wurde die Frage gestellt, ob er für die Republik sei, und er antwortete: »Natürlich bin ich für die Republik, Hauptsache, Napoleon ist König.« Als ich diese Anekdote 1988 Staatspräsident François Mitterrand erzählte, lachte er und sagte: »Ja, so sind sie, die

Franzosen. Immer wollen sie einen König. Selbst mir wirft man ja vor, ich sei ein König, was ich natürlich nicht bin. Aber so ist nun einmal Frankreich.«

Jetzt stellte ich Premierminister Valls die Frage: »Kann man denn unter diesen Umständen ein *président normal* sein?« Damit griff ich ein Wort von François Hollande auf, der bei Amtsantritt erklärt hatte, er wolle ein normaler Präsident sein. Aber Hollande hatte sich damit nicht nur verbal von dem hyperventilierenden Nicolas Sarkozy distanziert, er hatte sich in den ersten zweieinhalb Jahren seiner Amtszeit auch wie ein Biedermann verhalten, und das machte ihn im Volk immer unbeliebter.

Ich sah ein leichtes Schmunzeln in den Mundwinkeln von Valls, der mir damit zu verstehen gab, dass er jetzt ganz sicher nicht in diese Falle tappen werde. Dann holte er lang aus, um jeden Gedanken an eine eigene Kandidatur auszuschließen, und gab am Ende eine klare Antwort: »Nein, die Franzosen wollen nicht von einem *président normal* regiert werden.«

Drei Jahre sind seit diesem denkwürdigen Abend nun vergangen, und ich darf, ohne zu übertreiben, sagen, dass ich von diesem Tag an ein besonderes Auge auf Emmanuel Macron hatte und gespannt seinen Weg verfolgte. Bevor ich jedoch auf seine von glücklichen Umständen bestimmte Wahl zum Präsidenten im Mai 2017 und die anschließenden Parlamentswahlen zu sprechen komme, möchte ich einige grundsätzliche Beobachtungen über die politischen Zustände bei unseren westlichen Nachbarn vorausschicken.

In keiner westlichen Demokratie spielt der Staat eine so überragende Rolle wie in Frankreich. Der Satz des absolutistischen Königs Ludwig XIV. »*L'état c'est moi* – Der Staat bin ich« wird auch heute noch gern auf den demokratisch gewählten Staatspräsidenten übertragen. Wer politisch mitreden, gar Einfluss gewinnen will, muss Teilhabe an der Macht dieses Staates erlangen. In Frankreich führen alle Wege nach Paris, denn in Paris werden die wichtigsten Entscheidungen getroffen. Paris aber ist die Staatsverwaltung, *l'administration*. In dieser Verwaltung einen möglichst hohen Posten zu bekommen, ist das Ziel der französischen Funktionseliten, die sich so um das Gemeinwohl verdient machen können – wenn es geht, in der Abgeschiedenheit eines der schönen Palais im 7. Arrondissement, an einem der reich verzierten eleganten Schreibtische vergangener Jahrhunderte.

Dem Staat zu dienen gilt in Frankreich einerseits als höchstes Ziel. Andererseits hat, wer es in eine der *grands corps*, der Hohen Behörden schafft, für den Rest seines Lebens ausgesorgt. Wer einmal zur Elite gehört, übt mal hier, mal da ein Amt aus, sei es in der Politik, sei es in der Wirtschaft oder in den Finanzen, und für den Fall, dass er gerade nichts Besseres zu tun hat, findet sich auch ein Ministerposten.

Um auf solche angenehm weichen Sessel zu gelangen, muss man nur eine Bedingung erfüllen: Man muss eine klar vorgeschriebene Ausbildung durchlaufen haben. Eine solche hat auch, trotz einiger kleiner Umwege, Emmanuel Macron hinter sich, der genau wie Valéry Giscard d'Estaing und Jacques Chirac die École nationale d'administration, kurz ENA absolviert hat. Diese Lehrjahre sind äußerst hart. Denn der französische Staat stellt Anforderungen wie kaum ein anderer; am ehesten fühlt man sich an das chinesische Prüfungssystem der Mandarine erinnert.

Von Valéry Giscard d'Estaing wird erzählt, er habe schon als Abiturient in einem Lebenslauf geschrieben, er werde eines Tages Präsident Frankreichs, und Nicolas Sarkozy hat einmal auf die Frage, ob er morgens beim Rasieren daran denke, Präsident zu werden, geantwortet: »Nicht nur, wenn ich mich rasiere.« In Deutschland wird, wer als Berufswunsch Bundeskanzler oder Bundespräsident angibt, bestenfalls nachsichtig behandelt. Er bewundere Leute, die Bundeskanzler werden wollten, quittierte Helmut Schmidt mit demonstrativer Herablassung eine entsprechende Äußerung seines Nachfolgers Helmut Kohl. Und Gerhard Schröder musste für sein frühes Rütteln am Zaun des Bonner Kanzleramtes, verbunden mit dem Ausspruch »Ich will hier rein!«, noch lange viel Spott ertragen. Nein, in Deutschland würde niemand, der bei Verstand ist, Bundeskanzler als Berufsziel angeben.

König Ludwig XV. träumte einst vom Élysée-Palast, weil dort seine Geliebte, Madame de Pompadour, nächtigte. Heute ist das Élysée als Sitz des Staatspräsidenten für viele in Frankreich der Sehnsuchtsort schlechthin. Der Traum, einmal Staatspräsident zu werden, spukt wohl in so vielen Köpfen, dass ihn eine Werbeagentur wenige Monate vor der Präsidentschaftswahl 1988 für die Reklame einer großen Versicherungsgesellschaft nutzte und auf einem riesigen Plakat einen kleinen Jungen mit dem Rücken zum Betrachter abbildete. Er sah in die weite Ferne und sagte: »Ich werde Präsident.«

Weil die Vorhersage »Du wirst Präsident, mein Sohn« in Frankreich nicht als ungewöhnlich gilt, sondern bisweilen fast spielerische Verwendung findet – einmal wurde damit sogar für einen Käse geworben –, wählte sie Jean-Michel Gaillard als Titel für sein Buch über die französische Eliteausbildung. Sein Manuskript schrieb er an einem der imposanten Schreibtische im Élysée-Palast als Berater von Staatspräsident François Mitterrand. Eigentlich war als Auffangposition für ihn nach seinem Ausscheiden aus dem Élysée-Palast einer der vornehmen Sessel im staatlichen Rechnungshof vorgesehen. Dann aber bat er den Präsidenten, er möge ihn zum Chef des zweitgrößten Fernsehsenders Frankreichs Antenne 2 machen. Und so geschah es.

Auch Jacques Attali war als Berater von François Mitterrand in die Politik gekommen. Er galt als einer der renommiertesten Denker im französischen Staatswesen und wurde nach seinem Ausscheiden aus dem Élysée-Palast Präsident der Europäischen Bank für Wiederaufbau und Entwicklung in London. Obwohl er wegen Unregelmäßigkeiten schon bald von diesem Amt zurücktreten musste, bat ihn viele Jahre später, im Juni 2007, Nicolas Sarkozy, eine Kommission zu bilden, die Wege finden sollte, um wirtschaftliches Wachstum in Frankreich zu generieren. Zum stellvertretenden Berichterstatter dieser Kommission ernannte Attali den gerade dreißigjährigen Emmanuel Macron, der nach einem glänzenden Abschlussexamen bei der ENA seit zwei Jahren im Finanzministerium gearbeitet hatte.

Attali hat es schon immer verstanden, sich in Szene zu setzen. Später wird er erklären, er sei von Macron auf der Stelle begeistert gewesen, ja mehr als das: »Ich habe gleich gesagt, er ist aus dem Stoff, aus dem man Präsidenten der Republik macht. Ich habe es ihm gesagt, sobald ich es gesehen habe. Weil er diese sehr französische Mischung hat aus Intelligenz und Kompetenz, aus großer Übersicht und Willen, und auch aus Sturheit.«

Durch die Arbeit für Attalis Kommission lernte Macron die Spitzen der Wirtschaft kennen und trat 2008 – im Alter von 31 Jahren – bei der Pariser Investmentbank Rothschild & Cie. als Investmentbanker ein. 2010 wurde er dort Partner und begleitete eine der größten Übernahmen des Jahres, den Kauf der Säuglingsnahrungssparte des Pharmakonzerns Pfizer durch Nestlé für 11,9 Milliarden Dollar. Nach vier Jahren in der Finanzwelt kehrte Macron im Mai 2012 zurück in den Staatsdienst, diesmal als Wirtschaftsberater von Präsident François Hollande und stellvertretender Chef des Élysée-Palastes.

Macrons Karriere ist eine für Absolventen der Elitehochschulen typische Karriere. Man kann daran eines der großen Probleme Frankreichs ablesen, das darin besteht, dass die Besten eines Jahrgangs auf direkte Übernahme in den Staatsdienst drängen. Selbst an der École polytechnique, an der die führenden Techniker des Landes ausgebildet werden, streben die ersten hundert auf der Rangliste, dem *classement*, in die Verwaltung, die nächsten hundert in die Wirtschaft, die letzten hundert in die Forschung. Dabei müsste es umgekehrt sein, die Besten sollten eigentlich in die Industrie gehen. Aber das französische System saugt sie ab für den Staatsdienst. »Dieses Problem besteht seit zwei oder drei Jahrhunderten und wird nicht von einem auf den anderen Tag gelöst«, meint Jean-Michel Gaillard.

In Frankreich gehört zur Elite, wer hervorragend ausgebildet ist und Macht besitzt. Daraus ergibt sich der Umkehrschluss, dass, wer über Macht verfügt, hervorragend sein muss, so jedenfalls sieht man das in Paris. Macht steht immer im Zeichen des Erfolgs. Deshalb spielt Geld zwar eine wichtige, aber stets nachgeordnete Rolle. Nur so lässt sich verstehen, dass ein Mann wie Macron in den Staatsdienst zurückkehrte, obwohl er dort nur einen Bruchteil dessen verdiente, was er bei Rothschild an Tantiemen und Boni bezog. Die Privilegien der Macht sind eben mehr wert als ein noch so hohes Einkommen. Spitzenbeamte finden es offenbar amüsanter, den Reichen zu befehlen, als selber reich zu werden.

Anders als in der Neuen Welt, wo das Märchen vom Selfmademan, der es durch Pfiffigkeit zum Milliardär bringt, auch in der digitalen Zeit immer wieder wahr werden kann, vollzieht sich der Aufstieg in Frankreich über die staatlichen Kaderschmieden. Während der zum Milliardär aufgestiegene Amerikaner seinen Reichtum – und damit auch seine soziale Stellung – an Kinder und Kindeskinder weitergibt, müssen sich in Frankreich auch die Kinder derer, die ganz oben angekommen sind, neu bewerben und ihrerseits die Eliteschulen durchlaufen, um dann selber wieder einen hohen Staatsposten anzustreben.

Deshalb ist es von grundlegender Bedeutung, auf welchem *Lycée* man eingeschult wird. Der Weg ist bekannt: Wer Präsident werden möchte, bewerbe sich im Lycée Louis-le Grand (so die späteren Präsidenten Pompidou, Giscard d'Estaing, Jacques Chirac) oder Henri IV (Emmanuel Macron). Aus diesen beiden Gymnasien geht seit Jahrhunderten Frankreichs Elite hervor.

Das Lycée Henri IV steht im Quartier Latin, dem 5. Arrondissement von Paris, auf den Gemäuern einer alten Abtei, in der 512 die Gebeine der Heiligen Genoveva beigesetzt wurden; deshalb nannte man den Hügel *montagne Sainte-Geneviève*. Im 11. Jahrhundert lebte hier vorübergehend der unglücklich liebende Pierre Abélard. Bei der Säkularisation wurde die Abtei in eine Schule umgewandelt, heute gilt sie als das erste Lyzeum Frankreichs.

Was die Aufnahme ins Lycée Henri IV ihm bedeutete,

davon schwärmt der aus dem nordfranzösischen Amiens stammende Emmanuel Macron heute noch: »Ich würde an Orten wohnen, die nur in Romanen vorkommen, ich ginge die Wege, die die Personen von Flaubert und Victor Hugo gegangen waren. Ich wurde vom gleichen, alles verschlingenden Ehrgeiz getrieben wie die jungen Wölfe bei Balzac … Ich liebte diese Jahre auf den Höhen der *montagne Sainte-Geneviève*.«

Nach dem Abschluss, dem *baccalauréat*, bewarb sich Macron um Aufnahme an der École normale supérieure (ENS), fiel aber zweimal durch den *concours*, die anonyme Aufnahmeprüfung. Die ENS wurde 1794 gegründet mit dem Ziel, »für die Nation die besten Wissenschaftler und Professoren, Historiker, Schriftsteller, Journalisten und auch Politiker auszubilden«. So steht es heute noch auf der Homepage der ENS. Neben zwölf Nobelpreisträgern und dreizehn Mathematikern, die mit der Fields-Medaille ausgezeichnet wurden, finden sich auf der Liste der Ehemaligen prominente Politiker wie Léon Blum, Georges Pompidou oder Alain Juppé und zahlreiche Philosophen und Schriftsteller, darunter Romain Rolland, Jean Giraudoux, Jules Romain, Jean-Paul Sartre, Louis Althusser und Bernard-Henri Lévy. Wer die Aufnahme schafft, wird von der Nation belohnt und erhält während der Studienzeit ein Monatsgehalt von etwas mehr als 1300 Euro netto.

Aus Sorge, der Nepotismus des *Ancien régime* könnte weiterwuchern, haben die Franzosen nach der Revolution überall den Wettbewerb als Auswahlmodus eingeführt. Da zählt keine soziale Herkunft, da zählen keine Empfehlungsschreiben und keine Abschlusszeugnisse hervorragender Schulen. Da gilt nur eines: Bei der Aufnahmeprüfung, die alle in Frankreich gleichzeitig durchleiden, besser zu sein als die andern. »Staatsdienst heißt Gleichheit der Chancen, Gleichheit des Zugangs«, schreibt Jean-Michel Gaillard in *Tu seras président, mon fils.* »Um die Gleichheit des Zugangs in einem Land zu garantieren, in dem es so viel Vetternwirtschaft und unorganisierte Einstellungspolitik gab, hat man schließlich die Aufnahmeprüfung als die beste von allen schlechten Methoden erfunden.«

Der *concours* genannte Aufnahmewettbewerb ist aus dem französischen Bildungssystem nicht fortzudenken. Wo immer es um eine Auslese geht, wird ein *concours* veranstaltet. Und wer siegt, dessen *mérite,* dessen Verdienst wird ausgezeichnet. Frankreich bezeichnet sich deshalb als eine *méritocratie,* weil nur die, die durch Leistung bewiesen haben, dass sie die Besten sind, weiterkommen.

Dabei hängt es nicht nur von Fleiß und Wissen ab, sondern oft genug vom Zufall, ob man mit einer Frage etwas anzufangen weiß oder nicht. Joseph Rovan, der einige Jahre in der Auswahlkommission der ENA saß, schilderte mir schmunzelnd, mit welchen Fragen er die Bewerber gern traktierte. So erkundigte er sich etwa, gegen welches Verfassungsgebot die *vespasiennes,* die alten grünen Toiletten, die früher in den Straßen von Paris standen, verstießen. Es hat nie jemand die richtige Antwort gegeben: gegen den Gleichheitsgrundsatz von Mann und Frau. Die Pissoirs waren nämlich nur von den Herren der Schöpfung zu benutzen.

Schon im Lyzeum wird jährlich der *concours général* abgehalten, bei dem die jeweils Besten aller Schulen des Landes untereinander darum wetteifern, wer der Allerbeste ist. Die Ergebnisse werden so ernst genommen, dass die Pariser Zeitungen sie abdrucken. Emmanuel Macron hat mit 16 den *concours général* in Französisch gewonnen und ging als Dritter aus dem Piano-Wettbewerb des Konservatoriums von Amiens hervor. Diese Erfolge werden später, als er sich zur Kandidatur entschließt, in keinem Bericht über seinen Lebenslauf fehlen.

Macron kam erst mit 16 Jahren, als er in das Lycée Henri IV aufgenommen wurde, nach Paris. In Amiens war er immer unter den Ersten gewesen. In Paris sah das anders aus. Die Führungselite konzentriert sich auf einige wenige Viertel der Stadt. Die *Inspecteurs des finances*, die an der Spitze der Prestigeskala stehen, bevorzugen das 7. Arrondissement als Nonplusultra, dann folgen das 6. und das 16. Arrondissement. Wer dort wohnt, bleibt. Die Eltern sind wohlhabend, die Schulen hervorragend. Aber schon im Windelalter wird den Sprösslingen klargemacht, dass Arbeiten und Lernen die einzige Möglichkeit darstellen, die Position zu erreichen, die der Vater oder die Mutter innehat oder gern innehätte.

Für Kinder, die in solchen Verhältnissen aufwachsen, sind die Chancen am größten. Zwar müssen sie bei den Aufnahmeprüfungen die gleichen Fragen bearbeiten wie alle anderen Bewerber im Land auch, doch die Lösungen entsprechen dem Denken, das sie von zu Hause kennen. Auch Emmanuel Macron musste die Erfahrung machen, dass der *concours*, der die Zulassung zu den Eliteschulen regelt, nicht wirklich allen gleichermaßen offensteht.

Nachdem er beim *concours* der ENS zweimal durchgefallen war, suchte sich Macron einen anderen Weg und entschied sich für das Institut d'études politiques, kurz Sciences Po. Auch nicht schlecht. Hier lernten die späteren Präsidenten Pompidou, Mitterrand und Hollande sowie die Premierminister Michel Debré, Jacques Chaban-Delmas, Laurent

Fabius, Alain Juppé, Lionel Jospin, Dominique de Villepin und Bernard Cazeneuve. Aber auch andere Berühmtheiten studierten an der Sciences Po, so der Modeschöpfer Christian Dior, die Schauspielerin Fanny Ardant, der Philosoph Bernard-Henri Lévy (der wegen Disziplinlosigkeit rausgeschmissen wurde) oder die Chefin des Internationalen Währungsfonds Christine Lagarde.

Wer ganz hoch hinaus will, geht von der Sciences Po auf die École nationale d'administration, jene Verwaltungshochschule, die nur hundert Studenten im Jahr aufnimmt. Macron schaffte den Sprung, wenn auch erst im zweiten Anlauf. Nach zwei Jahren verließ er die Schule als Fünftbester. Auch der Premierminister, den Emmanuel Macron am Tag nach seinem Amtsantritt als Präsident ernennen wird, Édouard Philippe, hat sowohl die Sciences Po als auch die ENA absolviert. Das Gleiche gilt für Wirtschaftsminister Bruno Le Maire und für die kurzfristige Verteidigungsministerin Sylvie Goulard.

Wenn im Garten der ENA das Gruppenfoto zum Abschied gemacht wird, stehen die Karrieren der einzelnen Absolventen fest. Kein Land der Welt geht so großzügig mit seinem Elitenachwuchs um. Entsprechend ihrer Position auf der Rangliste können die Schüler ihre zukünftige Stellung selbst aussuchen. Da locken nicht große Unternehmen mit Gehaltsangeboten, da bieten nicht Ministerien dem einen oder der anderen, die ihnen geeignet scheinen, eine Position an, nein, die Herren und Damen suchen unter dem aktuellen Postenangebot selber aus. Und da der Erstplatzierte zuerst wählt, der zweite danach und so weiter, entwickeln sich an der Schule regelrechte Tauschgeschäfte. Die ersten zehn wählen jedoch immer – unabhängig davon, ob dies ihren Neigungen und Fähigkeiten entspricht – eines der drei mächtigen *corps*: Staatsrat, Rechnungshof oder Finanzinspektion. Auch diese Rangliste wird in den Tageszeitungen veröffentlicht.

Emmanuel Macron schloss als Fünftbester der *Promotion Léopold Sédar Senghor* ab. Und er wählte als seine erste Stelle einen Posten in der Finanzinspektion – wie seinerzeit Valéry Giscard d'Estaing. Dieses *corps* besteht seit Napoleon, seine Mitglieder tragen zu besonderen Anlässen eine elegante Uniform, die dem Rock der Mitglieder der Académie française ähnelt.

Absolventen der ENA müssen sich verpflichten, zehn Jahre dem Staat zu dienen. Diese zehn Jahre müssen nicht am Stück abgeleistet, sondern können über ein ganzes Berufsleben verteilt werden. Wer am Ende nicht auf zehn Jahre kommt, ist verpflichtet, eine entsprechende Summe an den Staat zurückzuzahlen. Das tut kaum jemand. Emmanuel Macron hielt es vorzeitig für geboten und hat, als er für das Amt des Präsidenten kandidierte, die Summe von 50 000 Euro zurückgezahlt, um unbelastet in den Wahlkampf ziehen zu können.

Die ENA gilt längst als die wichtigste Kaderschmiede der französischen Politik. Abgeordnete, die die ENA abgeschlossen haben, sitzen im Parlament mitunter nur wenige Reihen entfernt von ihren Söhnen oder Töchtern, die ebenfalls die ENA besucht haben. Während der Prozentsatz der Arbeiter unter den Abgeordneten immer mehr zurückgeht, steigt der der ENA-Absolventen rapide an. Elite züchtet sich ihren Nachwuchs selbst. Wer das Prinzip verstanden und die Karriereplanung einmal begriffen hat, kann umso leichter seinen Nachwuchs auf die Klippen vorbereiten. Die Lust, für den eigenen Aufstieg zu arbeiten, und das Streben nach Exzellenz müssen allerdings auch die Kinder aus der Elite mitbringen.

»Das Problem dieser Eliten ist«, sagt Jean-Michel Gaillard, selber ENA-Absolvent und ehemaliger Berater im Élysée, »dass ihre Ausbildung sehr ähnlich und sehr beschränkt ist. Wie alle modernen Demokratien wird auch unser Land immer komplizierter, doch die Eliten, die die Verantwortung im Staat und in der Wirtschaft tragen, sind nach ein und demselben Muster gestrickt. In Zukunft müssen wir eine andere Auswahl treffen und die Art der Bildung erweitern.«

Ein anschauliches Beispiel für das oftmals verknöcherte, streng systematisierte Denken, das dieser Schicht zu eigen ist, liefert die Geschichte, die mir ein ENA-Absolvent erzählte, der während seiner Ausbildung an einer Präfektur eingesetzt war. Eines Nachts brach am Sitz der Präfektur Feuer aus. Der Präfekt war abwesend. Besagter ENA-Student fühlte sich in der Funktion des Unterpräfekten verantwortlich, sprang aus dem Bett und eilte zum Unglücksort. Dort stritt sich der Polizeichef mit dem Feuerwehrhauptmann über Kompetenzfragen, während ein ganzes Stadtviertel abzubrennen drohte. Der junge Unterpräfekt griff durch, stellte die Soldaten einer nahe gelegenen Kaserne unter seinen Befehl und rettete mehrere Straßenzüge vor dem Feuer.

Später musste er sich deswegen Vorwürfe seines Ausbildungsleiters an der ENA anhören: Durch sein Eingreifen habe er seine Karriere gefährdet und damit eine falsche Entscheidung getroffen. Wäre das Feuer nämlich nicht unter Kontrolle gebracht worden, hätte man ihm das als Versagen angelastet. Richtig wäre es gewesen, am nächsten Morgen dem Präfekten einen Bericht vorzulegen, wonach das Viertel abgebrannt sei, weil Polizeichef und Feuerwehrchef im Streit gelegen hätten, und dass der ganze Vorgang von einer Kommission untersucht werden müsse. Mit anderen Worten: Der junge Mann hätte im Bett bleiben sollen.

Die einzige substanzielle Veränderung, der die ENA in den letzten Jahrzehnten unterzogen wurde, war die schrittweise Verlagerung ihrer Ausbildungsstätte von Paris nach Straßburg. Dies geschah im Rahmen eines nationalen Umbauprogramms, das die Regionalisierung fördern sollte.

Inzwischen mehren sich die kritischen Stimmen. Im Fokus stehen dabei nicht die soziale Ungerechtigkeit oder die Ungleichheit bei der Auswahl der Studenten, sondern das Erstarren der Strukturen. So klagte Alain Grangé-Cabane, Mitglied des Staatsrats – und selbstverständlich Absolvent der ENA –, trotz seiner Eliteschulen sei Frankreich heute eine vom Niedergang bedrohte Mittelmacht. Er wette, so Alain Grangé-Cabane scherzhaft, dass es Frankreich gelingen werde, »in weniger als fünf Jahren die Dynamik und das Wachstum seiner wichtigsten Konkurrenten erheblich zu bremsen und endlich Chancengleichheit im Wettbewerb herzustellen« – man brauche lediglich dafür zu sorgen, dass in Japan, Deutschland und den Vereinigten Staaten eine École nationale d'administration und eine École polytechnique eingerichtet werden.

Vor diesem Hintergrund wird verständlich, dass im Wahlkampf um das Amt des Präsidenten 2017 drei Kandidaten antraten, die von sich behaupteten, gegen das »System« zu sein: die rechtsextreme Marine Le Pen vom Front National, der linksextreme Jean-Luc Mélenchon von La France insoumise und eben Emmanuel Macron. Im ersten Wahlgang erhielten sie zusammen fast 60 Prozent der Stimmen. Die Wähler wollten das »System« also offenbar abwählen. Aber wen genau meinte man?

Bei aller Polemik gegen »die da oben«, die seit Jahrzehnten die Macht und die Privilegien unter sich aufteilen, sprach jedenfalls keiner davon, das System der Eliteausbildung zu ändern. Und auch die Kandidaten selbst verteidigten bei jeder Gelegenheit das staatliche System, seine Institutionen, seine wunderbare Verwaltung, seine Funktionäre. Wie sollten sie auch anders? Eine ihrer schönsten Errungenschaften, das Ausleseverfahren, mit dem sie sich ihre Herrschaft sichert, wird die Bourgeoisie doch nicht freiwillig abschaffen.

TEIL I

Vom Selbstbewusstsein
einer Nation

Wechselnde Identitäten

»Bevor er Frankreich schlechtmacht, soll er erst einmal hier arbeiten«, sagte Babette mit kräftiger Stimme. Sie drehte sich um, bückte sich und holte die Zeitungen hervor, die sie wie immer für mich zurückgelegt hatte. Wenn ich spätnachmittags hier in dem kleinen Dörfchen in Südfrankreich an ihren Kiosk kam, waren die Zeitungen vom Tage häufig schon ausverkauft.

Der tägliche Besuch wird stets mit einem kleinen Schwatz verbunden, sei es über die Familie, das Wetter oder auch mal über die Politik. Das Gespräch schafft zwischenmenschliche Wärme. Wer vor mir dran ist, hält ebenfalls seinen Schwatz, wer nach mir dran ist, wartet geduldig.

Meine unschuldige Frage »Wie geht es denn Ihrem Sohn?« hatte einen Temperamentsausbruch bei Babette ausgelöst. Dieser Sohn studierte Industriedesign und wollte später für die Autoindustrie arbeiten. Er hatte ein Praktikum in Österreich absolviert, dort monatlich 1400 Euro verdient. Das hatte ihm gut gefallen. In Frankreich erhält ein Praktikant nur drei- bis vierhundert Euro.

Jetzt machte er ein weiteres Praktikum in Italien. Da werde er aber nicht bleiben, klagte er. Nicht nur die schlechte Bezahlung, auch die Arbeitsbedingungen störten ihn. Niemand beherrsche Englisch, die Fachsprache des Internets, in der er kommunizierte.

»Was dann?«, hatte Babette gefragt.

»Frankreich hat auch keine Zukunft! Ich gehe nach London«, hatte der Sohn geantwortet und damit ihren Zorn geweckt. »Du hast hier doch noch nie gearbeitet, du hast keine Ahnung. Du musst Frankreich wenigstens eine Chance geben. Du bleibst erst einmal hier!« Noch war der Sohn mit dem Studium nicht fertig, danach würde man weitersehen.

Aus meinem unmittelbaren Umfeld kannte ich ähnliche Fälle. Clarysse etwa, die Tochter guter Bekannter aus Nizza, hatte bei einer Investmentbank in Paris gearbeitet, war aber unzufrieden mit der Stimmung im Land und deshalb mit ihrem Mann nach London gezogen, wo beide gut bezahlte Jobs bekamen – und zwei Söhne. Oder Saskia, die Tochter eines anderen Freundes, die mit ihrem Partner, den sie noch aus der Schulzeit kannte, nach London gezogen war, weil sie dort eine bessere Zukunft für sich sah; für ihn spielte der Wohnsitz kaum eine Rolle, da er als Designer für internationale Werbeagenturen zu Hause arbeitete.

Etwa ein Drittel aller jungen Franzosen denkt wie der Sohn von Babette: Frankreich hat keine Zukunft. Viele junge Menschen ziehen daraus die Konsequenz und gehen weg. Rund dreihunderttausend junge Franzosen leben inzwischen in London, Zehntausende in Berlin und anderen attraktiven Städten – manche hat es bis nach Australien verschlagen.

In den Augen vieler junger Franzosen ist Frankreich ein Land, das von Funktionären für Funktionäre regiert wird. Die Meritokratie, jene Kultur, auf die Frankreichs Elite so stolz ist, weil sie den Aufstieg nach einem traditionellen Ausbildungssystem regelt, blockiert unkonventionelle Karrieren. In einem Blog schreibt ein junger Franzose: »Mit dem Master-Abschluss einer der besten Universitäten der Welt kann ich in meinem Bereich in Frankreich nicht arbeiten, weil ich ein Diplom einer französischen Universität benötige. London ist so viel besser.«

Ein anderer fügt hinzu: »In Frankreich giltst du bis 35 als Berufsanfänger, und ab 45 bist du zu alt und zu teuer. Das wahre Problem Frankreichs ist die Unfähigkeit der Unternehmensleitungen.«

Da London durch den Eurotunnel nur zwei Zugstunden von der französischen Hauptstadt entfernt liegt, nennt man die britische Hauptstadt inzwischen schon das 21. Arrondissement von Paris. In der Regel findet ein junger Franzose dort schneller einen Job als zu Hause.

Der Pessimismus der Franzosen, der nicht nur die Jungen lähmt, wird genährt von Zweifeln an den Fähigkeiten der wirtschaftlichen, politischen und sozialen Institutionen, das kollektive Leben sinnvoll zu organisieren. Die Neigung, gleich das Schlimmste zu befürchten, hat zu einem unermesslichen Verlust an Vertrauen in den Staat geführt.

Dieses Unwohlsein ist nicht neu. Schon vor vierzig Jahren beschrieb Alain Peyrefitte, langjähriger Minister unter de Gaulle und Mitglied der Académie française, in seinem Bestseller *Le Mal français* (*Was wird aus Frankreich?*, 1976) die Angst vor dem Niedergang als eine typisch französische Leidenschaft. In seinem 2014 erschienenen Essay *La hantise du déclin* sprach der französische Historiker Robert Frank gar von einer nationalen Krankheit, die es den Franzosen ermögliche, darüber zu streiten, wer denn nun verantwortlich sei für den Abstieg. Inzwischen gibt es für diese Art der Diskussion eigene Begriffe wie *déclinologie* (die Kunde vom Niedergang) oder *déclinisme* (die Theorie des Niedergangs).

Umfragen wie die vom Januar 2014, wonach 85 Prozent der Franzosen meinen, ihr Land befände sich im Verfall, zeigen allerdings auch, dass der *déclinisme* hauptsächlich im rechten Wählerspektrum zu Hause ist. Dort wird vor allem der Verlust der politischen und wirtschaftlichen Macht beklagt, den man insbesondere im Vergleich mit anderen Nationen wie Deutschland empfindet. Die linke Wählerschaft befürchtet dagegen, wenn sie von Niedergang spricht, den Niedergang der Werte, auf die der französische Staat seit der Revolution baut: *liberté, égalité, fraternité.*

»Der französische Schwindel« überschrieb Luc Bronner, Chefredakteur von *Le Monde*, einen Kommentar wenige Monate vor den Präsidentschaftswahlen 2017. »Frankreich dreht sich der Kopf, das Land ist wie von einem Schwindel gepackt. Die Angst. Die Leere. Die Anziehungskraft der Leere. Diese drei Worte beschreiben den Schwindelzustand: das Fehlen einer Perspektive, das Misstrauen gegenüber den Institutionen und das Gefühl … dass die französische Gesellschaft ins Unbekannte abstürzen könnte.«

Der Betrachter lehnt sich erst einmal zurück. Nichts Neues, sagt er sich, Frankreich befindet sich wieder einmal in einer Identitätskrise. Solche Krisen gab es schon immer, sie scheinen zum französischen Selbstverständnis dazuzugehören. Schon Anfang des 19. Jahrhunderts klagte der Schriftsteller und Politiker François-René de Chateaubriand, Frankreich, »der reifste und am meisten fortgeschrittene Staat«, zeige zahlreiche Symptome der Dekadenz.

Um diese Zeit war Frankreich mit rund 29 Millionen Einwohnern das bevölkerungsreichste Land Europas. Auf dem Gebiet des späteren Deutschen Reiches wurden nach dem Ende der Napoelonischen Kriege nur rund 25 Millionen Einwohner gezählt. 1850 stagnierte die französische Bevölkerung jedoch bei 37 Millionen und wuchs in den folgenden hundert Jahren nur noch um 3 Millionen. Dagegen zählte Deutschland um 1900 schon 55 Millionen Einwohner. Die Zahl der Einwohner war nicht zuletzt militärisch relevant: je größer die Bevölkerung, desto mehr Soldaten! Die daraus entstehenden Ängste unserer Nachbarn hielten lang an und führten noch in der Diskussion um die Wiedervereinigung 1989/90 zu entsprechenden Warnungen französischer Politiker, die Deutschen wären damit auf einen Schlag 17 Millionen Menschen mehr.

Das langsame Bevölkerungswachstum in der zweiten Hälfte des 19. Jahrhunderts führte in Frankreich zu einem erheblichen Arbeitskräftemangel. Ab 1880 lebten und arbeiteten eine Million Ausländer in Frankreich. Italiener, Polen, Deutsche, Spanier und Belgier stellten 7 bis 8 Prozent der Erwerbstätigen. Damals kam es zu ersten ausländerfeindlichen Kundgebungen.

Die Niederlage gegen Preußen 1870/71 hatte dem französischen Nationalbewusstsein einen schweren Schock versetzt. Frankreich war jetzt ein mächtiger Gegner entstanden, dessen Wirtschaft genauso rasant wuchs wie seine Bevölkerung. Nicht wenige sehnten sich nach dem alten Frankreich zurück und waren der Meinung, die Dritte Republik werde das Land in den Ruin führen.

Der unter diesen Vorzeichen entstehende Nationalismus gebärdete sich höchst aggressiv und richtete sich gegen zahlreiche gesellschaftliche Gruppen, die man als »innere Feinde« bezeichnete. Der Schriftsteller Charles Maurras nannte die Freimaurer, die Juden, die Protestanten und die Ausländer »die vier Verbündeten der Gegner Frankreichs«, die das Vaterland angeblich zugrunde richten wollten. Der Antisemitismus gipfelte in der Auseinandersetzung um die Verurteilung des jüdischen Hauptmanns Alfred Dreyfus 1894. In diesen Jahren machte das Land eine schwere Krise durch, die man als erste nationale Identitätskrise bezeichnen kann.

Unterdessen wuchs das französische Kolonialreich in Asien und Afrika, was ebenso zum neuen Selbstbewusstsein beitrug wie die Tatsache, dass Frankreich während der Belle Époque in der gesamten europäisch dominierten Welt tonangebend war. Am Vorabend des Ersten Weltkriegs war Frankreich unbestritten wieder eine Großmacht. Die Parteien, die 1913 gegen das Gesetz zur Einführung einer dreijährigen Wehrpflicht gestimmt hatten, gewannen im Jahr darauf zwar die Wahlen, hatten aber keine Zeit mehr, die Wehrpflicht aufzuheben. Im Zeichen des drohenden Krieges schlossen sich die einstigen politischen Gegner zur *Union sacrée*, zu einem geheiligten Bund zusammen. »Der Wille der Franzosen, eine Nation zu sein«, so der Philosoph Julien Benda, habe sich »in Wirklichkeit erst nach zwanzig Jahrhunderten verwirklicht« – am 2. August 1914, am Abend vor der Kriegserklärung des Deutschen Reiches.

Im Geschichtsbewusstsein der Franzosen blieb *la Grande Guerre* das wesentliche Ereignis des 20. Jahrhunderts. Im Mai 2016 inszenierte der deutsche Regisseur Volker Schlöndorff auf Einladung des französischen Präsidenten François Hollande die Feier zum Gedenken an die Schlacht von Verdun. Jedem der viertausend Jugendlichen, die kamen – tausend aus Deutschland, dreitausend aus Frankreich –, hatte Schlöndorff aufgetragen, ein Erinnerungsstück an den Ersten Weltkrieg aus seiner näheren Umgebung mitzubringen. Während die Deutschen an dieser Aufgabe auf der ganzen Linie scheiterten, brachte jeder der französischen Jugendlichen einen Brief von der Front oder ein anderes Stück aus Familienbesitz mit, das an den Ersten Weltkrieg erinnerte. Der 11. November, der Tag des Kriegsendes, ist heute noch ein staatlicher Feiertag, der mit Kranzniederlegungen begangen wird.

Anfang der dreißiger Jahre stürzte Frankreich in eine weitere große Krise. In kurzem Abstand wechselten die Regierungen, keine konnte sich lange halten. Enthüllungen über die Korruption der politischen Eliten, wirtschaftliche Depression, Geburtenrückgang, Ängste vor massiver Zuwanderung, extreme ideologische Grabenkämpfe und Unregierbarkeit – das alles ergab ein düsteres Bild. Plötzlich konnte man überall den Satz hören, der Sieg von 1918 habe nichts genutzt.

Bei den Wahlen im Mai 1936 triumphierte der Front populaire, bestehend aus den beiden Arbeiterparteien SFIO und PCF. Der Sozialist Léon Blum übernahm die Regierung. Das Kapital floh aus Angst vor den Kommunisten, eine Welle des Antisemitismus schwappte über Frankreich. Und wieder beherrschten Bilder des Niedergangs die Polemik der Rechten.

»Das war die Zeit, in der die Franzosen sich selbst nicht mochten«, schrieb Georges Pompidou über diese Periode der Unsicherheit, die im Mai 1940, beim Überfall der Deutschen, ihren Höhepunkt fand und erst im Sommer 1944 mit der Befreiung von Paris endete. Und François Mitterrand erklärte 1978 in seinem Buch *L'abeille et l'architecte*: »Mein Gefühl, zu einem großen Volk zu gehören, hat einige Wunden davongetragen. Ich habe 1940 erlebt – unnötig mehr zu sagen.« In Klammern fügte Mitterrand hinzu, was er unter einem »großen Volk« versteht: »groß von der Idee her, die es sich von der Welt und von sich selbst und wiederum von sich in der Welt macht, und zwar nach einer Werteordnung, die weder auf der Zahl noch auf der Stärke, noch auf dem Geld beruht.«

»Die Niederlage von 1940 hat die Erschöpfung der Nation offenbart«, urteilte der Historiker Michel Winock. Nichts brachte den Niedergang besser zum Ausdruck als die Tatsache, dass der Sieger von Verdun, Marschall Pétain, den Waffenstillstand unterschrieb und seine Regierung unter die Kuratel der Nazis stellte. Nur eine Handvoll Franzosen, darunter der Panzergeneral Charles de Gaulle, weigerte sich, die Niederlage zu akzeptieren. Von London aus organisierten sie den Widerstand und ermöglichten so dem nationalen Bewusstsein 1944 eine Wiedergeburt – zu Lasten der Vichy-Franzosen um Pétain, die als Kollaborateure erst in den Gefängnissen und später in den Geschichtsbüchern landeten. Vom »Vichy-Syndrom«, wie es der Historiker Henry Rousso nennt, hat sich das Bekenntnis zu einer starken nationalen Identität bis heute nicht erholt. Der Verlust der Kolonien wurde von vielen als ein weiterer Beleg für den Niedergang der einst großen Nation gesehen.

In den sechziger Jahren verhalf General de Gaulle, Staatspräsident von 1959 bis 1969, Frankreich zunächst zu neuem Glanz. Er baute die französische Atommacht auf, ging politisch auf Distanz zu den USA, sagte nein zur Aufnahme der Briten in die Europäische Gemeinschaft und suchte nach einem dritten Weg zwischen den Blöcken. Politisch ragte Frankreich in Europa damals deutlich heraus.

Anfang der siebziger Jahre zerbrach die schöne Illusion, Frankreich sei unter der deutschen Besatzung eine Nation von Widerstandskämpfern gewesen. Eingeleitet wurde der Paradigmenwechsel durch Marcel Ophüls Filmklassiker *Das Haus nebenan*, der 1971 in die französischen Kinos kam, und das zwei Jahre später auf Französisch erschienene Standardwerk des amerikanischen Historikers Robert Paxton *Vichy France: Old Guard and New Order*. Die Auseinandersetzung mit dem Thema Kollaboration weckte erste Zweifel an der traditionellen Überhöhung der französischen Résistance – Rousso prägte dafür den schönen Begriff *résistancialisme* – und führte am Ende auch zu der Frage nach einer französischen Mitschuld an der Verfolgung und Deportation von Juden. Bei keinem anderen Thema standen sich die politischen Lager so lange so unversöhnlich gegenüber wie beim Umgang mit Vichy, und das gilt in gewisser Weise bis heute.

Für Henry Rousso lassen sich aus dieser Auseinandersetzung drei konstitutive Elemente politischen Denkens in Frankreich ableiten:

- Der Katholizismus hat weder die Gesellschaft akzeptiert, die aus der Französischen Revolution hervorgegangen ist, noch den Staat, der auf den Gedanken der Aufklärung ruht.
- Die Ideologie der Konservativen ist am rechten Rand durchlässig und kennt keine klare Abgrenzung zur extremen Rechten.
- Der speziell französische Antisemitismus der Rechten, der sich während der Dreyfus-Affäre erstmals gezeigt

hat, ist inzwischen wieder so stark, dass Tausende französische Juden das Land Richtung Israel verlassen.

In den achtziger Jahren wurden neue Unsicherheiten geweckt, die die Angst der Franzosen vor einem Bedeutungsverlust ihres Landes weiter schürten, Unsicherheiten, die mit dem Zusammenwachsen Europas zusammenhängen. An die damit verbundenen Sorgen vieler Bürger hat der rechtsradikale Front National bei den Präsidentschaftswahlen 2017 appelliert, indem er versprach, aus dem Euro auszutreten. Marine Le Pen weiß, dass sie damit bis weit ins Lager der Linken Zustimmung findet.

Die Europäische Union wird von der französischen Gesellschaft bis heute nicht akzeptiert, jedenfalls nicht so, wie sie sich bisher repräsentiert. 2005 stimmte deshalb ein großer Teil der bis dahin proeuropäischen Linken in einem Referendum gegen den Lissabon-Vertrag und trug damit zu dessen Scheitern bei. Als die konservative Regierung unter Staatspräsident Nicolas Sarkozy drei Jahre später im Parlament den Antrag auf eine Verfassungsänderung einbrachte, um den Lissabon-Vertrag doch noch ratifizieren zu können, stimmten die Sozialisten dagegen. Die proeuropäische Stimmung der letzten Jahrzehnte ist geschwunden, weil die Franzosen nicht erkennen können, dass von Brüssel die erwartete Erneuerung ausgeht. Auch der Einfluss von Paris ist nicht gewachsen, im Gegenteil, in den Augen der meisten Franzosen hat die Osterweiterung der EU die Bedeutung Frankreichs verwässert.

Das sind die wichtigsten Komponenten, aus denen sich die Angst der Franzosen vor einem Verlust ihrer Identität zusammensetzt. Jedes Mal, wenn sie in den letzten hundertfünfzig Jahren den Niedergang ihres Landes vor Augen sahen, hatten sie Angst, ihre Seele zu verlieren. In der gegenwärtigen Krise scheint vor allem die Angst vor einer Islamisierung des Landes die Franzosen stärker denn je an ihrer Identität zweifeln zu lassen.

»Die Identität Frankreichs, die glückliche Identität Frankreichs, dorthin will ich das Land führen«, verkündete im Herbst 2016 Alain Juppé, einst Premierminister unter Präsident Jacques Chirac, Außenminister unter Präsident Nicolas Sarkozy, seit Jahren Bürgermeister von Bordeaux. Mit diesem Wahlversprechen hoffte er, Präsidentschaftskandidat der Konservativen im Jahr 2017 zu werden. Was unter »glücklicher Identität« zu verstehen sei, konnte er den Franzosen aber nicht überzeugend genug vermitteln, um gekürt zu werden. Er scheiterte bereits in der Mitgliederbefragung der Republikaner.

Sein härtester Konkurrent zu diesem Zeitpunkt war der ehemalige Präsident Nicolas Sarkozy, der ebenfalls meinte, das Thema der nationalen Identität werde den Wahlkampf 2017 bestimmen. Er hatte deshalb einen Satz aufgegriffen, der jahrzehntelang in allen französischen Schulbüchern stand, selbst denen, die in den afrikanischen Kolonien und auf den Antillen ausgegeben wurden: »*Nos ancêtres les Gaulois* – unsere Vorfahren, die Gallier«. Angesichts der Debatte um die Integration von Immigranten in Frankreich wandelte Sarkozy den Satz um, sodass er jetzt besagte, sobald jemand Franzose werde, seien die Gallier seine Vorfahren. Auch Sarkozy scheiterte bei der Mitgliederbefragung der Republikaner mit seinem Versuch, die nationale Identität zum Wahlkampfthema zu machen.

Die Bedeutung des Satzes *nos ancêtres les Gaulois* hatten

bereits mehrere Präsidenten infrage gestellt. Bei einem Kolloquium über »Frankreich und die Pluralität der Kulturen« an der Sorbonne hatte Präsident François Mitterrand 1987 die Franzosen so charakterisiert: »Gallier, ein bisschen Römer, ein bisschen Germanen, ein wenig Juden, ein wenig Spanier, vielleicht immer mehr Portugiesen, wer weiß? Polen?« Dann fügte er hinzu: »Ich frage mich, ob wir nicht schon ein wenig Araber geworden sind!« Und meinte schelmisch: »Ich weiß, das ist ein unvorsichtiger Satz. Der wird aufgespießt werden.«

Nach dem Ursprung Frankreichs befragt, sagte Staatspräsident Jacques Chirac zwölf Jahre später in dem traditionellen Fernsehinterview am Nationalfeiertag, dem 14. Juli 1999: »Historisch hat Frankreich vielfältige Ursprünge. Wir berufen uns ständig auf unsere jüdisch-christlichen, lateinischen Wurzeln, auf die Tatsache, dass wir von den Galliern abstammen, was alles nicht richtig ist. Wir haben ein Land, dessen Name Frankreich von anderen Stämmen herrührt, von den Franken.«

Bis ins 18. Jahrhundert war an französischen Schulen gelehrt worden, dass die Franzosen einer Rasse angehörten, die von den Franken abstamme, welche wiederum aus Troja gekommen seien, weshalb die Kinder einen vermeintlichen Stammbaum bis hin zu Priamos auswendig lernen mussten.

Die politische Auseinandersetzung über das, was den Inhalt der nationalen Identität ausmacht, lässt Zerrbilder entstehen, die mit der Wirklichkeit bisweilen nur noch wenig zu tun haben. Dies gilt unabhängig von der politischen Überzeugung. »Ich glaube, das Thema der französischen Identität zwingt sich allen auf, seien sie links, rechts oder im

Zentrum, extrem links oder extrem rechts«, meinte Fernand Braudel, der sich als Autor eines mehrbändigen Werkes mit dem Titel *L'identité de la France* wie kein anderer Historiker mit der Materie befasst hat. Nationale Identität beinhaltet für Braudel Offenheit und Integrationsbereitschaft, eine Großzügigkeit, die andere nicht von vornherein ausschließt. Er warnte davor, die Frage politisch aufzuladen und sie allen möglichen Fantasmen auszusetzen. Aber offensichtlich fällt es vielen Wissenschaftlern und Politikern schwer, Braudels Warnung zu beherzigen.

»Benutzen Sie den Begriff Identität nicht, wenn es sich um Kultur handelt, um Sprache oder Geschlecht«, empfahl der Philosoph Michel Serres vor zwanzig Jahren, »denn da bedeutet er Zugehörigkeit. Dieser Fehler wird schnell zum Verbrechen.« Das Wort Identität sei ausschließlich im Zusammenhang mit der Einzigartigkeit des Individuums angebracht, niemals im Sinne einer kollektiven Zuordnung. Alle Menschen sind gleich, aber kein Mensch ist mit einem anderen identisch. Das heißt: Jedes Individuum verfügt über eine in sich einzigartige Persönlichkeit, aber alle sind gleich vor dem Gesetz, unabhängig von ihrer Stellung in Staat und Gesellschaft, von Geschlecht und Religion. Weil Identität darin bestehe, dass jeder Mensch nur er selbst und niemand anderes ist, so Michel Serres, verbiete es sich, von kollektiven Identitäten zu sprechen.

Der Philosoph wandte sich mit seiner Klarstellung gegen die rechtsextreme Argumentation des Front National, dessen damaliger Führer Jean-Marie Le Pen den Begriff *identité française* für seine rassistischen Parolen gegen die maghrebinische Bevölkerung in Frankreich benutzte. Le Pens Argumentation reduziere die Identität einer Person darauf, ob sie französisch sei oder nicht. Von da sei es nicht weit bis zu der Forderung: Frankreich den Franzosen, Araber raus!

Serres erhielt postwendend Zustimmung aus Deutschland. »›Kollektive Identitäten enden notorisch in der Uniformierung oder mit dem Ausschluss von Individuen‹«, schrieb die *Süddeutsche Zeitung*. »Wer diesen begrifflichen Kadaver noch einmal aus der Gruft zerrt, beweist also nur eines: Mut zur Peinlichkeit.« Das war ziemlich flapsig. Muss man sich aber nicht ernsthaft fragen – und heute, zwanzig Jahre später, stellt sich diese Frage erst recht –, ob es wirklich reicht, so zu argumentieren wie Michel Serres? Führt hier nicht der berechtigte Wunsch, Diskriminierungen zu verhindern, seinerseits zu einem Tabu, das verbietet, von gesellschaftlichen Gruppen als kollektiven Identitäten zu sprechen? Dieses Tabu hat in Deutschland dazu geführt, dass Braudels Buch *L'identité française* in der deutschen Ausgabe verharmlosend den Titel *Frankreich* erhielt. Mit dem Begriff »Identität« im Titel wäre das Buch wahrscheinlich heftig kritisiert worden – und hätte sich obendrein schlecht verkauft.

Denn auch die Deutschen haben Probleme mit dem Begriff der kollektiven Identität. Vor allem, wenn es um die zwölf Jahre der Herrschaft des Nationalsozialismus geht und sie als Kollektiv in die Verantwortung genommen werden sollen. Während sich heute viele mit der Vorstellung identifizieren zu können glauben, der Tod sei »ein Meister aus Deutschland«, wehrten sich die meisten Angehörigen der vom Krieg noch betroffenen Generationen empört gegen die These des amerikanischen Historikers Daniel Goldhagen, der »eliminatorische Judenhass« sei ein Merkmal der kollektiven Identität der Deutschen.

Der Begriff Identität wird in verschiedenen wissenschaftlichen Disziplinen unterschiedlich benutzt. Anders als in der Philosophie ist er etwa in der Soziologie zur Charakterisierung von Gemeinschaften längst gang und gäbe. Die Psychologie wiederum geht davon aus, dass sich die Identität einer Person wesentlich aus ihrer Wahrnehmung der Welt entwickelt. Da aber jeder seine eigene Innenwelt hat, hat er auch eine ihm eigene Art, die Welt zu sehen und sich darin zu platzieren. In diesem ständigen Austausch zwischen Innen- und Außenwelt entwickelt und verändert sich seine Identität. Es gibt keine festgeschriebene, unveränderliche Identität. Da Identitäten Entwicklungs- und Lernprozessen unterliegen, wandeln sie sich mit der Zeit – und manchmal können sich ihre Inhalte auch verbrauchen.

Norbert Elias unterscheidet zwischen der Ich-Identität (Individuum) und der Wir-Identität (Gesellschaft). Das eine gibt es nicht ohne das andere: »Es gibt keine Ich-Identität ohne Wir-Identität.« So wie die Familie mit ihrer eigenen Geschichte verhaftet ist, so weist auch die Gesellschaft eine Reihe gemeinschaftsbildender Merkmale auf, deren wichtigstes die Sprache ist. Zugleich werden in jeder Familie aber auch eigene sprachliche Codes benutzt. Indem der Einzelne für sich einen Ausgleich herstellt zwischen den Ich-Erfahrungen und den Wir-Erfahrungen – Elias spricht von der Wir-Ich-Balance –, gewinnt er seine Identität.

Man braucht nicht Marxist zu sein, um festzustellen, dass das Kollektiv eine erhebliche Rolle bei der Bildung der individuellen Identität spielt. Und es schafft zugleich die Grundlage für eine kollektive Identität, denn nur an den gemeinschaftlichen Werten lässt sich die soziale Bedeutung des Individuums entwickeln. Jürgen Habermas hat es so formuliert: »Erst das Bewusstsein der Zugehörigkeit zu ›demselben‹ Volk macht die Untertanen zu Bürgern eines einzigen politischen Gemeinwesens – zu Mitgliedern, die sich *füreinander* verantwortlich fühlen können. Die Nation oder der Volksgeist – die erste moderne Form kollektiver Identität überhaupt – versorgt die rechtlich konstituierte Staatsform mit einem kulturellen Substrat.«

Der starke Staat –
und seine kleinen Schwächen

Frankreich ist eine *République une et indivisible* – eins und unteilbar. So jedenfalls stellt sich das Land seit der Französischen Revolution dar. *Indivisible* sei die Republik, lautet der erste Satz der französischen Verfassung, und diesen Grundsatz lernen auch die Kinder in der Grundschule, damit sie bald in den Ruf *vive la France!* mit einstimmen können. Das war längst nicht immer so.

La France est divisible, Frankreich ist sehr wohl teilbar, behauptete der Historiker Fernand Braudel und verwies auf den großen Historiker des 19. Jahrhunderts Jules Michelet, der den Begriff *la France française* einführte und damit das Land rund um Paris meinte. Dieses Kernfrankreich sei im Lauf der Jahrhunderte den verschiedenen anderen Frankreich aufgezwungen worden. Zur Verwunderung seiner politischen Gegner hatte Emmanuel Macron im Wahlkampf den Mut, diesen Gedanken Braudels, dass Frankreich sehr wohl teilbar sei, aufzunehmen. Damit forderte er die zentralistisch denkenden Politiker in Paris zu Protesten heraus, in den Regionen fand er hingegen Zustimmung.

Im Jahr der Revolution 1789 wurde eine Art Umfrage über die zukünftige Gestalt Frankreichs durchgeführt. 35 Prozent forderten ein nationales Programm, um die Unzufrieden-heit im Land zu bekämpfen; 30 Prozent sprachen sich gegen die Idee der Nation aus, wollten lieber auf regionale und klerikale Strukturen bauen und verwiesen im Übrigen auf die alten Klassenprivilegien; die letzten 35 Prozent neigten zu einem Föderalstaat mit starken örtlichen Gegengewich-ten. Vor allem die Grenzregionen beharrten auf ihren his-torischen Vorrechten, Navarra erklärte sich für unabhängig. Erst nachdem das Prinzip der *égalité de tous*, die Gleich-heit für alle, beschlossen worden war und alle auf ihre Pri-vilegien verzichtet hatten, konnte die Einheit des Landes verkündet werden. Aber damit stand sie erst einmal nur auf dem Papier.

Ein Schulinspektor machte 1864 seine Runde in dem Département, das nach dem Bergmassiv Lozère im Süden Frankreichs benannt ist und schon zu Okzitanien gehört. Er fragte die Kinder in einer Dorfschule: »In welchem Land liegt Lozère?« Nicht ein einziger Schüler wusste die Antwort. »Seid ihr Engländer oder Russen?«, fragte er. Auf dem Gebiet des *hexagone*, wie Franzosen das geographische Sechseck zwi-schen Nordsee und Mittelmeer, Rhein und Pyrenäen, Alpen und Atlantik nennen, gab es sicher mehrere solcher Dorf-schulen, in denen die Kinder nicht wussten, dass sie Fran-zosen waren.

Zwei politisch-militärische Katastrophen führten zu einem grundlegenden Wandel: zunächst der verlorene Krieg 1870/71, in dessen Folge das Deutsche Reich im Spiegel-saal von Versailles ausgerufen wurde, dann der Erste Welt-krieg, der so viele junge Männer das Leben kostete, dass manche Dörfer fast vollständig ausbluteten. Erst durch zwei Kriege gegen die Deutschen also erlangte der Grundsatz *la*

France est indivisible nationale Bedeutung im Bewusstsein aller Franzosen.

Erziehung zum republikanischen Gedanken als Folge der endgültigen Abschaffung der Monarchie 1870 stärkte im Volk das Bekenntnis zur nationalen Identität. Erwähnenswert in diesem Zusammenhang sind die von dem fortschrittlichen Republikaner Jules Ferry durchgeführten Schulreformen Anfang der 1880er Jahre. Bereits 1870 hatte Ferry, damals noch Bürgermeister von Paris, einen Ausschuss zur Neuregelung des Schulsystems eingesetzt. Ihm war aufgefallen, dass die preußischen Soldaten offenbar besser ausgebildet waren als die französischen. Vor allem aber wollte er mit den Reformen den Einfluss der Jesuiten auf das Erziehungswesen zurückdrängen. Bis dahin war in den Volksschulen Religionsunterricht Pflicht, nicht aber in den von Kindern wohlhabender Eltern besuchten Gymnasien. »Die Kinder des Volkes bedurften einer Religion, um sie vor sozialistischem und revolutionärem Gedankengut zu schützen, das war nicht notwendig für die Kinder der Bourgeoisie«, kommentierte ein Zeitgenosse.

Die in der ersten Hälfte der achtziger Jahre erlassenen Schulgesetze – Jules Ferry war in dieser Zeit sowohl Ministerpräsident als auch Erziehungsminister – gelten in Frankreich bis heute. Mit der Einführung der Schulpflicht verschwanden die Privilegien der Kirche, der Unterricht an öffentlichen, laizistisch geprägten Schulen ist seither kostenlos. Ferry hoffte, dass mit diesen Gesetzen der republikanische Gedanke auch in die abgelegenen Gegenden Frankreichs getragen würde. Schulsprache war von nun an ausschließlich Französisch, in Regionalsprachen durfte nicht mehr unterrichtet werden.

Ferry war davon überzeugt, dass nur die Republik in der Lage sei, Kinder richtig, das hieß im Sinne des Fortschritts zu erziehen. Erzieher übernahmen eine neue gesellschaftliche Funktion, wurden verbeamtet und verkörperten im öffentlichen Bewusstsein eine moralische und intellektuelle Elite. Weil sie an den höheren Schulen schwarze Uniformen trugen, genau wie die Husaren, die Elite der Kavallerie, erhielten sie den Beinamen »schwarze Husaren der Republik«. Seit dieser Zeit verfügen die Lehrer über eine so große Macht im Staat, dass grundlegende Schulreformen so gut wie unmöglich sind – und das gilt heute noch.

Die Schule vermittelt in Frankreich nationale Identität. Wie das gelingt, hat sehr eindrücklich der Politologe Alfred Grosser geschildert. Grosser wurde 1925 in Frankfurt am Main geboren. 1933 war sein Vater als jüdischer Arzt mit der Familie aus Nazi-Deutschland geflohen. In dem Land, das ihm im Ersten Weltkrieg das Eiserne Kreuz verliehen hatte, gab es für ihn keine Zukunft; er starb nur wenige Monate nach der Ankunft in Paris.

Wie konnte ein Achtjähriger in Frankreich Wurzeln schlagen? Die Schule hat die Eingliederung des jungen Deutschen erleichtert, weil die Religion so gut wie keine Rolle, die Geschichte dagegen eine besonders starke Rolle bei der Herausbildung der nationalen Identität gespielt hatte. »Wären meine Eltern nach London gezogen«, meint Grosser, »so wäre ich wahrscheinlich im Emigrantenviertel Golders Green einer unter anderen gewesen, in dauerhafter Verbindung mit dem Judentum und mit einem durch Bitterkeit und Ablehnung lebendig bleibenden Deutschtum. Das Gleiche hätte für New York gegolten.

Auch gibt es in England und Amerika keinen Geschichtsunterricht in der Grundschule, so wie er als *Histoire de France* gegeben wird, das heißt mit patriotisch eingefärbter Darstellung der Vergangenheit. Viele Jahre später, als ich mich bei einem Vortrag dabei ertappte, ›Wir haben 1914 …‹ zu sagen, und damit natürlich die französischen Soldaten meinte, überlegte ich beim Weitersprechen, dass die Assimilation wirklich vollkommen war: Napoleon war mein Großvater, Jeanne d'Arc meine Ururgroßmutter und Goethe ein großer, aber ausländischer Dichter.«

Franzose ist man nicht nur von Geburt oder dem Pass nach. Emmanuel Macron schreibt in seinem Buch Révolution: »Wer Französisch lernt und es dann spricht, wird Bewahrer unserer Geschichte und damit ein Franzose. Franzose sein, das ist nicht nur eine Frage der Papiere.«

Dass Grosser seine Entdeckung im Zusammenhang mit dem Jahr 1914 machte, ist kein Zufall, die Bedeutung des Ersten Weltkriegs für die Entwicklung des französischen Nationalbewusstseins ist kaum hoch genug einzuschätzen. Erst seit 1914 ist Frankreich das ungeteilte Frankreich, meint etwa der Historiker Hervé Le Bras. »Die Bauern sind erst mit den Massakern des Ersten Weltkriegs wirklich Franzosen geworden.« Als Zeugnis dieser Geschichte erinnert in jeder französischen Gemeinde ein Gefallenendenkmal an die Toten des Großen Krieges, und an jedem 11. November, dem Tag des Waffenstillstands, legen dort die Honoratioren Kränze nieder. Diese Monumente haben die christlichen Kalvarienberge ersetzt, die früher in vielen Gemeinden das Zentrum des Totengedenkens bildeten. In Paris wird an diesem Tag die Avenue des Champs-Élysées für den Verkehr gesperrt, der Präsident fährt die Prachtstraße hinauf zum Triumphbogen und legt in einer feierlichen Zeremonie am Grab des unbe-

kannten Soldaten einen Kranz nieder. Solange noch Kriegs-
teilnehmer lebten, wurden alljährlich einige von ihnen in
alter Uniform mit dem Orden der Ehrenlegion ausgezeichnet. Von hier fährt der Präsident die Champs-Élysées wieder
hinunter und hält vor dem Petit Palais. Dort steht mit Helm
und wehendem Uniformmantel die Statue von Georges
Clémenceau, genannt der Tiger und Vater des Sieges, der
die Franzosen mit harter Hand durch das letzte Kriegsjahr
führte.

Bis zum Ersten Weltkrieg spielte der lokale und regionale
Bezug für die meisten Franzosen eine weitaus stärkere Rolle
als der nationale. Noch Mitte des 19. Jahrhunderts sprach
höchstens ein Drittel der Franzosen in der Familie Französisch. Erst mit den neuen Kommunikationsmitteln, dem
Ausbau des Schienennetzes, der wachsenden Bedeutung der
staatlichen Verwaltung und der Präfektur als Zentrum des
Départements und schließlich mit der Einführung der Schulpflicht sollte sich dies ändern.

Trotzdem hat sich die Ablehnung des Zentralstaates un-
terschiedlich stark in vielen Regionen bis heute erhalten.
Kommt es zu Protesten, erinnern sich die Aufständischen im-
mer gern an frühere Revolten in ihrer Region. Ein Beispiel:
2013 wollte die Zentralregierung in Paris eine Eco-Steuer für
Lastwagen auf der Autobahn in die Bretagne einführen. Den
Bretonen gelang es, dieses Gesetz mit ihrem Widerstand zu
Fall zu bringen.

In der Bretagne wird das Misstrauen gegen den Staat auch
heute noch vom Katholizismus bestimmt, der nach wie vor
das Sozialverhalten der Bretonen prägt, denn hier hat sich die
Gesellschaft schon vor Jahrhunderten unabhängig vom Staat
organisiert. In Erinnerung an eine Steuerrevolte im Jahr 1675

setzten sich die Protestierenden 2013 rote Kappen auf und blockierten die Verkehrswege so lange, bis die Eco-Steuer beerdigt war.

Seit dem Ende des Zweiten Weltkriegs ist die Allmacht des Staates allgegenwärtig. In knapp dreißig Jahren, zwischen 1944 und 1973, wandelte sich Frankreich vom Agrarstaat zur Industrienation, was für breite Schichten einen bis dahin unbekannten Wohlstand mit sich brachte. Diese dreißig Jahre werden deshalb *les trentes glorieuses* genannt. Wirtschaftswachstum, Vollbeschäftigung, sozialer Aufstieg, Babyboom kennzeichneten Frankreichs Weg in die Moderne. Damit wuchs aber zugleich auch die Macht des Staates, der seit den Zeiten des Finanzministers Colbert unter Ludwig XIV. in allen wichtigen Fragen entscheidet. Nicht nur in Fragen der Wirtschaft und Finanzen.

»*L'état c'est moi* – Der Staat bin ich«, dieser Satz wird dem Sonnenkönig zugeschrieben. Damit wollte der absolutistische Herrscher klarmachen: Ich und niemand anderes bestimme die Regierungsgeschäfte. Der König steht an der Spitze der Ämterhierarchie. Er vertritt die Macht nach innen wie nach außen.

Als guter Kenner der französischen Seele ließ General Charles de Gaulle die Verfassung der Fünften Republik (1958) nach diesem Gedanken ausarbeiten. Michel Debré, seinen Premierminister, wies er an, *faites la brève et obscure*, die Verfassung kurz und undurchsichtig zu machen, damit der Präsident sie von Fall zu Fall nach eigenem Ermessen auslegen kann. Die wichtigste Entscheidung freilich, die Direktwahl des Präsidenten durch das Volk, konnte de Gaulle erst 1962 per Volksentscheid durchsetzen.

Damit hatte de Gaulle die Sehnsüchte vieler Franzosen erfüllt. Denn sie sehen in ihrem Präsidenten immer noch einen König, weshalb Karikaturisten ihn häufig mit einer Allonge-Perücke malen, wie sie bei Hofe getragen wurde.

Kaum vierzehn Tage im Amt, wurde auch Emmanuel Macron schon im Habit von König Ludwig XIV. karikiert – mit Perücke, Hermelinumhang und Zepter. Er hatte den russischen Präsidenten Wladimir Putin zu einem Treffen ins Schloss Versailles eingeladen, wo eine Ausstellung über Zar Peter den Großen eröffnet wurde.

Frankreich sei »die Heimat der Zivilisation in Europa«, sagte der Historiker und Politiker François Guizot bei einer Vorlesung 1828 an der Sorbonne. Die Italiener mögen die Franzosen in der bildenden Kunst übertroffen haben, die Engländer bei der Entwicklung der politischen Institutionen, aber fast jede große zivilisatorische Idee sei erst durch Frankreich verbreitet worden. Zivilisation gilt unseren Nachbarn als ein moralischer Begriff, als ein Ideal der Menschheit, das zu mehr Gerechtigkeit, mehr Freiheit, mehr Gleichheit führt. Weil die Werte der Revolution nach wie vor Ideale darstellen, lohnt es sich in den Augen vieler Franzosen umso mehr, sich für sie einzusetzen.

Für einen Franzosen verbindet sich die Idee der Zivilisation direkt mit der Vorstellung vom Zentralstaat. Denn nur ein starker Staat könne dafür sorgen, dass alle sozialen Klassen in den Genuss der Wohltaten der Zivilisation kämen. Auch zur Verwirklichung der Identität Frankreichs bedarf es nach Meinung der Mehrheit der Franzosen des autoritären Staates. Der Zentralstaat, der als Voraussetzung dafür gesehen wird, dass die Ideale überhaupt realisierbar sind, tendiert allerdings dazu, diese Ideale selbst zu beschneiden. Denn die

Macht des Präsidenten, die Allmacht der Institutionen und die Beharrlichkeit der Funktionäre geben diesen Idealen nur den Raum, der die staatlichen Stellen bei der Ausübung ihrer Geschäfte nicht stört.

Fragen wir, wie es in Frankreich um die drei Grundwerte der Revolution – *liberté, égalité, fraternité* – bestellt ist.

Freiheit? Da wäre zunächst die Pressefreiheit. Vor einigen Jahrzehnten hatte der Informationsminister auf seinem Schreibtisch noch Apparate, die ihm erlaubten, mit einem Knopfdruck die Chefredakteure der Rundfunksender anzuwählen, um ihnen Anweisungen zu geben. Der allmächtige Präsident kann noch immer bestimmen, wer welchen Posten in einem öffentlichen Sender erhält. Und die Eigentümer der Privatsender, dem Monarchen über vielerlei Beziehungen verbunden, erfüllen ihm gern einen Wunsch. Nicht sehr viel anders sieht es in der freien Wirtschaft aus. Es ist noch nicht lange her, da legte der Premierminister den Brotpreis fest. Frauen dürfen erst seit 1945 wählen. Bis 1970 durften sie ohne Genehmigung ihres Ehemanns kein Bankkonto eröffnen.

Gleichheit? Während der Staat Eliteschülern, die meist Kinder der Elite sind, schon während der Ausbildung Gehälter zahlt, ist die Zahl der Stipendien für Kinder aus Arbeiterfamilien in den letzten vierzig Jahren um ein Drittel gesunken. Trotz Jules Ferry: Es gibt noch immer keine Gleichheit bei der Schulbildung. Auch die Kinder von Immigranten in den Banlieues kennen keine Chancengleichheit. Draußen, an den Rändern der großen Städte, spürt niemand auch nur einen Hauch von *égalité*.

Brüderlichkeit? Brüstete sich Frankreich einst, *terre d'asyl* – Land des Asyls zu sein, zeigte sich die sozialistische Regierung

unter Präsident François Hollande 2015, als die Flüchtlings-
ströme aus Syrien nach Europa drängten, peinlich unsoli-
darisch. Aus Angst, die Wähler könnten in das konservative
oder ultrarechte Lager des Front National abwandern, hatte
Hollande schon zuvor gegenüber den Flüchtlingen, die aus
Afrika über das Mittelmeer kamen, die Augen verschlossen.
Die Ideale der Revolution wurden bloßem Machtdenken ge-
opfert. *»L'état c'est moi«*, heißt es weiterhin.

Nationale Identität besteht aus vielen Schichten. Ich ver-
gleiche sie gern mit einer Zwiebel. Die Form ist bei allen
Nationen ähnlich, doch Tausende verschiedene Häute prä-
gen den jeweiligen Charakter. Unter diesen Häuten finden
sich hin und wieder auch einige ältere, die man sofort an
ihrer besonderen Maserung erkennt. So bestimmt der in
Frankreich als Kirchenglaube längst abgestorbene Katholizismus als gesellschaftliche Kraft immer noch das politische Geschehen. Die Kirche besuchen regelmäßig gerade
einmal 4,5 Prozent der Gläubigen (2006). Aber dennoch
geht vom Glauben eine starke Wirkung auf die Gesellschaft
aus, er macht sich selbst bei Wahlen bemerkbar. Emmanuel
Todd hat zusammen mit Hervé Le Bras daraus den Begriff
catholicisme zombie abgeleitet. In katholischen Gebieten wie
der Bretagne, der Auvergne oder dem Elsass, wo die Kirche
jahrhundertelang gegen den Staat stand, ist er besonders
stark ausgeprägt.

Die Regierung unter Staatspräsident François Hollande
hat diesen katholischen Fundamentalismus zu spüren bekommen, als sie die *mariage pour tous*, die Ehe für alle, also
auch für gleichgeschlechtliche Paare, gesetzlich verbriefte.
Das Ausmaß der Rebellion war von der Regierung so nicht

erwartet worden. Sie ging weit über den Anlass hinaus und hat dazu beigetragen, dass François Hollande so unbeliebt wurde, dass er auf eine erneute Kandidatur verzichten musste.

Hollande hat das Gesetz nicht zurückgenommen. Anders war es 1984, als Bildungsminister Alain Savary im Rahmen eines sozialistischen Reformprojekts plante, die Lehrer der meist katholischen Privatschulen zu verbeamten. Dadurch wären sie dem laizistischen Gedanken verpflichtet worden, dass die Erziehung der Kinder »areligiös« zu sein habe. Es erhob sich eine so große Protestbewegung, dass François Mitterrand in dem traditionellen Fernsehinterview am 14. Juli verkündete, das Gesetzgebungsverfahren zu stoppen. Bildungsminister Savary und Premierminister Pierre Maurois erfuhren davon über das Fernsehen und traten aus Protest zurück.

Der *catholicisme zombie* hatte gesiegt.

Als François Fillon sich im Herbst 2016 um die Kandidatur der Konservativen für die Wahl zum Präsidenten bewarb, lag er weit hinter den Favoriten Alain Juppé und Nicolas Sarkozy. Zur Überraschung aller gewann er haushoch. Denn Fillon fand viel Zustimmung in katholisch geprägten bürgerlichen Kreisen. Unterstützt wurde er unter anderem von einer politischen Gruppierung mit dem Namen *Sens commun* – Gemeinsinn, die 2013 von Leuten gegründet worden war, die als »identitäre Katholiken« bezeichnet werden können. Die Gruppierung wird von Madeleine de Jessey geleitet, einer jungen Frau knapp unter dreißig, die sich für die traditionelle Familie, klassische Geschlechterrollen, ein positives französisches Kulturverständnis und gegen Abtreibung starkmacht.

Im Vorwahlkampf verbrachte Fillon den Tag von Mariä

Himmelfahrt bei den Benediktinern in der Abtei von So-
lesmes. Maria ist die Namenspatronin Frankreichs. Das
Land hat sich lange als älteste Tochter der Kirche Roms
und als deren Schutzmacht verstanden. Am Anfang stand
die Taufe Chlodwigs in Reims Ende des 5. Jahrhunderts
(das genaue Datum ist umstritten). Später entwickelte sich
daraus ein Kult um die Krönung der französischen Könige,
den der große Historiker Ernest Renan »die Religion von
Reims« nannte; das Salböl stammte angeblich von Chlod-
wig, der es direkt von einer Taube des Heiligen Geistes erhalten hatte.

Anfang des 12. Jahrhunderts, in der Chronik des ersten
Kreuzzuges, den »Dei gesta per Francos«, wurde nachgewie-
sen, dass kein Volk mehr Tapferkeit besitze als das französische, das daher auserwählt sei, das Reich Gottes auf Erden zu
verteidigen. Nur wenn Frankreich dieser Idee Gottes folge,
bleibe es sich selbst treu. Erst die Revolution führte zum
Bruch mit diesem Denken, das in einer perfekten Symbiose
von Religion und Nation Frankreichs Selbstverständnis über
die Jahrhunderte geprägt hatte. 1905 schließlich wurde mit
dem Gesetz über die Trennung von Staat und Kirche den
drei revolutionären Werten *liberté, égalité, fraternité* ein vier-
ter hinzugefügt: *laïcité*.

Bis heute streitet man sich in der französischen Gesellschaft darüber, wie der Begriff Laizität auszulegen ist. Auch
innerhalb der politischen Lager wird darüber debattiert. Der
Front National bemüht das Wort sehr gern, denn streng an-
gewandt, kann der Grundsatz, dass der Staat Religionsfreiheit
garantieren müsse und deshalb dafür zu sorgen habe, dass im
öffentlichen Bild nicht eine Religion die anderen dominiere,
auch gegen die Islamisierung benutzt werden. Sozialisten in-

terpretieren den Begriff gern etwas großzügiger, um nicht als Gegner des Islams zu gelten, andere Linke wiederum beharren auf der strikten Trennung von Staat und Religion, die im Gesetz von 1905 festgeschrieben ist und die besagt, dass der Staat sich aus allen Religionsangelegenheiten herauszuhalten habe.

Die Frage, wie dieses Gesetz anzuwenden sei, spielte 2016 auch in der Auseinandersetzung um die Kandidatur für die Sozialistische Partei eine Rolle. Vor dem zweiten Wahlgang der Mitgliederbefragung der PS fand ein Fernsehduell zwischen Manuel Valls und Benoît Hamon statt. Der sozialdemokratisch gemäßigte Valls sprach sich dafür aus, die Laizität so streng auszulegen, dass das Tragen von Vollschleiern verboten bleibe. Die Republik müsse helfen, dass sich die »Frauen emanzipieren können, die unter diesem machistischen Diktat« leben. Der linke Hamon dagegen nannte das Gesetz von 1905 »eines der schönsten Gesetze der Republik« und eine Garantie friedlichen Zusammenlebens. Man dürfe es allerdings nicht zu streng auslegen: Jede Frau sei frei, den Schleier zu tragen, »und diese Freiheit will ich ihr bewahren«.

Die Anhänger der strikten Laizität erinnern an ihre Symbolfigur, den Chevalier de la Barre, der als letzter Franzose im Alter von 19 Jahren 1766 wegen Gotteslästerung zum Tode verurteilt und hingerichtet worden war. In vielen Gemeinden Frankreichs sind Straßen nach dem Chevalier benannt, einige mit dem Zusatz: »Opfer der Intoleranz und des Obskurantismus«. 1905 wurde eine Statue des an einen Pfahl gebundenen Chevaliers vor dem Eingang der Kirche Sacre Coeur aufgestellt, sehr zum Verdruss der Katholiken, zumal die Adresse der Kirche 35, Rue du Chevalier de la

Barre lautete und trotz vieler Eingaben an die Stadt Paris nie geändert wurde.

1941 war die Statue unter der Pétain-Regierung eingeschmolzen worden. Doch mehr als ein halbes Jahrhundert später erreichte der in Paris eigens dafür gegründete »Verein des Chevalier de la Barre«, dass eine neue Statue aufgestellt wurde. Allerdings steht der Chevalier nicht mehr direkt vor dem Hauptportal und nicht mehr am Marterpfahl, was wohl auch nicht der Wirklichkeit entsprach, denn als Adliger hatte er das Privileg, geköpft zu werden. Jetzt steht der Chevalier stolz mit wehenden Rockschößen etwas seitlich.

Die französische Geschichte verbindet seit Jahrhunderten das Bild von Macht und Führung mit Kultur und Bildung. Jeder französische Präsident, der etwas auf sich hält, ist daher bestrebt, der Nachwelt ein Monument zu hinterlassen, mit dem sich zeigen lässt, dass auch er einen Sinn für die Kultur hat. So wie einst die Könige.

Georges Pompidou gab das Museum für moderne Kunst in Auftrag, dass jetzt seinen Namen trägt, Musée Georges Pompidou, im Volksmund wegen seiner gewagten Architektur »die Raffinerie« genannt.

Valéry Giscard d'Estaing ließ die 1900 gebaute Gare d'Orsay, wo die Züge nach Orléans abfuhren, in das wunderbare Musée d'Orsay verwandeln, in dem die Kunst des 19. Jahrhunderts ihren Platz fand und vor dessen Türen sich täglich lange Schlangen bilden.

François Mitterrand ließ nicht nur die Grande Arche de la Défense errichten, die sich wie ein zweiter Triumphbogen am Ende der verlängerten Avenue de la Grande Armée erhebt, sondern steckte auch Millionen in den Umbau des Louvre zum größten Museum der Welt. Der amerikanische Architekt I. M. Pei erhielt den Auftrag, als zentralen Eingangsbereich eine Glaspyramide zu bauen, was anfangs heftig umstritten war, heute aber einhellig gelobt wird.

Sein Nachfolger Jacques Chirac gab persönlichen Neigungen nach und gründete das der außereuropäischen Kunst gewidmete Musée du Quai de Branly, das heute Chiracs Namen trägt. Es ist ein vom Architekten Jean Nouvel klug gebautes Haus und wohl eines der gelungensten ethnologischen Museen der Welt.

Frankreichs kulturelles Sendungsbewusstsein ruhte im Wesentlichen auf drei Säulen. Erstens, das Land stehe in der Nachfolge der antiken Mächte Athen und Rom; zweitens, es sei die älteste Tochter der Kirche; drittens habe man hier schließlich die Menschenrechte entdeckt.

Die Französische Revolution von 1789 gilt zu Recht als universell, denn von ihr gingen nicht nur ein neues Verständnis vom Menschen und eine neue Staatsform aus, sondern auch eine Revolution in Wissenschaft und Technik. So beschloss 1791 die gesetzgebende Versammlung in Paris auf Vorschlag der *Académie des sciences* die Einführung einer universellen Längeneinheit; der Urmeter liegt deshalb heute in Sèvres bei Paris. Das metrische System wurde bald von den meisten Ländern der Welt übernommen.

Französischen Schulkindern wurde lange Zeit beigebracht, jeder Mensch von Kultur habe zwei Heimatländer, sein eigenes und Frankreich. Der Satz stammt ursprünglich von Thomas Jefferson, dem Verfasser der amerikanischen Unabhängigkeitserklärung, der als amerikanischer Botschafter in Paris die Revolution mit großer Sympathie begleitet hatte. Der katholische Schriftsteller Charles Péguy wollte Gott davon überzeugen, dass nur die Franzosen ihn recht ehren und angemessen zu ihm beten könnten. Und der Historiker Jules Michelet feierte Frankreich gar als das einzige Land, das eine Person sei.

Der Universalismus der Revolution prägt den Glauben an die *exception française* bis heute. Aber liegt darin nicht auch ein Widerspruch? Sich für ein besonderes Land zu halten und sich gleichzeitig als Teil eines Ganzen zu sehen? Wäre Frankreich ein Land wie jedes andere, warum sollte es dann von Interesse für den Rest der Welt sein, fragt der Politologe René Rémond. Die Auflösung des Rätsels lieferte er gleich mit: Frankreichs Besonderheit sichere ihm die universelle Ausstrahlung. Indem es bei sich selbst bleibt, ist es etwas Besonderes – *l'exception française*.

Um Kritiker in die Schranken zu weisen, hat André Malraux, legendärer Kulturminister unter Staatspräsident Charles de Gaulle, den Begriff präzisiert: Frankreichs universelle Geltung beruhe auf der *exception culturelle française*. Diese Definition hat sich seither im politischen Raum durchgesetzt.

Bei internationalen Verhandlungen, in denen es um Kunst, Literatur und geistiges Eigentum geht, führt Frankreich die europäischen Länder an, weil man dem Land zutraut, die intellektuellen Rechte besonders zu wahren. Während für die Amerikaner literarische und künstlerische Erzeugnisse nichts anderes als Produkte eines weltweiten Marktes sind, setzt sich Frankreich immer wieder mit der Forderung durch, geistige Werke besonders zu bewerten. Es sei Aufgabe des Staates, die Kulturschaffenden als Angehörige einer recht fragilen Spezies zu schützen; die Arbeit des Künstlers, des Autors, des Intellektuellen gehöre einer besonderen Sphäre an, die den ökonomischen Zwängen enthoben bleiben müsse. Die Europäer schließen sich dieser Auffassung mehrheitlich gern an und freuen sich, wenn die Franzosen international wieder einmal einen Sieg erringen.

Der Niedergang des Intellektuellen

Hier folgt nun eine wahre Geschichte.

Sie erzählt von der wundersamen Beziehung des französischen Intellektuellen im 21. Jahrhundert zur politischen Macht. Wundersam, weil es wohl in keinem anderen Land der Welt denkbar wäre, dass ein linker Intellektueller einen rechten Präsidenten aus einer fernen Gegend, in der ein Bürgerkrieg tobt, anruft und ihn ermuntert, für die Revolutionäre Partei zu ergreifen, was der Präsident dann auch prompt zusagt.

Besonders wundersam ist die Geschichte auch deshalb, weil die Bezeichnung »Intellektueller« heute wieder einmal von einem Teil der Franzosen abwertend gebraucht wird, sobald man diesen Intellektuellen links verortet. Bernard-Henri Lévy mag nicht wirklich links sein, er gibt sich allerdings gern so und wird von den Konservativen als links beschimpft. »Links« wird dabei in ähnlicher Weise als Kampfbegriff verwendet wie das Wort »Intellektueller«.

Der heutige Begriff des Intellektuellen entstand in Frankreich zur Zeit der Dreyfus-Affäre. Streitbare Autoren, die sich die vom Geist der Aufklärung getragene Suche nach Wahrheit und Gerechtigkeit öffentlich zu eigen machten, wurden damals als »moderne Intellektuelle« beschimpft. Zwar gelten

Voltaire und Rousseau als geistige Vorbereiter der Französischen Revolution, zwar haben Schriftsteller aktiv an der Revolution von 1848 teilgenommen. Doch erst im Streit um die ungerechte Verurteilung von Alfred Dreyfus wurde der »moderne Intellektuelle« in Frankreich zu einem feststehenden Begriff – als eine öffentliche Figur, die sich einer politischen Sache verschreibt.

1894 war der aus dem Elsass stammende jüdische Hauptmann Alfred Dreyfus aufgrund manipulierter Aussagen von einem Militärgericht wegen Spionage für Deutschland zu lebenslanger Haft und Verbannung verurteilt worden. Vier Jahre später kam es aufgrund der Proteste von Émile Zola und anderen Intellektuellen und Publizisten zum Rücktritt des gesamten Kabinetts und zu einer Wiederaufnahme des Verfahrens im Namen der universellen Werte Wahrheit und Gerechtigkeit. Der Streit um diese republikanischen Werte ist in der französischen Gesellschaft heute noch nicht ausgestanden.

Mehr als drei Jahre nach seiner Verurteilung – Dreyfus verbrachte diese Jahre in der Verbannung auf den Teufelsinseln vor Französisch-Guyana – war die Auseinandersetzung um die falschen Aussagen von Militärs und Geheimdienstmitarbeitern noch immer in vollem Gang gewesen. Am 13. Januar 1898 veröffentlichte der prominente Schriftsteller Émile Zola in der von Georges Clemenceau gegründeten Zeitschrift *L'Aurore* eine bittere Anklage: *J'accuse …!* Der Autor sozialkritischer Romane bezichtigte hohe Offiziere des Generalstabs, der Militärjustiz, einige Gutachter und die konservative Presse des Antisemitismus und der Rechtsbeugung. Die Ausgabe von *L'Aurore* wurde innerhalb von zwei Tagen in 300 000 Exemplaren verkauft.

Mit seinem Artikel, der in Form eines Briefes an Félix Faure, den Präsidenten der Republik, veröffentlicht wurde, hatte Zola den Streit um Schuld oder Unschuld von Dreyfus auf eine gesellschaftspolitische Ebene gehoben und die grundsätzliche Frage nach dem Charakter der Dritten Republik gestellt. Was ist wichtiger, wollte er wissen, die Gerechtigkeit oder die Staatsräson, und gab für sich eine klare Antwort.

Die französische Gesellschaft spaltete sich daraufhin in zwei Lager. Die Rechtskonservativen, die sich hinter Militär und katholische Kirche stellten, hielten an dem Fehlurteil gegen Dreyfus fest: Die Staatsräson habe Vorrang vor der Gerechtigkeit, schließlich sei von der Ungerechtigkeit nur ein Einzelner betroffen. Die liberalen Anhänger von Zola stellten die Menschenrechte höher.

Wegen der Veröffentlichung von *J'accuse* der Verleumdung angeklagt und zu einem Jahr Gefängnis verurteilt, floh Zola nach England, bevor das Urteil zugestellt werden konnte. Die Bestrafung des sozialkritischen Autors löste einen weiteren Kulturkampf zwischen der universalistischen Linken und der nationalistischen Rechten aus. Der Schriftsteller und Politiker Maurice Barrès als Sprachrohr der Rechtsnationalen warf Zola vor, mit seinem Angriff gegen das Militär, dessen Manipulationen das Fehlurteil gegen Dreyfus verursacht hatten, die Einheit der Nation infrage zu stellen.

Barrès beschimpfte Zola und seine Anhänger als »Intellektuelle«. Gemeint waren damit Theoretiker, die ihr Wissen nutzten, um moralische Verfehlungen der Gesellschaft aufzudecken. Verantwortungslos gegenüber dem Staat, huldigten sie einem »rohen Individualismus und sozialer Dekadenz«.

Es blieb nicht bei Polemik. Es kam zu Gewalt.

Émile Zola starb im Herbst 1902 durch eine Kohlenmonoxidvergiftung in seinem Pariser Haus. Der Kamin in seinem Schlafzimmer war verstopft worden. Hatte man ihn ermordet? Später wird der Schornsteinfeger Henri Buronfosse gegenüber dem Apotheker Pierre Hacquin erklären, er habe den Kamin von Zola verstopft. Die beiden kannten sich aus nationalistischen Kreisen. Details veröffentlichte fünfzig Jahre nach Zolas Tod die Tageszeitung *Libération*. Beweise für die Richtigkeit der Behauptung fehlen aber bis heute.

Der Streit hatte erhebliche politische Auswirkungen. Bei den Parlamentswahlen 1902 gewann der von den Anhängern der »Intellektuellen« unterstützte Bloc républicain die Mehrheit. Vier Jahre später wurde Georges Clemenceau, der *J'accuse* in seiner Zeitschrift veröffentlicht hatte, Premierminister; er verfügte, dass Émile Zola im Panthéon, der nationalen Ruhmeshalle, ein Ehrengrab erhielt. Im gleichen Jahr 1906 wurde Alfred Dreyfus in einem Revisionsverfahren freigesprochen, zum Major befördert und zum Ritter der Ehrenlegion ernannt.

Vor diesem Hintergrund wird der Leser besser verstehen, warum ich die nun folgende wahre Geschichte, die mehr als hundert Jahre nach der Dreyfus-Affäre stattfindet, wundersam nenne. Die beiden darin handelnden Hauptfiguren sind der sich links gebende Intellektuelle Bernard-Henri Lévy und der rechtskonservative Politiker Nicolas Sarkozy. Spielte die Geschichte Ende des 19. und nicht Anfang des 21. Jahrhunderts, wäre Bernard-Henri Lévy an der Seite Zolas zu finden, und Sarkozy würde heftig und lautstark die rechtsnationalen Thesen von Maurice Barrès verteidigen.

Die wundersame Geschichte beginnt in Bengasi, einer

Stadt im Osten Libyens, kurz nach Beginn des Aufstands gegen den Diktator Muammar al-Gaddafi im Februar 2011. Gleich in den ersten Tagen kommt es zu heftigen Gefechten. Einige Hundert Menschen werden getötet. Truppen von Diktator Gaddafi beschießen die Stadt. Die in Bengasi stationierte Garnison unter General Fattah Junes verbündet sich mit den Aufständischen.

Wenige Tage später bilden ehemalige Funktionäre der Regierung Gaddafi, Angehörige des früheren Königshauses und langjährige Oppositionelle eine nationale Übergangsregierung. Sie besteht aus vierzig Mitgliedern und bestimmt den früheren Justizminister Muhammad Abd al-Dschalil zum Vorsitzenden.

Am 5. März will sich die Übergangsregierung zur konstituierenden Sitzung treffen. Zuvor bespricht sich Abd al-Dschalil in der Lobby eines großen Hotels mit Gleichgesinnten. In der Hotelhalle herrscht ein wildes Kommen und Gehen, es ist staubig und laut.

Ein Franzose mit wilder Mähne wird in die Halle geführt. Niemand kennt diesen Ausländer, der kein Arabisch spricht und zwischen den vom Bürgerkrieg heimgesuchten Libyern wie eine Comicfigur wirkt. Als komme er gerade aus einer Herrenboutique in Saint-Germain, trägt er einen dunklen Anzug mit weißem Hemd, den Kragen weit aufgeknöpft. Er stellt sich als Bernard-Henri Lévy vor, doch in den Straßen von Bengasi sagt dieser Name niemandem etwas. In der Welt, in der man ihn kennt, wird er BHL genannt. Das Kürzel spricht man französisch Be-Asch-El aus. BHL wird von einem Fotografen begleitet, der ihn ab und zu filmt.

Eine Szene wie aus dem absurden Theater von Eugène Ionesco.

BHL hat von nichts eine Ahnung.

Er war zunächst nach Ägypten geflogen, um zu erkunden, ob er sich dort dem Arabischen Frühling anschließen könnte. Doch niemand hatte auf ihn gewartet. Enttäuscht war er mit seinem Privatjet weitergeflogen nach Bengasi. Dort fragte er sich durch, wer denn hier die Revolution anführe, ließ sich die Namen buchstabieren, schrieb sie auf und bat, man möge ihn zu den neuen Machthabern führen.

Mansour Saif al-Nasr, einer der leitenden Mitglieder der Übergangsregierung, schildert die Ankunft von Lévy: »Damals bemühte sich die Übergangsregierung um Unterstützung, und da kommt dieser Monsieur, der uns sagt, er sei da, um uns zu helfen, denn er sei mit Präsident Sarkozy befreundet, den er überzeugen könne, die libysche Revolution zu unterstützen.«

Mit großem Talent zur Selbstdarstellung gelingt es dem Franzosen tatsächlich, zum Führer der Übergangsregierung vorgelassen zu werden. Nun sitzt er also in der Hotelhalle Muhammad Abd al-Dschalil gegenüber und lässt sich auch gleich von seinem Fotografen Marc Roussel filmen. Der Revolutionsführer, der nicht weiß, was er von seinem Gegenüber halten soll, blickt misstrauisch drein. »Monsieur Abd al-Dschalil«, hebt Lévy auf Französisch an (im Hintergrund der Filmaufnahmen hört man jemanden übersetzen). »Ich bin kein Politiker. Ich bin kein Mann der Tat. Ich bin nur ein Schriftsteller. Aber wie Sie glaube ich, dass es besser ist, zu handeln als nur zu reden.«

Man hört jemanden fragen: »Haben Sie einen Brief von der internationalen Gemeinschaft?«

»Geben Sie mir fünf Minuten«, bittet Lévy und wechselt ins Englische. »Seit meiner Ankunft habe ich verstanden, dass wir Ihnen drei Dinge verschaffen können.« Der französische Schriftsteller und Philosoph zählt auf: Erstens die Einrichtung einer Flugverbotszone, damit Gaddafi Bengasi nicht mehr aus der Luft bombardieren kann. Zweitens die Bombardierung der Flughäfen von Sabha und Sirt und die Bombardierung von Gaddafis Bunker in Tripolis durch die französische Luftwaffe. Drittens die Anerkennung der Übergangsregierung durch die internationale Völkergemeinschaft.

Die Libyer blicken skeptisch drein. »Ich habe einen Freund in Frankreich«, sprudelt es aus BHL heraus, der jetzt nicht mehr zu stoppen ist. »Das ist Monsieur Sarkozy. Ich bin kein Anhänger von Sarkozy, aber wir sind Freunde. Persönliche Freunde. Und Präsident Sarkozy wird Sie und die anderen im Élysée empfangen. Das wird der erste Schritt zur Anerkennung sein. Frankreich wird Sie als erstes Land offiziell empfangen.«

Abd al-Dschalil und seine Begleiter rätseln, ob sie es mit einem Hochstapler zu tun haben, mit einem Irren oder mit Aladin, der nur seine Wunderlampe reiben muss, damit ein Geist ihm alle Wünsche erfüllt.

Marc Roussel, der Leibfotograf von BHL, ist begeistert von seinem Hauptdarsteller: »Das war der entscheidende Moment, in dem ich merkte, da passiert gerade etwas Unglaubliches. Also fing ich an zu drehen. Was für ein monumentaler Bluff! Was für einen Mumm muss man haben, dieses Angebot zu machen, ohne mit Sarkozy gesprochen zu haben. Ich weiß noch, dass ich zu Bernard sagte: ›Und was machen wir jetzt?‹ Er antwortete: ›Ganz einfach. Wir rufen jetzt Sarkozy an‹.«

Er ist tatsächlich Aladin. Mit dem Satellitentelefon erreicht BHL nicht nur die Zentrale des Élysée, sondern wird auch gleich mit dem Präsidenten verbunden. Seine libyschen Gesprächspartner sind beeindruckt. Die Leitung bricht dreimal zusammen.

Es entspricht den ungeschriebenen Gesetzen der Pariser Welt, dass ein prominenter Philosoph wie Bernard-Henri Lévy und ein ehrgeiziger Politiker wie Nicolas Sarkozy sich kennen.

Lévy gehört seit den siebziger Jahren zur Gruppe der *nouveaux philosophes*, der Neuen Philosophen, die 1968 zunächst überzeugte Kommunisten und Maoisten waren, sich dann aber von den Ideologien abwandten und die Idee vom revolutionären Ethos verwarfen. Alexander Solschenizyns *Archipel Gulag* mit seinen Schilderungen der grauenhaften Zustände in den Gefangenenlagern des Sowjetsystems brachte sie 1974 zu der Einsicht, dass Sozialismus und Demokratie nicht kompatibel seien, dass es Sozialismus ohne Gulag nicht geben könne. Mit Hilfe des Fernsehens, das sie perfekt bedienten, gelangten die Neuen Philosophen, allen voran Bernard-Henri Lévy, bald zu großer Popularität.

Auch Nicolas Sarkozy wurde schon als junger Mann von unbändigem Ehrgeiz getrieben. Mit gerade mal 28 Jahren half ihm eine politische Intrige, zum Bürgermeister von Neuilly gewählt zu werden, jenem Vorort von Paris, in dem die Milliardäre wohnen.

In diesem Vorort lebte Lévy zu jener Zeit auch. Und so war es kein Wunder, dass der konservative Politiker und der linke Philosoph, die beide nach Ruhm strebten, sich bald kennenlernten. In der feinen Pariser Gesellschaft tummelt sich, wer wichtig ist, die politische Linie spielt da meist nur eine untergeordnete Rolle.

Als Lévy sich allerdings im Präsidentschaftswahlkampf

2007 für die sozialistische Kandidatin Ségolène Royal einsetzte, kam es zum Zerwürfnis. Sarkozys Redenschreiber Henri Guaino beschimpfte den Philosophen als »ein kleines eingebildetes Arschloch«.

Trotzdem nimmt Präsident Sarkozy Anfang März 2011 das Gespräch aus Bengasi an. Einen berühmten Intellektuellen wie BHL weist man nicht ab. Wer weiß, wozu es gut ist.

»Ich bin überzeugt davon«, ruft BHL in der Hotelhalle von Bengasi in die Sprechmuschel des Satellitentelefons, »dass es ein politischer Donnerschlag sein wird, wenn ein Land wie das unsere eine Delegation der Übergangsregierung empfängt.«

Sarkozy erbittet eine Bedenkzeit von zwei Stunden, er werde sich dann melden.

Schon bevor er den Anruf aus Bengasi erhielt, war Nicolas Sarkozy davon überzeugt gewesen, dass ein Militärschlag gegen das Regime von Gaddafi eine mögliche Lösung darstelle. Erst vier Jahre war es her, dass der französische Präsident dem libyschen Diktator hatte schmeicheln wollen und ihn nach Paris eingeladen hatte in der vagen Hoffnung, ihm ein oder zwei französische Atomkraftwerke zu verkaufen. Doch der unberechenbare Wüstenführer hatte mitten in Paris sein eigenes Zelt aufgeschlagen und mit seinen Marotten Sarkozy politisch schwer beschädigt. Würde ein entschlossener Militärschlag in Libyen Sarkozy nicht rehabilitieren?

Am 25. Februar 2011, zehn Tage nach Beginn der Revolution in Libyen, hatte der Präsident deshalb beschlossen: Gaddafi muss weg. Aber in seiner Regierung gab es Widerstand. Frankreich hatte sich beim Ausbruch des Arabischen Frühlings in Tunesien und Ägypten unsäglich blamiert. Außenministerin Michèle Alliot-Marie hatte sich den demokratischen Kräften sogar in den Weg stellen wollen und der vom Aufstand bedrohten Regierung in Tunis angeboten, die tunesischen Sicherheitskräfte durch französische Polizisten in der »Herstellung der Ordnung« auszubilden. Sie musste zurücktreten.

Den neuen Außenminister Alain Juppé, seit wenigen Tagen im Amt, übergeht Sarkozy am 5. März kurzerhand. Schließlich bestimmt der Präsident die Außenpolitik Frankreichs. Zwei Stunden später meldet Sarkozy sich bei BHL in der staubigen Hotelhalle in Bengasi und sagt ihm zu, die libyschen Revolutionäre zu empfangen und die Übergangsregierung völkerrechtlich anzuerkennen.

Später wird sich BHL deshalb mit dem französischen Feldherrn Leclerc vergleichen. Jacques-Philippe Leclerc de Hauteclocque, Generalmajor der französischen Armee, postum sogar zum Marschall erhoben, hatte 1941 die Freien Französischen Streitkräfte in Afrika geführt. Von Kamerun und dem Tschad aus griffen seine Truppen über mehrere Tausend Kilometer hinweg italienische Stützpunkte in Libyen an. Legendär wurde Leclerc, als er seine Truppen vom Tschad durch die Sahara bis ans Mittelmeer führte. Nachdem er die Kufra-Oasen im Südosten Libyens von den Italienern erobert hatte, legte er mit seinen Truppen das Gelübde ab, die Waffen erst ruhen zu lassen, wenn die Trikolore über dem Straßburger Münster wehte. Und daran hielt er sich.

In der Hotelhalle in Bengasi legt BHL jetzt als selbsternannter Leclerc-Nachfolger den Führern der libyschen Revolution ein vollständiges Programm vor: Reise nach Paris, Treffen mit dem Präsidenten, Pressekonferenz in einem großen Hotel von Paris. Alles auf seine Kosten.

»Er hat uns gesagt, er organisiere das alles im Hotel Raphael«, erinnert sich Mansour Saif al-Nasr. Das Hotel Raphael ist ein Luxuspalast in der Nähe der Champs-Élysées, in dem BHL damals mit seiner Frau, der Schauspielerin Arielle Dombasle, das ganze Jahr über ein Appartement bewohnte. »Wir haben ihn gefragt, wie viel das kosten würde, denn wir hatten nicht viel Geld. Er hat uns gesagt, das sei sein Geschenk an Libyen, er verlange nichts, und hat alles aus seiner Tasche bezahlt.«

Nun stammt BHL aus einer so reichen Familie, dass er über ein Privatflugzeug verfügt. In diesem Jet nimmt er wenige Tage nach dem Treffen in der Hotelhalle von Bengasi die Vertreter der Übergangsregierung mit nach Paris.

Fünf Tage nach dem Telefonat mit BHL empfängt der französische Staatspräsident Nicolas Sarkozy die Vertreter der libyschen Übergangsregierung im Élysée-Palast und erkennt sie als legitime Vertreter Libyens an. Dann drängt er den amerikanischen Präsidenten Barak Obama und den britischen Premierminister David Cameron zum gemeinsamen Luftangriff gegen Gaddafi.

Es ist der Sieg des Intellektuellen über die Politik.

Und es ist eine der schlimmsten Fehlentscheidungen in der französischen Außenpolitik der letzten Jahre.

Reumütig erklärte US-Präsident Barak Obama zum Ende seiner zweiten Amtszeit, das amerikanische Engagement in Libyen sei sein größter politischer Irrtum gewesen. Das britische Parlament kam im September 2016 zu einem vernichtenden Urteil über Camerons Libyen-Politik: Der Premierminister sei nicht informiert gewesen, ihm habe es an einer »kohärenten Strategie« gefehlt.

Dem Handeln des französischen Präsidenten hätten fünf Motive zugrunde gelegen, meinte Sidney Blumenthal, Berater von US-Außenministerin Hillary Clinton. Er habe geglaubt, mit einem Luftangriff gegen Gaddafi Frankreich einen größeren Anteil an der libyschen Ölproduktion zu sichern, Gaddafis Vorhaben durchkreuzen zu können, Frankreich im frankophonen Afrika zu verdrängen, den französischen Einfluss in Nordafrika zu stärken, der französischen Armee in der Welt zu neuem Ansehen zu verhelfen und – nicht zuletzt – seine eigene politische Lage zu Hause zu verbessern. Die britischen Abgeordneten urteilten noch schärfer. Es sei Sarkozy um sein persönliches Interesse gegangen: um bessere Aussichten bei den Wahlen 2012.

Das Motto von Bernard-Henri Lévy lautete: Aus den Erfahrungen von Faschismus und Kommunismus ergibt sich eine Pflicht zur Einmischung. Mit diesem moralischen Rigorismus drängte er namhafte Intellektuelle, eine Petition für »seinen« Krieg in Libyen zu unterzeichnen. »Unter freundschaftlichem Druck« setzte auch Claude Lanzmann, Herausgeber des von Jean-Paul Sartre und Simone de Beauvoir gegründeten Magazins *Les Temps modernes,* seine Unterschrift unter das von BHL initiierte Manifest. Aber die obszöne Unbeschwertheit, mit der Sarkozy einen Krieg auslöste, missfiel ihm. Er distanzierte sich, beklagte die »Infantilisierung der Politik« und beschimpfte BHL als »Phrasendrescher«.

Sarkozy war im Übrigen nicht der erste Präsident, den BHL zu einem Eingreifen veranlasste. Schon Mitterrand hatte sich im Juli 1992 von dem Intellektuellen zu einer kurzfristig anberaumten, gefährlichen Reise ins belagerte Sarajewo überreden lassen. Die französische Presse sprach damals von »Außenminister Lévy«. Im Sommer darauf durfte Lévy den bosnischen Präsidenten Izetbegović mit Mitterrands Präsidentenmaschine in Sarajewo abholen und nach Paris bringen.

Auch sonst reiste BHL mit seinem Kameramann viel und gern in Kriegsgebiete: nach Afghanistan ebenso wie zu den Peschmerga, die in Irak und Syrien gegen die Islamisten kämpfen. Kurdische Militärs brachte er nach Paris zu Sarkozy, der ihnen über Katar Waffen liefern ließ.

Seine Sucht, sich eitel zu produzieren und stets die Nähe zur Macht zu suchen, ist für die zahllosen Kritiker von Bernard-Henri Lévy ein Grund mehr, ihn nicht ernst zu nehmen. Der Schriftsteller Michel Houellebecq charakterisierte ihn als »Philosophen ohne Denken, aber mit Beziehungen«. Bernard-Henri Lévy sei nur ein Selbstdarsteller, so Régis Debray, und der beste Beweis für den Niedergang der französischen Intellektuellen.

Seit den achtziger Jahren des 20. Jahrhunderts gehört es in Frankreich zum guten Ton, den Niedergang des Intellektuellen zu beschwören. In zahlreichen Essays schildern französische Intellektuelle seit gut dreißig Jahren ihr eigenes Verschwinden. Nachdem Jean Baudrillard das Ende der Intellektuellen eingeläutet hatte, deren Ende für ihn zusammenfiel mit dem von ihm prognostizierten Ende der klassischen Politik, begann der Philosoph Jean-François Lyotard als einer der Ersten, dem Begriff ein Grab zu schaufeln.

Gewiss, der Antiintellektualismus war im Laufe der Geschichte immer wieder ein Thema. »Dennoch scheint das antiintellektuelle Gerede der politischen Eliten wie auch die Entfremdung zwischen politischer Welt und intellektueller Welt zuzunehmen«, so der Soziologe Laurent Jeanpierre, der 2016 ein zweibändiges Werk über *La vie intellectuelle en France* mitherausgegeben hat.

Zu dieser Entwicklung haben Politiker wie Intellektuelle

gleichermaßen beigetragen. Nach den Terroranschlägen des 13. November 2015, bei denen Dschihadisten 130 Menschen in Cafés, Bistros und der Musikhalle Bataclan in Paris ermordeten, erklärte Premierminister Manuel Valls im Senat: »Ich habe genug von denen, die ständig Entschuldigungen oder kulturelle oder soziologische Erklärungen suchen für das, was geschehen ist.« Diese gleichsam offizielle Maßregelung bezeichnet den bisherigen Höhepunkt eines ständig wachsenden gegenseitigen Misstrauens.

Vor hundertfünfzig Jahren stellte Victor Hugo fest, Frankreich sei das Vaterland der Gegenwart. Mit seinen Universitäten, Verlagen und literarischen Salons, mit seinen wissenschaftlichen Erfindungen und seinem Kunstmarkt sei Paris weltweit die erste Adresse, vor London und New York: »Paris entflammt die überall auf der Welt verstreute Intelligenz und bringt sie zum Sprudeln.«

So mag es auch noch hundert Jahre später zu Zeiten von Jean-Paul Sartre, Simone de Beauvoir, Albert Camus und Gabriel Marcel gewesen sein. Sie verkörperten im 20. Jahrhundert den Typus des französischen Intellektuellen, dessen universell geprägtes Denken den Diskurs in der westlichen Welt mitbestimmte.

Als Vordenker des Existenzialismus verband Jean-Paul Sartre das freie, aber auch bequeme Leben eines Bohemiens in Saint-Germain-des-Prés mit dem Engagement für revolutionäre Aktivitäten. Die Konventionen des bürgerlichen Lebens verachtend, stand Sarte 1968 auf Seiten der aufständischen Studenten und fuhr 1974 sogar nach Stammheim, um Andreas Baader vom Morden abzubringen – ein Besuch, der katastrophal endete. Damals galt Sartre als ein Heiliger. Nach heutigen Maßstäben dürfte man sich erlauben, manche seiner Auftritte peinlich, ja borniert zu nennen. So etwa seine Auseinandersetzung mit Albert Camus über die Bewertung der algerischen Freiheitsbewegung und die Gewalt im Algerienkrieg.

Als Camus im Dezember 1957 zur Entgegennahme des Literaturnobelpreises nach Stockholm reiste, wurde er bei einer Fragestunde mit Studenten von einem jungen Algerier angegriffen: Er habe nichts für Algerien getan. Der Student beendete seinen Auftritt mit dem Ruf: »Algerien wird frei sein!«

Camus antwortete ihm: »Ich war und bin immer noch ein Anhänger eines gerechten Algerien, in dem beide Bevölkerungen in Frieden und in Gleichheit leben können … Den Terror habe ich immer verurteilt. Ich muss den Terrorismus verurteilen, der blind in den Straßen von Algier wütet … und der eines Tages meine Mutter oder meine Familie treffen kann. Ich glaube an die Gerechtigkeit, aber vor der Gerechtigkeit werde ich meine Mutter verteidigen.«

In den Pariser Salons wurde Camus daraufhin von Sartre und anderen angegriffen, weil er sich nicht bedingungslos zum Freiheitskampf des FLN bekannt habe. Mit seiner Stockholmer Einlassung nehme Camus Partei für die rechten Siedler, meinte Simone de Beauvoir, und nannte seine Haltung »bourgeoisen Humanismus«.

Als Sartre im Sommer 1960 mit 120 weiteren Intellektuellen einen Aufruf an französische Soldaten unterschrieb, sie sollten den Militäreinsatz gegen die algerischen Freiheitskämpfer verweigern, drohte ihm der Innenminister mit einer Gefängnisstrafe. Doch der Respekt der Politik vor den französischen Intellektuellen war noch ungebrochen. Staatspräsident Charles de Gaulle erwies ihnen Hochachtung, indem er

Sartres Festnahme mit dem berühmt gewordenen Satz verhinderte: »Einen Voltaire verhaftet man nicht.«

Nach Sartre begann die Blütezeit akademisch bestallter Intellektueller, die den Blick der Philosophen in der westlichen Welt veränderten. In den USA leben heute ganze Universitäten von den Schriften von Bourdieu und Foucault, Deleuze und Guattari, Derrida, Barthes und Lévi-Strauss. Sie zerlegten das Denken, die Begriffe und die Systeme, mit denen die Welt bis dahin erschlossen wurde, und bauten ihr eigenes Feld, vor allem die Sozialwissenschaften, dabei völlig um. »Das Genie«, sagte der große Althistoriker Paul Veyne, »verbreitete sich damals wie eine Epidemie.«

George Steiner hat schon in den sechziger Jahren gezeigt, wie weit der Einfluss von Denkern wie Claude Lévi-Strauss reichte – »er steht vielleicht nur noch hinter dem von Sartre zurück«. Auch Steiner selbst war hingerissen von der analytischen Kraft des Anthropologen, pries die »herbe, schmucklos asketische Objektivität« von dessen Sprache, die ihn »zeitweilig an La Bruyère und an Gide« erinnere, und stellte fest: »Die beiden ersten Sätze der *Traurigen Tropen* sind in die Mythologie der französischen Sprache eingegangen.« Nun, was wird in diesen beiden Sätzen gesagt? »Ich verabscheue Reisen und Forschungsreisende. Trotzdem stehe ich im Begriff, über meine Expeditionen zu berichten.« So einfach ist es, zum Mythos zu werden.

Eine universelle Wirkung gehe von den Intellektuellen schon lange nicht mehr aus, klagte Régis Debray, einst Weggefährte von Che Guevara und später Berater von Staatspräsident François Mitterrand, schon 2000 in seinem Buch über das Ende des *i.f.*, des französischen Intellektuellen – *I. F. suite et fin.* Die französischen Intellektuellen seien im Fieberwahn versunken, ihre Epoche vollende sich in der Lächerlichkeit. Als Beleg führte Debray die politischen Aktionen des Bernard-Henri Lévy mit all ihrer medialen Aufgeregtheit an.

Debray machte sich aber auch über Pierre Bourdieu lustig, einen der einflussreichsten Soziologen des 20. Jahrhunderts. Dieser hatte sich bei den Präsidentschaftswahlen 1981 nicht für den Sozialisten François Mitterrand eingesetzt, sondern für den Komiker Coluche, der als Parteiprogramm verkündete, »alles durch die Scheiße zu ziehen«. Und 1995 solidarisierte sich der weltweit geachtete Soziologe mit streikenden Zugführern, die für den Erhalt eines besonderen Privilegs kämpften, für den Eintritt ins Rentenalter mit gerade mal fünfzig Jahren. Lächerlich? Gewiss eine politische Torheit. Und man fragt sich, wie einem so bedeutenden Gelehrten ein solcher Irrtum unterlaufen konnte.

Bernard-Henri Lévy sitzt heute manchmal im legendären Café de Flore. Allerdings zieht er sich meist nach oben zurück, wo die Toiletten sind und man nicht gesehen wird, während Sartre, Beauvoir, Aragon, Cioran, Ionesco und all die anderen stets unten auf den Bänken unter den Spiegeln Platz nahmen. In der ersten Etage saß einst– vor hundert Jahren – nur der rechtsextreme Publizist und glühende Anti-Dreyfusard Charles Maurras.

Saint-Germain-des-Prés hat sich in vielerlei Hinsicht verändert und ist nur noch ein matter Abglanz von dem, was es vor fünfzig Jahren war. Die wichtigsten Verlage haben dort zwar noch ihre Häuser, doch die meisten Buchläden sind längst verdrängt durch die Boutiquen von Christian Dior, Sonja Rykiel, The Kooples oder Ralph Lauren – mit integriertem Hamburger-Restaurant. Klamotten ziehen ein anderes Publikum an als Bücher.

Die Mode hat das Denken erstickt.

Paris ist nicht mehr universeller Quell der Geisteswelt.

Als der momentan am meisten diskutierte französische Autor Michel Houellebecq im September 2016 in Berlin den Frank-Schirrmacher-Preis entgegennahm, stellte er in seiner Dankesrede die Frage: »Wen würde man in Frankreich als Intellektuellen bezeichnen? Soziologisch gesprochen ist das eine ganz präzise Sache. Es ist jemand, der fleißig studiert hat, am besten an der École normale supérieure, mindestens aber an einer Universität, Fachbereich Literatur oder Geisteswissenschaften. Es ist jemand, der ab und zu Essays veröffentlicht ... Und dessen Name regelmäßig unter Meinungsstücken zu Ideendebatten steht, in den entsprechenden Rubriken der wichtigsten Tageszeitung.«

Houellebecq beeilte sich hinzuzufügen, er selbst sei kein Intellektueller, denn er verweigere sich jeder Art von Ideologisierung, jeder Form von politischer Korrektheit. Er sei Schriftsteller. »In Wirklichkeit gibt es sogar nur ganz wenig Berührungspunkte zwischen Intellektuellen und Schriftstellern.«

Die Macht der Unsterblichen

»Was ist Frankreich und wo kommen wir her?«, fragte sich Emmanuel Macron in seinem Buch *Révolution*, das er während des Wahlkampfes 2017 veröffentlichte. Er beschrieb dort, was er als Kern der französischen Identität ansieht. Seit seinen frühesten Lebensjahren empfinde er eine »intime Beziehung« zu seinem Land, und diese Beziehung habe er sich »mit der französischen Sprache erarbeitet«. In der französischen Sprache liege »das Herz dessen, was uns eint«. Diese Sprache, auf der einst das französische Königreich aufgebaut worden sei, erzähle aber nicht nur »unsere ganze Geschichte … Unsere Sprache trägt auch unsere Geschichte.« Solche Sätze lesen die Franzosen gern.

Als Jacques Chirac noch Bürgermeister von Paris war, gab er dem amerikanischen Künstlerehepaar Christo und Jeanne-Claude die Genehmigung, den Pont Neuf einzuwickeln. Es wurde eine großartige Inszenierung und für viele zu einem unvergesslichen Kunsterlebnis. In der Woche der Vorbereitung, in der die beigen Planen über die Kalksteine der Brücke gezogen wurden, schaute der Bürgermeister häufig vorbei, um zu begutachten, wie das Werk Gestalt annahm. Da ich einen Film über diese Arbeit von Christo drehte, traf ich

Chirac mehrmals unter der Statue von Heinrich IV., und einmal fragte ich ihn, welchen Roman er gerade lese. Ach, antwortete er, er ziehe Gedichte vor, die seien kürzer.

Einige Zeit später nahm ich ein längeres Interview mit Staatspräsident François Mitterrand auf, und wir kamen auf die deutsche Literatur zu sprechen. »Ich habe viel Hermann Hesse gelesen, jetzt im Sommer aber die Tagebücher von Thomas Mann, die nicht zum Stärksten gehören, was er geschrieben hat.« Vertraulich fügte er hinzu, im Augenblick lese er mehr deutsche als französische Autoren, denn in Deutschland stellten die Dichter die wichtigen gesellschaftlichen Fragen. Das sei in Frankreich nicht der Fall, aber das könne er öffentlich nicht zugeben.

Einige Monate später ging Mitterrand am Rande eines Treffens noch einmal auf Thomas Mann ein. »Dessen Tagebücher fand ich sehr langweilig«, bekräftigte er. »Aber ich habe jetzt die Aufzeichnungen seines Sohnes Klaus gelesen.« Und seine Augen glänzten, als er mit Inbrunst sagte: »Der hat sich viel mehr gequält.«

Mitterrand galt schon Jahre bevor er zum Präsidenten gewählt wurde, als ein großer Literat, der wichtige Bücher geschrieben hatte. Das gab ihm bei vielen Wählern zusätzliches Gewicht. Literarische Bildung spielt im Verständnis der Franzosen von ihrer Zivilisation eine zentrale Rolle. Sie vermittelt Autorität.

Die Fotografin Gisèle Freund, weltberühmt wegen ihrer Porträts von James Joyce und Virginia Woolf, erzählte mir, wie schwierig es war, François Mitterrand zu fotografieren. Er hatte sie gebeten, das offizielle Foto des Präsidenten aufzunehmen. Er stellte sich, nahm einen Band der Werke Montaignes in die Hand und sagte: »Denken Sie bei meinem

Porträt daran, dass ich in erster Linie Schriftsteller bin und erst danach Politiker.«

»Von wegen Schriftsteller oder Politiker! Zunächst einmal war er steif«, lachte Gisèle Freund. »Erst als ich ihn fragte, wie es seinem Enkel ginge, huschte ein Lächeln über sein Gesicht. Diesen Augenblick habe ich aufgefangen.«

Die stabile Wechselwirkung zwischen Politik und Literatur an der Spitze des Staates sei eine französische Besonderheit, ähnlich exzeptionell wie der Universalismus der Revolution von 1789. Man könne Frankreich nur verstehen, wenn man erkenne, dass der *homme de lettres*, also der Schriftsteller im umfassenden Sinn, und der Staatsmann, also der vom niederen Tagesgeschäft befreite Politiker, eine Einheit bildeten.

In der Tat hat die Beziehung zwischen Macht und Geist in Frankreich eine lange Tradition. Colbert, der Finanzminister von Ludwig XIV., ließ den Poeten Jean Chapelain 1662 einen Bericht über die Künste schreiben, die dazu da seien, »den Glanz der Unternehmungen des Königs zu bewahren«. Ein Jahr später ließ der König auf Anraten Chapelains für Schriftsteller und Wissenschaftler Pensionen in Höhe von insgesamt einhunderttausend Pfund verteilen. Die Kunst dient dem Glanz der Macht.

Deshalb hat Valéry Giscard d'Estaing es 1979 für zweckmäßig gehalten, sich während seiner Amtszeit als Staatspräsident in die Literatursendung *Apostrophes* einzuladen, um als einziger Gast mit dem französischen Literaturpapst Bernard Pivot über seine Leidenschaft für Guy de Maupassant, einen der großen Erzähler des 19. Jahrhunderts, zu sprechen. Das war äußerst ungewöhnlich.

Nach seinem Ausscheiden aus dem Amt schrieb Giscard nicht nur seine Memoiren in einem romanhaften Erzählstil, sondern machte sich auch daran, Romane zu verfassen. In seinem letzten Werk schilderte er die Geschichte eines Präsidenten, der sich in Lady Di verliebt und sie verführt. Giscard, bekannt als großer Verführer, erzählte die Geschichte so, als habe er sie in Wirklichkeit erlebt. Womit er sich lächerlich machte.

Als aber Anne Pingeot, die Geliebte von François Mitterrand und Mutter seiner Tochter, zu dessen hundertstem Geburtstag ein Buch mit den an sie gerichteten Liebesbriefen veröffentlichte, schwärmte das intellektuelle Frankreich von der Kraft der Poesie und der Kunst der Collage, die diesem Werk innewohnten.

In der Pariser Gesellschaft besteht nur, wer in der Lage ist, stets über die letzten Neuerscheinungen mitdiskutieren zu können. Als 2014 der französische Autor Patrick Modiano den Literaturnobelpreis erhielt, wurde die französische Kulturministerin Fleur Pellerin im Fernsehen gefragt, welches Buch des neuen Preisträgers sie gelesen habe. Sie konnte nicht einen einzigen Titel nennen und sagte blauäugig: »Ich gebe offen zu, dass ich seit zwei Jahren überhaupt keine Zeit zum Lesen habe.« Sie blieb nicht lang im Amt. *Pelleringate*, wie ihre Reaktion auf den Nobelpreis von Modiano bald genannt wurde, galt als einer der Gründe für ihre Entlassung.

Als im November 2016 der ehemalige Premierminister François Fillon zum Kandidaten der konservativen Republikaner für die Präsidentschaftswahl 2017 gewählt worden war, überschrieb Franz-Olivier Giesbert seinen Leitartikel in dem Wochenmagazin *Le Point* mit dem Satz: »7 Gründe und 1, um François Fillon zu lieben«. Der fünfte Punkt lautete: »Er ist kultiviert.« Er verschlinge zwar nicht jeden Tag ein neues Buch, aber er lese Romane und Essays.

Die Wahl Macrons sei ein europäisches Ereignis, schrieb der Soziologe Wolf Lepenies, aber ein französisches Phänomen. Der neue französische Präsident, von der Literatur »so nachhaltig geprägt« wie vor ihm nur François Mitterrand, sei »der mächtigste Literat der Welt«. Lepenies beschrieb eine Szene, die sich ihm eingeprägt hatte. Ein Fernsehjounalist wollte Macron »eine Taschenbuchausgabe von Molières *Misanthrophe* in die Hand drücken, um mit ihm zusammen die Anfangsszene des Stücks durchzuspielen«, doch der künftige Präsident erwiderte, das sei unnötig – »und rezitierte spontan die Worte des griesgrämigen Alceste«.

In Frankreich hat man den Eindruck, jeder, der auch nur von fern mit Politik zu tun hat, schreibt. Die Maîtressen der Politiker müssen hier an erster Stelle genannt werden, da ihre Bücher naturgemäß die größe Neugier auf sich ziehen. Aber auch die Chauffeure und Köche des Élysée betätigen sich schreibend, die Redenschreiber und Berater ohnehin. Die langjährige Freundin von Außenminister Roland Dumas veröffentlichte Einzelheiten ihrer Liebesbeziehung unter dem Titel »*La putain de la République* – Die Hure der Republik«. Die von Staatspräsident François Hollande fallen gelassene Valérie Trierweiler bedankte sich mit »*Merci pour ce moment* – Danke für diesen Augenblick«. Sie meinte die gemeinsamen Jahre und fügte mit den von ihr geschilderten Bosheiten dem Ansehen des Präsidenten großen Schaden zu. Der Chauffeur von François Mitterrand enthüllte nicht nur Einzelheiten über das Liebesleben des Präsidenten, sondern auch über das Liebesleben von dessen Frau, der Chauffeur von Jacques Chirac war nur wenig diskreter.

Das Buch erhöht die soziale Stellung seines Verfassers. Es trägt ihn über Klassen-, ja sogar über Rassenschranken.

Im Alter von dreißig Jahren zog der in der Sowjetunion aufgewachsene Autor Andreï Makine nach Frankreich. Französisch hatte er von seiner Großmutter, die aus Frankreich stammte, gelernt. Er reichte sein erstes Manuskript, das er auf Französisch geschrieben hatte, bei einem Verlag ein, doch es wurde abgelehnt, da der Verleger meinte, ein Russe könne nicht auf Französisch schreiben. Daraufhin setzte Makine den erfundenen Namen eines Übersetzers auf das Manuskript, so als handele es sich um eine Übertragung aus dem Russischen, und reichte es bei einem anderen Verlag ein, der es veröffentlichte. Fünf Jahre später gewann Makine mit seinem dritten Roman *Das französische Testament* die beiden wichtigsten Literaturpreise des Landes, den Prix Goncourt und den Prix Médicis. 2016 wurde er in die Académie française gewählt.

Der Literat und Politiker Léopold Sédar Senghor, von 1960 bis 1980 erster Präsident des Senegal, war 1983 als erster Afrikaner in die Académie française aufgenommen worden. Gemeinsam mit dem Dichter und Politiker Aimé Césaire aus Martinique hatte er das Konzept der *Négritude* entwickelt und damit dem eurozentristischen Kulturbegriff eine eigenständige »schwarze Kultur« gegenübergestellt.

Französische Autoren haben jahrhundertelang weit über die Grenzen des Landes hinaus wirken können, weil Europas Eliten Französisch sprachen. Unter Ludwig XIII. wurde 1635 die Académie française gegründet, die den Auftrag erhielt, über die französische Sprache zu wachen. Die Akademie besteht aus vierzig Mitgliedern, die *les immortels*, die Unsterblichen genannt werden. Unsterblich deswegen, weil die *Académiciens* mit dem von ihnen herausgegebenen *Dictionnaire de l'Académie française* die französische Sprache hüten, die *immortel*, unsterblich ist. Während in Deutschland jeder, der einen Universitätsabschluss erlangt, als Akademiker bezeichnet wird, trifft der Begriff *Académicien* in Frankreich nur auf die vierzig Mitglieder der Académie zu.

Eine ehrenhaftere Position als die eines *Académicien* kann ein Franzose nicht erlangen. Selbst Giscard d'Estaing setzte nach seinem Ausscheiden aus dem Amt des Staatspräsidenten alles daran, in die Académie gewählt zu werden. Es gelang ihm erst 2003, zweiundzwanzig Jahre nach seiner Abwahl.

Dem in Frankreich bekanntesten der lebenden *immortels*, Jean d'Ormesson, widmete die Tageszeitung *Le Monde* im Sommer 2016 eine sechsteilige Porträtserie über jeweils zwei ganze Seiten mit der Begründung, d'Ormesson verkörpere »ein gewisses Frankreich«. Er wird als nationales Denkmal bezeichnet, als ein lebender Mythos, dem man ein Staatsbegräbnis widmen werde.

Mehr als vierzig Bücher hat er veröffentlicht, von denen die meisten mehr als 200 000 Exemplare Auflage erreichten, und doch ist er im Ausland fast völlig unbekannt. »Ein Buch von Jean d'Ormesson verlängert das Leben seiner Leserinnen um achtzehn Monate«, erklärte Académie-Mitglied Marc Lambron. Früher habe man aus den im Sommer offen stehenden Fenstern der feinen Gesellschaft den Satz gehört: »Penélope, holen Sie mir meine Tropfen und meinen d'Ormesson.«

Inzwischen verehrt ihn auch die Jugend. Ein Sänger hat sich den Namen des *Académicien* auf den Arm tätowieren lassen, er wird in Radiosendungen imitiert, tritt sogar kurz in einem Videoclip der Musikgruppe *Les Enfoirés* auf, wo er mit ausgebreiteten Armen und ziemlich falscher Tonlage *Liberté* fordert.

Bei d'Ormesson fühlen die Leser sich wohl, und darin mag sein Erfolg liegen. Er ist ein Wohlfühlautor, er verfügt über den Schlüssel zum Glück, und er erzählt wie ein großer Weiser vom alten Frankreich – einem Frankreich ohne Dschihad oder Islamisten.

»Wenn er nicht da ist, fehlt etwas«, meint Valéry Giscard d'Estaing über die Sitzungen der Académie. »Er ist eine Persönlichkeit. Seine Gegenwart ist Teil unseres Lebens.« Nun muss man wissen, dass Giscard (Jahrgang 1926) und d'Ormesson (Jahrgang 1925) sich seit mehr als achtzig Jahren kennen.

»Ich habe ein visuelles Gedächtnis«, erinnert sich der ehemalige Staatspräsident. »Es war in Paris, in der Avenue de Montespan im 16. Arrondissement. Wir waren zu dem eingeladen, was man damals *goûters d'enfants* nannte. Das gibt's heute nicht mehr.« Kakao und Kuchen für die Kinder der feinen Gesellschaft. Es trat ein Zauberer auf, die Jungs trugen kurze Hosen, die Mädchen Rüschchenkleider. Man zeigte ihnen Filme mit Laurel und Hardy. »Ich stand am Gartentor mit meiner Schwester und hörte: Da sind die kleinen d'Ormessons. Es waren Jean und sein älterer Bruder Henri.«

Es folgten Nachmittagseinladungen zur Herzogin de la Rochefoucauld, deren Salon als Vorzimmer der Académie française bezeichnet wurde, Diners bei Louise de Vilmorin, deren Mutter eine Affäre mit dem spanischen König Alfons XIII. gehabt hatte. Louise war mit Antoine de Saint-Exupéry verlobt, verließ ihn aber für einen reichen Amerikaner, hatte Affären mit allerhand Berühmtheiten und war schließlich die langjährige Weggefährtin von André Malraux, Autor und Kulturminister unter de Gaulle. Bei ihr verkehrte, wer in Paris zur Kulturszene gehörte – René Clair, Pierre Bergé,

Anaïs Nin, Coco Chanel, Max Ophüls, Bernard Buffet, Louis Malle, Françoise Sagan, François Truffaut …

Jean d'Ormesson war jeden Abend auf einem anderen Ball zu finden. Giscard begleitete manchmal seine Schwester. Aber Jean tanzte nicht. Er machte den Damen nur den Hof. Und er beobachtete. Auch Nine, die Herzogin von Montesquiou, ältester französischer Adel, führte einen Salon. Sie war zehn Jahre älter als d'Ormesson, aber die beiden wurden ein Liebespaar.

Einmal im Monat, jeweils an einem Donnerstagmittag, lud die mit einem amerikanischen Milliardär verheiratete Florence Gould zu Tisch im Hotel Meurice. Über die Jahre hinweg versammelte sie auf diese Weise einige der Großen der Epoche: Maler wie Maurice de Vlaminck, Kees van Dongen, Georges Braque und Jean Dubuffet, Schriftsteller wie F. Scott Fitzgerald, André Gide, Henri de Montherlant oder Jean Cocteau. In den Jahren der deutschen Besatzung hatten auch Arno Breker oder Ernst Jünger die Ehre. Ähnlich wie der Salon der Herzogin de la Rochefoucauld wurde auch der Mittagstisch im Hotel Meurice ein Vorzimmer der Académie française genannt. Wann immer einer ihrer Schützlinge dort aufgenommen wurde, saß Florence Gould in der ersten Reihe auf der Zuschauertribüne.

Nicht nur an diesem Tisch, überall tauchte Jean d'O auf, wie sein Spitzname lautete, angelehnt an *Jeannot*, der kleine Jean. Marc Lambron nannte ihn den Choreographen des Gesellschaftstanzes: »*Il est le maître de menuet de la France entière.*«

Mit fünfzehn sagte er seinem Cousin Antoine d'Ormesson, dem späteren Komponisten, er wolle jemand werden, der geliebt wird, über den man spricht und der »jemand«

sei. Er besuchte die besten Schulen, begann für Zeitschriften zu schreiben, arbeitete hier und da, suchte seinen Weg. Nebenbei ein Skandal: Er verführte die Frau seines Cousins, die zwei kleine Kinder hatte, entführte sie sogar. Sie ließ sich scheiden, er ließ sie fallen. Das hat ihm sein Vater so übel genommen, dass er nichts mehr von seinem Sohn las.

Denn Jean d'O versuchte sich inzwischen in Literatur. Wie die Sagan fuhr er im offenen Auto nach Rom oder Venedig und ließ fünf kleine Bücher erscheinen – ohne jeden Erfolg. 1971 veröffentlichte er den Roman *La Gloire de l'Empire*, für den er mit dem Grand Prix der Académie ausgezeichnet wurde. Zwei Jahre später folgte dann die Aufnahme von Jean d'Ormesson in die Académie – als jüngstes Mitglied.

Jean d'O nimmt den Sessel Nummer 12 ein, als Nachfolger des konservativen Romanautors Jules Romains. Die Nummer des Sessels spielt insofern eine Rolle, als ein neues Mitglied nur gewählt werden kann, wenn ein Sesselinhaber verstorben ist. Um aufgenommen zu werden, muss der Kandidat sich bewerben und eine penible Prozedur über sich ergehen lassen. Der Bewerber schreibt nicht nur einen Aufnahmeantrag, sondern muss auch allen Mitgliedern der Académie einen Brief schicken, in dem er erklärt, weshalb gerade er sich als würdig empfindet. Manch einer kandidiert viele Male vergeblich.

Weil andere, weltberühmte Autoren sich nicht bewarben und deshalb den Weg unter die *coupole*, die Kuppel des Festsaales der Académie, nicht fanden, obwohl sie dorthin gehört hätten, muss sich die Académie regelmäßig den Vorwurf gefallen lassen, verknöchert und verstaubt zu sein. Der Vorwurf ist nicht unberechtigt, zumal die Traditionalisten bei den Wahlen eines neuen Mitglieds seit Jahrhunderten die Überhand haben. Weder Rousseau noch Diderot, weder Balzac noch Flaubert, weder Baudelaire noch Zola, weder Sartre noch Camus waren in der Académie.

Gegründet von Männern, blieb die Académie française über die Jahrhunderte hinweg eine reine Herrengesellschaft. Frankreichs Literatur wurde schon früh weit über die Grenzen des Landes hinaus durch bekannte Autorinnen repräsentiert, aber weder die große Simone de Beauvoir noch Marguerite Duras oder gar Françoise Sagan erhielten einen Sessel unter der Coupole.

Jean d'Ormesson war es, der sich mit Macht dafür einsetzte, der bedeutenden Romanautorin Marguerite Yourcenar einen Platz zu verschaffen. 1980 wurde sie im Alter von 77 Jahren als erste Frau in die Académie française aufgenommen. Inzwischen sind ihr mehrere Frauen gefolgt. 1990 wurde die Historikerin Hélène Carrère d'Encausse gewählt, die 1999 sogar zum *secrétaire perpétuél* aufstieg, so die Amtsbezeichnung des Sekretärs der Académie.

Einer, der sich nicht bewarb, Eugène Ionesco, wurde 1970 trotzdem erwählt, auf den Sessel 6, der nach dem Tod des Literaten Jean Paulhan frei geworden war. »Da ergab sich aber ein Problem«, erzählte Ionesco mir bei einer unserer Teestunden. »Ich trage seit eh und je Rollkragenpullover, da ich Krawatten als modisch ablehne.« Nun bat ihn die Académie, zumindest am Tag seiner Aufnahme sich entsprechend zu kleiden. Ionesco lenkte ein und trug zur obligaten Uniform mit weißem Frackhemd ausnahmsweise Fliege.

Die Zeremonie hat den Charakter einer Krönungsfeier. Alle Mitglieder tragen die kostbare Uniform der *Académiciens*, einen schwarzen Frack, bestickt mit grünen Olivenblättern. Und jedes Mitglied verfügt über einen eigens für ihn entworfenen Degen, den ihm seine Freunde schenken. Das kann teuer werden. Die handgeschmiedeten Sonderanfertigungen können bis zu 100 000 Euro kosten. Ionesco ließ sich seinen Degen von dem Bühnenbildner Jacques Noël entwerfen. Noël hatte 1952 das Bühnenbild für die Premiere von Ionescos Stück *Die Stühle* geschaffen.

Als Valéry Giscard d'Estaing seinen Degen in Empfang nahm, hielt sein Duzfreund Jean d'O die Laudatio. Nun hatte Giscard darauf verzichtet, sich einen neuen Degen zuzulegen, er nahm vorlieb mit dem, den er als Student zur Galauniform der École polytechnique getragen hatte. Diese Uniform stammt aus dem Jahr 1804 und wird mit Dreispitz und »Tangente«, wie der Degen genannt wird, zur Parade des 14. Juli auf den Champs-Élysées getragen.

Jean d'O ließ es sich nicht nehmen, in seiner Rede eine kaum versteckte Gemeinheit zu platzieren. Giscard war als unersättlicher Schürzenjäger bekannt, und darauf spielte der Freund jetzt an. Trotz des großen Abstands zwischen ihnen gebe es »auch etwas, das uns vereint, und das, was uns vereint, das sind die Frauen. Ich sehe ein Zittern auf deiner Stirn, ich erahne Unruhe im Saal, ich höre ein Flüstern, ›Namen, Namen‹!« Der Redner legte eine Kunstpause ein. Dann nannte er die Namen von Giscards Frau und Giscards Mutter. Denn beider Mütter waren Freundinnen gewesen, lange bevor sich die Söhne anfreundeten. Die Gemeinheit war die betont lange Pause in der Rede d'Ormessons, in der alle gespannt auf Enthüllungen von Liebschaften warteten.

Am Ende wäre die Aufnahme Giscards fast an seiner Eitelkeit gescheitert. Denn um endgültig aufgenommen zu werden, muss jeder neue Unsterbliche einen Antrittbesuch beim Präsidenten der Republik im Élysée-Palast machen. Es fiel Giscard 2003 unendlich schwer, bei Präsident Jacques Chirac vorzusprechen, den er für seine Wahlniederlage 1981 mitverantwortlich machte. Als einziges Entgegenkommen gewährte ihm das Protokoll den Eintritt ins Palais durch eine versteckte Gartenpforte, sodass ihm allzu viel öffentliche Wahrnehmung erspart blieb.

Einmal hat sich ein Staatspräsident geweigert, ein neu gewähltes Mitglied zu empfangen. Das war 1968 bei der Wahl des wegen seiner Vichy-Vergangenheit umstrittenen Paul Morand. Staatspräsident Charles de Gaulle, der sich der Wahl Morands lange heftig widersetzt hatte, schrieb ihm einen Brief, in dem er ihm den Besuch beim Schirmherrn der Académie erließ. Später brüstete Morand sich damit, Jean d'Ormesson zum Grand Prix der Académie française verholfen zu haben, obwohl *La Gloire de l'Empire* ziemlich langweilig sei.

Soldaten der *Garde Républicaine*, den Säbel als Ehrenbezeugung senkrecht vor das Gesicht haltend, säumen den Gang, durch den die *Académiciens* in den Festsaal unter der berühmten Kuppel schreiten, um der Antrittsrede des neuen Mitglieds zu lauschen. Die Antrittsrede – auch das gehört zum ehernen Reglement – ist eine Lobrede auf den Verstorbenen.

»Wenn ein neues Mitglied aufgenommen wird, sage ich ihm: Alle werden Sie stehend empfangen«, erzählt Hélène Carrère d'Encausse. »Aber das nächste Mal, wenn sie sich Ihretwegen erheben, wird es sein, um sich von Ihnen zu verabschieden.«

1974, ein Jahr nach seiner Aufnahme in die Académie française, wurde Jean d'O Generaldirektor des *Figaro*. Er war mit der Tochter eines Multimillionärs verheiratet, der zu den Miteigentümern dieser ältesten französischen Tageszeitung gehörte. Wenig später kaufte jedoch Robert Hersant den *Figaro*, um sein Presseimperium abzurunden. Hersant war nach dem Krieg wegen Kollaboration mit den Nazis zu zehn Jahren Verlust der bürgerlichen Ehrenrechte verurteilt, 1951 aber amnestiert worden.

Die Redaktion war entsetzt. Jean d'O erklärte sich mit den Journalisten solidarisch und wollte als Generaldirektor kündigen. Was er aber nicht tat. Paul Morand, *Académicien*, Antisemit und wie Robert Hersant während des Krieges Kollaborateur, schreibt in seinem Tagebuch: »Jean wollte beim *Figaro* kündigen, aber Giscard und Chirac haben ihn gebeten, zu bleiben.« Wenn der Staatspräsident und der Premierminister ihn um etwas bitten, wird sich ein Jean d'O nicht verweigern.

Auch er gehört zu denjenigen, die stets die Nähe des Hofes suchen.

Wenn er die Stufen zum Eingang des Élysée-Palastes hochsteigt, kann es sein, dass ihm ein Diener in Frack mit Amtskette lächelnd öffnet und ihn freundlich begrüßt: »Wie schön, Sie wieder einmal zu sehen.« Seit vielen Jahren ist Jean d'O morgens, mittags und abends ein ständiger Besucher in diesem Palais.

Er sei eine Art Präsident des Literaturrates, der vorbeikomme, um den Präsidenten einzuweihen, schrieb *Le Monde*. Diese Rolle ist wie auf ihn zugeschnitten, er füllt sie mit Charme, Kultur, Leidenschaft für die Macht, aber auch Respekt vor dem Amt. Er ist ein feinsinniger Mann, den man zu allem befragen kann, nicht zuletzt zu allem, was sich in den Kreisen der Gesellschaft tut.

»Jeder Präsident muss Jean d'Ormesson kennen«, sagt die Publizistin Catherine Nay, »oder vielleicht auch umgekehrt. Für die Präsidenten ist er eine Art Talisman.« Er selber hat offenbar nie daran gedacht, in die Politik zu gehen. Über die Eliteverwaltungsschule ENA, aus der fast alle Präsidenten hervorgegangen sind, urteilt er abfällig: »*Quelle horreur* – welch Grauen!«

Als die siebenjährige Amtszeit von Giscard endete, stellte Jean d'O zu seinem Kummer fest, dass er nur ein einziges Mal ins *Château*, wie man den Amtssitz des Präsidenten nennt, geladen worden war. Dafür gab es zwei Gründe: Als sie Mitte zwanzig waren, haben Giscard und Jean d'O sich um die gleichen Mädchen bemüht. Und Giscard hatte sich vom Charme des Literaten nicht einfangen lassen. Der wiederum hatte Giscard in der Presse nicht häufig genug gelobt. »Er hat mich nicht gelobt – Lob im Sinn von Lob meines Handelns«, erzählt Giscard heute. »Das hat mich ein wenig irritiert. Die Presse damals war doch sehr engagiert. Aber Jean legt großen Wert darauf, wer er ist, und Loben heißt Geben.«

Für die Amtszeit von François Mitterrand von 1981 bis 1995 zählt Jean d'O hingegen sechsundzwanzig Besuche im Élysée! Dabei bestand immer ein gespanntes Verhältnis zwischen den beiden. Als eine Journalistin des *Figaro* Mitterrand, lange vor dessen Wahl zum Präsidenten, vorschlug, sich doch einmal mit Jean d'Ormesson zu treffen, antwortete der Sozialist: »Kommt nicht infrage! Der verkehrt mit den Rechten von der ganz Rechten.« Trotzdem kam es zu einem gemeinsamen Mittagessen.

Dieses Treffen wurde d'Ormesson bei der nächsten Einladung von Florence Gould ins Hotel Meurice prompt vorgehalten. »Sie kompromittieren sich!« Lachend antwortete Jean: »Wer von beiden ist mehr kompromittiert?«

Jean d'Ormesson war der letzte Gesprächspartner des inzwischen schwer kranken Präsidenten kurz vor der Amtsübergabe an den Nachfolger Chirac. Zwei Stunden unterhielten sie sich über den Tod, über ein Leben danach, über den Glauben, über die Existenz des Menschen im Allgemeinen. Er sei durch dieses Gespräch zu zwei Büchern angeregt worden, sagt Jean d'O. Eines erschien im Herbst 2016 unter dem Titel *Guide des Égarés – Führer für die Verwirrten*. Ein typischer d'Ormesson: aneinandergereihte Banalitäten, recht geschwätzig. In seiner wöchentlichen Kolumne in *Le Point* verpasste der Schriftsteller Patrick Besson dem Autor den Spitznamen »Victor Ego« (statt Victor Hugo).

Viele fragten sich, warum Mitterrand gerade diesen bei den Linken so umstrittenen Schriftsteller zu seinem letzten Termin im Amt einlud. »Ich glaube, er wollte sich amüsieren«, meinte dazu der Schauspieler Roger Hanin, ein Schwager Mitterrands. »Und hat sich dazu den größten Idioten ausgesucht.«

Vom Tod des ehemaligen Präsidenten und Gesprächspartners hörte Jean d'O im Autoradio. Er habe, sagt er, das Radio ausgeschaltet, den Wagen angehalten und geweint. Und er räumt ein, dass Mitterrand doch größeren Einfluss auf ihn gehabt habe, als er zunächst ahnte. Heute kratzte er sich während des Gesprächs manchmal mit der rechten Hand den Rücken der linken: »Das habe ich von Mitterrand!« Eine Geste, die ich übrigens auch bei Mitterrands Außenminister Roland Dumas beobachtet habe.

Als Premierminister Éduard Balladur 1995 für das Amt

des Staatspräsidenten gegen Jacques Chirac kandidierte, unterstützte ihn Jean d'O. Nach Chiracs Sieg im zweiten Wahlgang stand d'Ormesson selbstverständlich an der Seite des neuen Präsidenten, und nicht anders war es 2007 beim Wechsel zu Nicolas Sarkozy.

Noch war François Hollande 2012 nicht gewählt, da bat dessen damalige Lebensgefährtin Valéry Trierweiler, Journalistin bei der Illustrierten *Paris Match*, ihren Redaktionskollegen Jean-Marie Rouart um einen Gefallen. Rouart, auch er Mitglied der Académie française, möge seinen Freund Jean d'Ormesson zu einem Abendessen mit François Hollande einladen. Rouart tut ihr den Gefallen, sagt aber hinterher: »Ich glaube, Jean fand Hollande weniger amüsant als Sarkozy.« Tatsächlich wird d'Ormesson in der Pariser Gesellschaft bald mit dem Satz zitiert: »Der Gedanke, Hollande könnte mich bei einem Staatsbegräbnis mit einer Trauerrede würdigen, entsetzt mich. Ich hoffe, dass ich nicht während seiner Amtszeit sterben werde.« Jean d'Ormesson war inzwischen vom jüngsten zum ältesten *Académicien* gealtert – nur die Eitelkeit war offensichtlich nicht schwächer geworden.

Hélène Carrère d'Encausse träumte als Akademiesekretärin unterdessen davon, dass ihr Doyen mit der höchsten Stufe des Ordens der Ehrenlegion, dem Großkreuz, ausgezeichnet und der Präsident selbst die Verleihung vornehmen werde. Orden spielen in Frankreich selbst unter Intellektuellen und Kulturschaffenden eine eminente Rolle.

Sie bat deshalb um eine Audienz beim Präsidenten, dem Schirmherrn der Académie. Hollande empfing sie und sagte spontan zu, Jean d'Ormesson zu ehren. Nun will es das Protokoll, dass auf eine Lobrede des Präsidenten bei einer Ordensverleihung nicht geantwortet werden darf. Der Monarch hat das letzte Wort. Doch Hollande sagte seiner Besucherin: »Und sagen Sie Jean d'Ormesson, dass er mir antworten kann.« Der König gewährte gnädig ein Überschreiten des Protokolls, das normalerweise niemandem erlaubt, nach dem Herrscher noch einmal das Wort zu ergreifen. Er könnte ja dem Staatschef widersprechen!

Als Jean d'O von der Verleihung erfuhr, griff er sofort zum Telefon: »Ich habe Sarko, Juppé, Fillon angerufen: ›Muss ich das annehmen? Von einem Sozialisten?‹ Und sie haben mir alle geantwortet: ›Aber ja, Jean, es ist die Republik, die dich auszeichnet.‹«

Als die Wahl des Präsidenten 2017 anstand, schrieb Jean d'Ormesson einen Kommentar, er werde für Macron stimmen. Wie immer wollte er früh auf der Seite des Siegers stehen. Sie schmücken sich eben gern gegenseitig, der Geist und die Macht.

Zu Zeiten von Mitterrand war Jacques Lang der allseits umjubelte Kulturminister, der allerdings vieles nach ideologischen Gesichtspunkten entschied. Er versammelte Günstlinge um sich und mied diejenigen, die sich nicht zu seinem Hofstaat bekannten. Eines Tages kam der Präsident der Tschechischen Republik zum Staatsbesuch nach Paris, und da Václav Havel ein berühmter Schriftsteller war, lud Jack Lang alle, die Rang und Namen hatten und bei ihm geduldet waren, zu einem Empfang. Eugène Ionesco, damals der letzte noch lebende unter den großen französischen Klassikern, gehörte nicht dazu, Lang mochte ihn nicht.

Nun wollte aber Václav Havel den alten Ionesco unbedingt treffen und bat, man möge ihn kommen lassen. Um die Peinlichkeit herunterzuspielen, wurde Madame Monique Lang ans Telefon geschickt, sie umsäuselte Ionesco, und man holte ihn mit einer Limousine ab. Havel ergriff bewegt die Hände Ionescos und bedankte sich bei ihm: Er sei ihm stets ein Vorbild gewesen, denn Ionescos Werk habe ihn, Havel, erst zum Schreiben inspiriert.

»Hätte es sich nicht gehört, Sie einzuladen, wo Sie doch einer der Unsterblichen sind?«, fragte ich Ionesco, als er mir davon erzählte.

Er winkte ab. Dann sprachen wir über die Académie. Die Mitgliedschaft dort sei ihm nicht so wichtig. Er nehme weder donnerstags teil, wenn die *Académiciens* sich treffen, um am *Dictionnaire de l'Académie française* zu arbeiten. Noch habe er je Anwärter empfangen, die nach altem Brauch bei allen Mitgliedern vorbeifahren und ihre Karte abgeben. »Außer einem, für den ich mich interessierte«, erzählte er schmunzelnd. »Das war der Umweltforscher Commandant Jacques Cousteau.«

Wichtiger für Ionesco war die Veröffentlichung seines Werkes in der *Bibliothèque de la Pléiade*, jener kostbaren, in Leder gebundenen Dünndruckausgabe, in die nur die Klassiker der Weltliteratur Eingang finden – und deshalb eigentlich nur längst Verblichene. Zu den wenigen Autoren, die noch zu Lebzeiten mit einer Werkausgabe in der *Pléiade* geehrt wurden, zählen neben ihm André Gide, Julien Green oder Marguerite Yourcenar.

Die *Pléiade* ist das Pantheon für französische Schriftsteller. Ins Leben gerufen wurde sie Anfang der dreißiger Jahre von dem Verleger Gaston Gallimard. Und seither ist sie ein Mythos. Wer dort veröffentlicht wird, darf sich als Klassiker gewürdigt fühlen. Anfang der fünfziger Jahre wurde Gaston Gallimard von Louis-Ferdinand Céline mit Briefen traktiert, sein Werk nun endlich in die *Pléiade* aufzunehmen: »Greise, das wissen Sie, haben ihre Schrullen. Meine sind, in der *Pléiade* veröffentlicht zu werden. Ich werde nicht aufhören, schon zwanzig Mal habe ich Sie darum gebeten …«

Céline, heute als einer der großen Romanautoren des 20. Jahrhunderts gefeiert, hatte in den dreißiger Jahren extrem antisemitische Texte geschrieben und später mit dem Vichy-Regime paktiert. Bei Kriegsende wurde Céline in Dänemark interniert. In Frankreich verurteilte man ihn in Abwesenheit zunächst zum Tod, begnadigte ihn dann aber. Daraufhin kehrte Céline 1951 nach Frankreich zurück.

Ende der fünfziger Jahre erhielt Céline nach ständigem Drängen schließlich die Zustimmung Gallimards für die Aufnahme seines Werkes in die *Pléiade*. Da die wissenschaftliche Vorbereitung der Edition sich über Jahre hinzog, erlebte Céline das Erscheinen seines Bandes nicht mehr. »Er wollte eine literarische Amnestie«, meint Hugues Pradier, der heute für die *Pléiade* verantwortlich ist, und da war die direkte Beförderung in den literarischen Olymp der einfachste Weg.

Vom literarischen Pantheon träumte natürlich auch Jean d'Ormesson. Die Académie française sei eine Versammlung von Notablen, meinte er, die nur während ihres Lebens unsterblich seien, sich nach ihrem Tod aber in Sessel verwandelten. Auf die Frage, was ihm fehle, antwortete er 1989: eine Pressemitteilung der *Pléiade* zum Erscheinen seiner Werke in dieser Reihe. Aber nichts passierte. Einige Jahre später schrieb er in einem seiner Bücher: »Von Anfang bis Ende meines langen Lebens habe ich davon geträumt, ein großer Schriftsteller zu sein. Besser noch: der Letzte der großen Schriftsteller.« Doch er müsse bekennen, dass ihn wohl mehr Leute im Fernsehen gesehen hätten, als er Leser habe.

Seit einigen Jahren führt Antoine Gallimard den Verlag,

und wie bereits sein Großvater entscheidet er persönlich, welche Autoren in die *Pléiade* aufgenommen werden. Freunde von Jean d'O müssen ihm immer wieder in den Ohren gelegen haben. Eines Tages jedenfalls rief Antoine Gallimard ihn an und verkündete dem bald Neunzigjährigen, sein Werk werde noch zu Lebzeiten in der *Pléiade* erscheinen.

Zwar war Jean d'O so unbescheiden, sich sogar für den Nobelpreis ins Gespräch zu bringen, den 2014 dann Patrick Modiano bekam. Doch als er ein Jahr später seinen *Pléiade*-Band in Händen hielt, der trotz des Preises von sechzig Euro ein Bestseller wurde, war sogar der eitle Jean d'O besänftigt: »Mit der *Pléiade* habe ich meinen Nobel. Und ich würde ihn nicht gegen den Echten eintauschen.«

Seine Bücher mögen keine über die Grenzen reichende literarische Bedeutung haben, doch sie sind Bestseller in Frankreich, und als Vertreter der französischen Kultur ist Jean d'Ormesson unschlagbar Kult. Er ist der lebende Beweis für die *exception française*, dass Literatur eine gesellschaftliche, auch eine politische Macht ist.

Selbst Michel Houellebecq, der sich gern als Skandalautor gibt, scheint von der *Pléiade* zu träumen. In seinem 2015 erschienenen Erfolgsroman *Die Unterwerfung* wird dem Helden des Buches, einem Akademiker (aber kein *Académicien!*), die Veröffentlichung des Werkes von Joris-Karl Huysmans in der *Pléiade* angeboten, einem französischen Autor, für den Houellebecq schwärmt. »Das war ein Angebot, das man nicht ablehnt. Nun, natürlich kann man ablehnen, aber das heißt jeder Form von intellektuellem oder gesellschaftlichem Ehrgeiz zu entsagen – kurz, jeder Form von Ehrgeiz.«

So ist es: Wenn man es schon nicht in die nationale Ruhmeshalle, ins echte Pantheon, schaffen kann, wo Voltaire,

Rousseau, Victor Hugo, Alexandre Dumas und Émile Zola liegen, dann treibt der Ehrgeiz offenbar jeden französischen Schriftsteller, der auf sich hält, in die weichen, schweinsledergebundenen Dünndruckbände der *Pléiade*.

Sprache als Schlüssel zur Autorität

Die Autorität des Schriftstellers entwickelt sich aus seiner Beherrschung der Sprache. Als Antoine de Rivarol 1784 über die Universalität der französischen Sprache vor der Preußischen Akademie in Berlin sprach, nannte er sie nüchtern und schüchtern und klagte, sie wäre »die letzte der Sprachen, wenn nicht die Masse der guten Schriftsteller sie auf den ersten Rang gehoben hätte«. Dass große Texte in einer kleinen Sprache geschrieben würden, war für ihn ein literarisches Wunder. Die Sprache so zu beherrschen, dass sie Kunstwerke schaffe, eben darin liege die Meisterschaft eines Autors.

Die Deutschen verhielten sich gegenüber der französischen Sprache immer schon ambivalent. So urteilte Johann Gottfried Herder, der Ende des 18. Jahrhunderts einige Zeit in Paris lebte, wegen ihres »einförmigen Ganges mag es vielleicht sein, dass man sie eine Sprache der Vernunft nennet, dass sie eine so schöne Büchersprache zum Lesen ist. Aber für das poetische Genie ist diese Sprache der Vernunft ein Fluch, und diese schöne Büchersprache hat, um im Reden nicht zu schleppen, den flüchtigen und ungewissen Tritt annehmen müssen.«

Sehr viel kritischer äußerte sich der als Franzosenhasser

bekannte Ernst Moritz Arndt über die französische Sprache: »Sie entbehrt durch die zu große Geselligkeit der Menschen aller festen Betonung, weil auch diese in dem gesellschaftlichen Geflüster und Geschnatter untergehen musste … Weil das Volk von Anfang an den überwiegenden Trieb zur Geselligkeit hatte, ist sie nie sehr reich gewesen in Zeichen für die innerliche und göttliche Welt.«

»Warum singt der Franzose anders als er spricht?«, fragte der Soziologe Wolf Lepenies in seiner Dankesrede bei der Verleihung des Kythera-Preises im Dezember 2016. Lepenies zitierte aus dem Briefwechsel des deutschen Komponisten Richard Strauss mit dem späteren französischen Nobelpreisträger Romain Rolland bald nach der Jahrhundertwende. Strauß wettert: »Ich frage noch mal: warum singt der Franzose anders als er spricht? Bei uns hat Wagner das Gefühl für den Sinn der Sprache wieder neu entdeckt. Frankreich scheint mir noch in der Unnatur der Kothurntragödie des 18. Jahrhunderts zu stecken! Bitte belehren Sie mich, wenn es Ihnen möglich ist, sich selbst aus alter Gewohnheit loszulösen.« Den Fehdehandschuh greift Romain Rolland auf, und er geifert zurück: »Die französische Sprache ist unser schönstes Kunstwerk, und Sie erwarten, dass wir sie selber zerschlagen? Wir in Frankreich sind zu sehr Künstler. Unsere Sprache stirbt erst mit uns selbst.«

Zu eben der Zeit der Auseinandersetzung zwischen Strauss und Rolland, Anfang des 20. Jahrhunderts, beginnt mit der Krise der nationalen Identität auch die der französischen Sprache. Seither klagen französische Autoren, Philologen und Linguisten über die Enge ihrer Sprache, die von der Académie française auch noch im Zaum gehalten werde. Häufig dreht sich der Streit um die Frage, weshalb das Französische seine Weltgeltung verloren habe. Ein Ende der Auseinandersetzung über die *crise du français* ist nicht abzusehen; Jahr für Jahr erscheinen neue Bücher, die sich mit dem Thema befassen.

An der Spitze derer, die zur Verteidigung der französischen Sprache aufrufen, steht der Staatspräsident. So sagte Nicolas Sarkozy zum vierzigsten Geburtstag der »Internationalen Organisation der Francophonie«: »Unsere Sprache zu verteidigen, die Werte, die sie repräsentiert, zu verteidigen – das ist der Kampf um die kulturelle Vielfalt in der Welt.«

Da die Sprache in Frankreich für die nationale Identität eine besonders wichtige Rolle spielt, wird die Auseinandersetzung darüber schnell zu einem Politikum. So schrieb der rechtskonservative Journalist Eric Zémmour, ein landesweit diskutierter Bestsellerautor, der 2011 wegen Aufstachelung zum Rassenhass verurteilt wurde, man dürfe sich über den weltweiten Bedeutungsverlust der französischen Sprache nicht wundern, wenn selbst die französische Elite sie aufgegeben habe. »Sie geben sich keine Mühe mehr. Sie sprechen alle Englisch. Und die Arbeiterklasse, ich spreche nicht nur über die Einwanderer, kümmert sich auch nicht mehr um den Erhalt der Sprache.«

Während der Deutsche in einer Fremdsprache vor allem die Möglichkeit sieht, die Kommunikation fortzusetzen, fürchtet der Franzose, seine Identität aufzugeben, wenn er in eine andere Sprache wechselt. Bei uns gilt Sprache weniger als Teil der kulturellen Überlieferung denn als Instrument der Wissensvermittlung. Umgekehrt wird in Deutschland ein mit Hilfe von vielen Satzzeichen konstruierter Schachtelsatz als literarisches Kunstwerk gesehen, während man sich in Frankreich wenig schert um Punkt, Komma, Strich – solange der Konjunktiv stimmt. Dessen richtige Anwendung zeigt den Könner.

Ein französischer Wissenschaftler soll, so die allgemeine Erwartung des Publikums, elegant wie ein Schriftsteller schreiben, das verschafft ihm Größe – und überdeckt nebenbei manche Phrase (gut zu studieren bei den weithin überschätzten Neuen Philosophen). Damit will ich keineswegs dem Jargon deutscher Wissenschaftler das Wort reden, von denen manche umso bedeutender zu sein glauben, je unverständlicher sie bleiben, und die ihr Geschwafel auf diese Weise ähnlich zu mystifizieren verstehen wie die Franzosen durch Eleganz.

Die französische Sprache hat einen weiten Weg zurücklegen müssen, bevor sie als Landessprache durchgesetzt werden konnte. 1539 hat König Franz I. mit dem Edikt von Villers-Cotteret die nördlich der Loire gesprochene *langue d'oil* zwar als Amtssprache eingeführt. Bis zur Revolution 1789 verstand aber nur die Hälfte der Bevölkerung die Pflichtsprache, denn Frankreich war das Land mit den meisten Dialekten in Westeuropa. Während die Revolutionäre ihre Beschlüsse noch in die jeweilige Regionalsprache übersetzen lassen mussten, unterhielt man sich in der »zivilisierten Welt« der europäischen Höfe längst auf Französisch.

Mit der gleichen Strenge, mit der die französische Regierung heute für die Sprachreinheit kämpft, versuchten die zentralistisch denkenden Revolutionäre damals, die Einheitssprache durchzusetzen und Bretonisch, Okzitanisch und Baskisch als Regionalsprachen zu verbannen. Weil der erdverbundene Franzose äußerst störrisch ist, gelang das nicht vollständig. Im Zuge der seit einigen Jahren zu beobachtenden Regionalisierung erscheinen plötzlich im Süden Frankreichs doppelte Orts- und Straßenschilder, auf denen Namen auch Okzitanisch geschrieben werden. Und auf Bretonisch kann man jetzt sogar sein Abitur ablegen.

Der Kampf um Sprachreinheit mit Gesetz, Strafe und Vollzug mag auf manchen Ausländer ein wenig lächerlich wirken, doch hinter dem Kampf um einzelne Wörter und die Regeln eines wohl formulierten Satzes steckt mehr. Im Kampf um ihre Sprache entscheidet sich für viele Franzosen, wie die französische Gesellschaft heute und in Zukunft aussehen soll. Denn »*la France, c'est la langue française* – Frankreich, das ist die französische Sprache«, so Fernand Braudel in seinem großen Werk über die Identität Frankreichs.

Die Beherrschung der Sprache macht den Unterschied zwischen Ordnung und Chaos. Sprache vermittelt Autorität. Deshalb würden die Franzosen keinen Staatspräsidenten wählen, der nicht über eine geschliffene Sprache sowie eine historische und kulturelle Bildung verfügt. Als Nicolas Sarkozy zu Beginn seiner Amtszeit als Präsident Lücken in seiner literarischen Bildung erkennen ließ und dafür in der Presse heftig kritisiert wurde, setzte er alles daran, das Fehlende nachzuholen. In jedem Gespräch zitierte er fortan aus französischen Klassikern, die ihm seine Frau Carla zum Lesen ausgesucht hatte.

Nur derjenige soll als Autorität anerkannt werden, der die Sprache beherrscht. Dafür wird schon in der Schule die Grundlage gelegt. Die *explication de texte* nimmt einen überaus wichtigen Teil des Französischunterrichts ein: Der Lehrer interpretiert einen offensichtlich klaren Text, der, je tiefer man in ihn eindringt, desto schwieriger wird. Entdeckt der Schüler Tiefsinniges, erhält er eine gute Note; zunächst aber steht er den Worten machtlos gegenüber und erfährt das Gefühl der Erniedrigung. Der Schüler soll im Umgang mit dem Text seine Individualität beweisen und seinen Stil finden. Während meiner französischen Schulzeit mussten wir im Alter von vierzehn von einer Französischstunde zur nächsten jeweils zehn Zeilen auswendig lernen. Den Autor konnten wir uns im Schulbuch frei wählen.

Wem es gelingt, das Wort zu bändigen, erhält Autorität. Der Lehrer, der die Sprache richtig anwendet, verschafft sich nicht nur Aufmerksamkeit in der Klasse, er beherrscht auch unvorhergesehene Situationen. Umgekehrt gilt, wer Autorität hat, kennt die Literatur, ist Herr über Kultur und Stil. »Verfügt der Lehrer über Stil«, schreibt der Soziologe Jesse R. Pitts, »werden die Kinder und er im Konsens der *kulturellen Gemeinschaft* zusammengeschweißt, die Unterlegenheit der Schüler verliert ihren demütigen Charakter, weil die Legitimität der Macht des Lehrers anerkannt wird.«

Fehlt einem Lehrer Stil, wird er Opfer von *chahut*, einem zentralen französischen Begriff, der Unfug, Krawall, Radau ausdrückt. Die Schüler werden Radau machen, nicht weil sie seine fachliche Kompetenz, sondern weil sie seine Autorität im Amt infrage stellen. Erzählt eine Schülerin zu Hause, ihre Klasse habe die Mathematiklehrerin mit *chahut* weinend aus der Klasse getrieben, ohne dass es zu Konsequenzen gekommen sei, dann reagieren französische Eltern in der Regel alle gleich: Sie zeigen sich eher amüsiert. Offensichtlich haben die Kinder instinktiv erkannt, dass es der Lehrerin an Stil mangelte.

Chahut, der Unfug und Krawall, der niemals zur Unordnung führt, läuft nach bestimmten Regeln des Gruppenverhaltens ab und ist später auch im Berufsleben wiederzufinden. Ein deutscher Anwalt erzählte mir mit einigem Erstaunen von einer Auseinandersetzung zwischen den Direktoren eines von Deutschen aufgekauften französischen Unternehmens und den neuen Chefs, die auf sehr direkte, deutsche Art auftraten.

Für den 15. August war eine Sitzung anberaumt. Der 15. August ist für Franzosen der wichtigste Feiertag des Jahres. Am 15. August befindet sich ganz Frankreich in Urlaub, alle Bäckereien, alle Geschäfte sind geschlossen. Wehe, man muss an diesem Tag ins Krankenhaus. Der 15. August ist Mariä Himmelfahrt, und Maria – wir wissen es bereits – ist die Schutzpatronin Frankreichs.

Die Deutschen hatten keine Ahnung, bestanden aber auf dem Datum. Die Franzosen erschienen, führten sich aber, so mein Gewährsmann, gegenüber den neuen Chefs wie Kinder auf. Sie kicherten, nahmen Anweisungen nicht ernst, schrieben kleine Zettelchen; es fehlte nur, dass sie Papierflugzeuge warfen. Das war *chahut*, mit dem sie den Deutschen, die mit ihrer Entscheidung für den 15. August bewiesen hatten, dass es ihnen an Stil mangelte, zeigten, wie wenig sie deren Autorität anerkannten.

Dass Franzosen Individualisten seien, ist nun wirklich kein Klischee – sie sind es, und zwar ohne jede Einschränkung. Die erste gesellschaftliche Gruppe, die sie als Kinder bilden, ist die Gemeinschaft des *chahut*, in die sie immer wieder zurückfallen, wenn die nächste Stufe, die kulturelle Gemeinschaft, ihre Autorität nicht aufrechterhalten kann. Und diese Autorität muss nicht nur einmal, sondern ständig bewiesen werden. Aber die *chahut*-Gruppe löst sich schnell auf. Sie zerfällt in dem Augenblick, in dem sich wirkliche Autorität zeigt; sobald die Stufe der kulturellen Gemeinschaft wieder erreicht ist, darf man dem Anführer des *chahut* sofort in den

Rücken fallen. *Chahut* ist gewissermaßen die Zwischenstufe zwischen der eigenen Persönlichkeit auf der einen und der durch Sprache gebildeten kulturellen Gemeinschaft auf der anderen Seite.

Chahut definiert sich als Rebellion gegen Autorität, der es an Stil mangelt oder die gegen den Grundsatz der *égalité*, der Gleichbehandlung, verstößt. Dass *chahut* ein primär gesellschaftlicher Ausdruck ist, lernen die Kinder von ihren Eltern. Von ihnen erfahren sie auch, dass das eigene Ich vor allem anderen Vorrang hat.

Über notwendigen Stil verfügt nur derjenige, der Persönlichkeit ausstrahlt. Diese muss sich an der kulturellen Gemeinschaft messen lassen. Die großen klassischen Tragödien der französischen Literatur, die ein junger Franzose in der Schule seziert und zum Teil auswendig lernt, handeln von Individuen, die zwischen zwei moralischen Größen schwanken, in der Entscheidung aber allein stehen. Bérénice muss zwischen Liebe und Macht wählen, Don Rodrigue zwischen Liebe und Ehre.

Die wesentlichen Elemente des *chahut* werden von den Schülern so verinnerlicht, dass sie in verfeinerter Form später Teile des gesellschaftlichen und politischen Verhaltens ausmachen. Da wird keine Autorität anerkannt, nur weil es verlangt wird – das ist ein zweitrangiges Argument. Autorität ist in Frankreich nicht sakrosankt. Der Franzose unterscheidet sich von Bürgern anderer Demokratien, weil er staatlichen Autoritäten nicht automatisch Legitimität zuerkennt. Hinzu kommt, dass er sich mit anderen Bürgern immer zusammenschließen kann, um *gegen* etwas zu sein, um den Status quo aufrechtzuerhalten.

»Für den Franzosen ist ›klar‹, dass die Regierung stiehlt,

betrügt und lügt, dass für manche Bevorzugte die Gesetze nicht gelten und manche Dummköpfe die ganze nur vorstellbare Strenge des Gesetzes zu spüren bekommen«, stellt Jesse R. Pitts fest. »Gegen diese Regierung, der er die kulturelle Bestätigung abspricht, verteidigt der Bürger sein gutes Recht, das heißt seinen Familienbesitz, mit allen vorhandenen Mitteln. Dem, was er sich als Betrügerei der Regierung vorstellt, antwortet er mit List und auch Betrug.«

Zwei Beispiele aus jüngster Zeit, die illustrieren, woher diese Haltung kommt. Im Dezember 2016 wurde Jérôme Cahuzac, ehemaliger Budgetminister unter Präsident François Hollande, zu fünf Jahren Gefängnis verurteilt, weil er Millionen Euro auf ausländischen Konten vor der Steuer versteckt hatte. Geld, das er als Arzt und Besitzer einer Schönheitsklinik verdient hatte. Da betrügt der für die Steuereinnahmen zuständige Minister die Steuerbehörden! Zur Rede gestellt, lügt er den Präsidenten und das Parlament an, er habe keine Konten im Ausland. Als er schließlich überführt war, sagte die Staatsanwältin Eliane Houlette in ihrem Schlussplädoyer: »Welche Glaubwürdigkeit können wir Ihnen entgegenbringen? Sie haben Ihre Talente verschleudert, indem Sie diese in den Dienst der Lüge, des Betrugs und der Geldgier stellten. Man hat gesagt, dies sei der Prozess der Lüge gewesen, ich glaube, es ist der Prozess eines Verrats. Sie haben Ihre Erziehung, Ihren ärztlichen Eid und das Vertrauen Ihrer Wähler und der republikanischen Institutionen verraten.«

Im Wahlkampf 2017 kam der konservative Kandidat François Fillon plötzlich in größte Schwierigkeiten. Er proklamierte Transparenz in der Politik und verlangte den Abbau von 500 000 Beamtenstellen, da man bei den Staatsausgaben sparen müsse. Dann enthüllte die Satirezeitschrift *Le Canard enchaîné*, dass Frau Fillon jahrelang als politische Mitarbeiterin ihres Mannes aus Geldern des Abgeordnetenhauses bezahlt worden war. Es ist erlaubt, ein Familienmitglied anzustellen. Aber Madame Fillon hatte insgesamt eine halbe Million Euro erhalten, ohne dafür etwas getan zu haben. Die Staatsanwaltschaft bemächtigte sich des Falls.

Was wäre das für eine Regierung, die von ihren Bürgern konformes Verhalten erwartet! Statt mit der Androhung von Strafen Ordnung zu schaffen, vertraut sie auf die Macht des Wortes. Das ist einer der Gründe, weshalb französische Präsidenten und Premierminister so häufig von der Würde des Staates, von der Größe Frankreichs, von *la gloire* sprechen und ihre Reden mit dem Ausruf enden lassen: »*Vive la France, vive la République!*«

TEIL II

Liebe à la française

Die Amazonen der Republik

Der Schein trügt. Der revolutionäre Dreiklang *liberté, égalité, fraternité* macht Frankreich noch lange nicht zu einem Land, das Frauen die Gleichberechtigung erleichtert. Die Chefin des Internationalen Währungsfonds und ehemalige Finanz- und Wirtschaftsministerin Frankreichs, Christine Lagarde, umschreibt es, typisch französisch, so: »Es ist wie mit dem guten Essen, das wir zu uns nehmen: Wir bekommen davon kein Übergewicht. Wir haben alle Voraussetzungen für Gleichheit, trotzdem kommen Frauen nie nach ganz oben.«

Das Ausland lobt gern die französische Familienpolitik, die es der Frau erlaube, Familie und Beruf zu vereinen, Kinder großzuziehen und trotzdem Karriere zu machen. Tatsächlich gibt der französische Staat mit 5,1 Prozent des Bruttosozialprodukts fast doppelt so viel Geld für die Familien- und Kinderpolitik aus, als es dem Durchschnitt in der EU entspricht.

Das Kindergeld ist hoch, die Steuer richtet sich nach der Anzahl der Kinder. Viele Franzosen zahlen schon nach dem dritten Kind gar keine Steuern mehr. Kinder haben einen Anspruch auf einen Platz in der *école maternelle*, die Betreuung von 8.30 Uhr bis 18.30 Uhr anbietet. Fast alle Dreijährigen gehen hin, vorausgesetzt ihre Eltern finden einen Platz für sie, und das ist nicht immer leicht. Mit Erstaunen haben viele Franzosen zur Kenntnis genommen, dass Eltern in Deutschland ihre Gemeinde kurzerhand verklagen, wenn kein Kita-Platz vorhanden ist – und oft genug Recht bekommen!

Die Kita heißt *école maternelle* – wörtlich übersetzt: Mutterschule –, weil man in Frankreich davon ausgeht, dass Kinder in die Verantwortung der Mütter fallen. Zwar hat die französische Regierung 2015 auch ein Elterngeld eingeführt, doch das ist mit knapp 400 Euro im Monat so gering, dass es sich gerade einmal 4 Prozent der jungen Väter leisten können, einige Monate Elternzeit zu beantragen. Voller Bewunderung schauen junge Franzosen auf die Regelung in Deutschland, wo knapp 30 Prozent der frischgebackenen Väter von der Elternzeit profitieren. Aber hört man sich unter jungen Paaren um, dann scheint der wirkliche Grund ein anderer zu sein. Ein junger Mann, der sich für ein paar Monate nach Hause abmeldet, wird als wenig männlich angesehen, ja mitunter gehänselt. Seine Frau muss sich kritische Fragen gefallen lassen, ob sie sich denn gar nicht um die Kinder kümmere.

Nadine Morano, konservative Politikerin, Mutter von drei Kindern und ehemals Staatssekretärin im Familienministerium, benennt die Grundlagen der französischen Familienpolitik klipp und klar: »Unser Land hat schon vor langem verstanden, dass man Kinder braucht, um eine Nation wieder aufzubauen.« Tatsächlich waren es nicht hehre Gedanken von Gleichheit, die Frankreich zu einer fortschrittlichen Familienpolitik veranlassten. Vielmehr hoffte man durch eine

Steigerung der Geburtenrate den wachsenden ökonomischen Abstand zu Deutschland verringern zu können. »Ursprünglich ging es bei der Familienpolitik nicht um die Frauen, sondern um Deutschland«, meint auch Geneviève Fraisse, Autorin zahlreicher Bücher zu diesem Thema. »Französische Mütter haben zwar bessere Bedingungen als Frauen woanders, aber die Stereotypen sind die Gleichen.«

Die Angst der Franzosen, mit dem Bevölkerungswachstum der Deutschen nicht Schritt zu halten und zu wenig Kinder zu zeugen, geht zurück auf den Deutsch-Französischen Krieg 1870/71. Der enorme Blutzoll, den Frankreich im Ersten Weltkrieg entrichtete, verstärkte diese Obsession. 1920 stiftete der Staat eine Goldmedaille, um Mütter zu ehren, die acht und mehr Kinder auf die Welt gebracht hatten.

Die Rolle der Frau war in Frankreich schon einmal eine andere. Aber das ist mehr als zweihundert Jahre her. Den Männern ist es damals relativ schnell gelungen, die Macht der Frauen wieder zu beschneiden. Im Sommer der Revolution 1789 schrieben Frauen Petitionen, ergriffen das Wort bei politischen Diskussionen, erklärten, weshalb man ihnen die gleichen Rechte wie den Männern erteilen müsse. Sie fanden besonders in der Provinz viel Zulauf. Zu den zahlreichen Initiativen, die in den stürmischen Tagen von Frauen auf den Weg gebracht wurden, gehörte die Idee der *dons patriotiques*, der patriotischen Gaben: Eine Gruppe von Künstlerinnen rief Frauen dazu auf, ihren Schmuck der klammen Staatskasse zu spenden.

Als das Brot in Paris knapp wurde, waren es die Frauen, die am 5. und 6. Oktober 1789 den berühmt gewordenen Marsch zum Schloss des Königs in Versailles anführten. Sie zwangen den König zurück nach Paris und erreichten, dass er sich wieder in den Tuilerien einquartierte. Damit verlagerte sich auch das politische Machtzentrum Frankreichs zurück in die Hauptstadt; eine Woche später tagte die verfassunggebende Nationalversammlung erstmals in der Reithalle in der Nähe der Tuilerien.

Angeblich hatte die unbedarfte Königin Marie-Antoinette den hungernden Frauen, die in Versailles nach Brot verlangten, zugerufen, wenn sie kein Brot hätten, sollten sie doch *brioche* essen. Doch das ist eine Legende. Schon einige Jahre vor der Revolution schrieb Jean-Jacques Rousseau in *Les Confessions* die Äußerung einer namenlos gebliebenen Prinzessin zu. In anderen Kulturen findet man ähnlich herablassende Formulierungen. So soll der chinesische Kaiser Jin Huidi, ein einfältiger Knabe, im dritten Jahrhundert auf die Meldung, das Volk habe keinen Reis zum Essen, geantwortet haben: »Warum essen sie stattdessen nicht Fleisch?«

Die Pariserinnen nahmen 1789 aktiv an Straßenkämpfen teil. Mit Heugabeln und anderen Instrumenten, die sich als Waffe eigneten, fand man sie an der Seite ihrer Männer – auf beiden Seiten der Barrikaden. In der Anfang der 1790er Jahre sich verschärfenden Auseinandersetzung zwischen dem neuen Staat und der katholischen Kirche ergriffen sie vielfach Partei gegen die »Entchristianisierung« des Landes. Später kämpften Frauen sogar in den Revolutionsarmeen. Berühmt wurden die Offizierstöchter Félicité und Théophile Fernig, hübsche Mädchen, die sich im Alter von dreizehn und sechzehn Jahren den Truppen anschlossen.

Überall im Lande bildeten sich die *bataillons d'amazones*, die von den Männern gern mitgenommen wurden. Nach Pauline Léon sind heute noch Straßen in Frankreich benannt. Im Alter von 21 Jahren hatte die Tochter eines Schokoladenherstellers am Sturm auf die Bastille teilgenommen. Im Mai 1793 gründete sie die *Société des citoyennes républicaines révolutionaires* und verfasste eine von 319 Pariserinnen unterschriebene Petition, Frauen für die Verteidigung des Vaterlandes ausbilden zu lassen. Die Männer nahmen dies zunächst freudig an. Doch als Pauline Léon darüber hinaus die Aufnahme der Frauen in die Nationalversammlung forderte, wurden sie den männlichen Revolutionären lästig, Ende Oktober 1793 wurden alle *Sociétés* von Frauen aufgelöst und verboten.

Schon 1789 hatten die Frauen beklagt, dass sie von der Wahl zur Nationalversammlung ausgeschlossen wurden. Nach der Erklärung der *Droits de l'homme et du citoyen* blieb zunächst unklar, ob mit *homme* nur die Männer oder alle Menschen gemeint waren. Denn im Französischen kann das Wort beides bedeuten. Aber die Herren der Revolution erkannten bald, dass sie ihre männlichen Vorrechte verlören, wenn sie den Frauen nachgeben würden, und führten den Unterschied zwischen aktiven und passiven *citoyens* ein. In der 1793 verabschiedeten Verfassung des Jahres I fielen Frauen nicht mehr unter den Begriff der *citoyens*, der Staatsbürger, und wurden per Verordnung aus der Armee entfernt. Im Mai 1795 verbot die *Convention nationale* sogar die Versammlung von mehr als fünf Frauen. Frauen wurden von der Tribüne der Nationalversammlung gejagt. Die Menschenrechte blieben Männerrechte für mindestens 150 Jahre. Erst 1944 erhielten Französinnen das Wahlrecht.

Noch Anfang der 1990er Jahre betrug der Anteil der Frauen im Parlament gerade einmal 5 Prozent. Damit lag Frankreich an sechzigster Stelle in der Welt – etwa gleichauf mit Griechenland. Um diesem Zustand abzuhelfen, wurde 1998 ein Gesetz verabschiedet, das politische Parteien verpflichtete, ihre Wahllisten paritätisch zu besetzen und die gleiche Anzahl Frauen wie Männer zu nominieren, andernfalls mussten sie mit einer Buße rechnen. Nun, da gaben sich die Herren in den Parteien entspannt: Bevor sie dem Gesetz genügten, zahlten sie lieber eine Strafe.

Laurence Parisot, einst mächtige Präsidentin von MEDEF, dem französischen Arbeitgeberverband, klagt: »Sexismus ist in der französischen Gesellschaft extrem tief verankert und hat so alte Wurzeln, dass Gesetze allein nicht ausreichen. Unsere Kultur muss sich ändern.« Und der Philosoph Bernard-Henri Lévy pflichtet ihr bei, wenn er feststellt: »Frankreich ist ein altes gallisches Macho-Land.«

Im Herbst 2010 besuchte ich Mitterrands ehemaligen Außenminister Roland Dumas auf der Île Saint-Louis. Er bewohnt dort das ehemalige Atelier der Bildhauerin Camille Claudel, die mit Rodin zusammengearbeitet hat. Wir kamen auf die bevorstehende Präsidentschaftswahl 2012 zu sprechen und wer wohl Kandidat der Sozialisten würde. Ich meinte, alles laufe doch auf Dominique Strauss-Kahn (DSK) zu, damals Chef des Internationalen Währungsfonds.

»Ich weiß nicht, ob das klappt«, meinte Dumas. »Ich habe letztens mit Dominique zu Abend gegessen, und er sagte mir, es gäbe drei Gründe, die gegen ihn sprechen. Zuerst einmal unangenehme Geldgeschichten. Aber die habe jeder andere Kandidat auch, und als ehemaliger Finanzminister wisse er über alle Bescheid. Zum zweiten seine Frauengeschichten. Aber die hätten alle anderen auch. Nur eins spräche gegen ihn: Er sei Jude.«

Es waren weder die Finanzen noch seine Religion, über die er stürzte. DSK stürzte über seine unersättliche Sexgier.

Eine Zimmerfrau in einem New Yorker Hotel zeigte ihn wegen Vergewaltigung an. Während französische Feministinnen die Gelegenheit für Forderungen nutzten, die Grenze zwischen Flirt und sexuellem Übergriff schärfer zu ziehen, bezeichneten es manche schlicht als »*une imprudence, comment dire: un troussage de domestique* – eine Unvorsichtigkeit, der Zofe an die Wäsche zu gehen«.

In Frankreich habe man »die Fleischeslust immer auch mit einer Portion Zynismus behandelt«, schreibt die amerikanische Romanistin Marilyn Yalom in ihrem Buch *Wie die Franzosen die Liebe erfanden*. Das lasse sich bis zu den Troubadouren, den Minnesängern im 12. Jahrhundert, zurückverfolgen. Sie zitiert aus *La clef d'amors*, dem *Liebesschlüssel*, einem Leitfaden höfischer Liebe aus dem 13. Jahrhundert, in dem mit praktischen Ratschlägen sogar zur Vergewaltigung aufgefordert wird: »Mit einer Hand hebe ihr Kleid an, dann lege die andere direkt auf ihr Geschlecht ... Lass sie schreien und kreischen ... Presse eure nackten Körper eng aneinander und sorge dafür, dass sie dir zu Willen ist.« Der Dichter dieses Liedes empfiehlt, die Frau, die man auf diese Weise genommen hat, hinterher zu heiraten – vorausgesetzt, dass sie sich als treu erweist.

Die Liebe als ein wesentliches Element des menschlichen Daseins voll auszuleben, wird in vielen Kulturen durch Normen und Regeln, die meist auf religiösen Tabus beruhen, eingeschränkt. Nicht so in Frankreich. Die Liebe sei Teil der nationalen Identität, »genauso wie die Mode, wie Essen und Trinken – und wie die Menschenrechte«, schreibt Marilyn Yalom. »Für einen Franzosen oder eine Französin ist ein Mensch, der kein Begehren kennt, ein geradezu defizitäres Wesen, wie jemand ohne Geschmacks- und Geruchssinn. Seit Jahrhunderten sind die Franzosen Weltmeister darin, uns mit ihrer Literatur, ihrer Malerei, ihren Chansons und Filmen zu zeigen, was die Kunst der Liebe ausmacht.«

Die Wurzeln dieser Kunst liegen in der höfischen Liebe, die sich im 12. Jahrhundert in Frankreich entwickelte. Die Männer schlossen sich einem Kreuzzug an und ritten Richtung Palästina, die Frauen blieben zu Haus. In Liebesromanen und Minnegedichten entstand damals ein neues, sentimentales Frauenbild, das zu einer Änderung in den Beziehungen zwischen den Geschlechtern führte. Der bis dahin eher grobe Ton bei Hofe, wo man von der Frau im besten Fall sagte, sie sei ein gutes Turnierpferd, das man besteige, verfeinerte sich. Es entwickelte sich ein eigenes Vokabular, das noch heute international verwendet wird: die Courtoisie, die Galanterie, das Rendezvous, die Ménage-à-trois. Der Zungenkuss heißt im Englischen »French Kiss«, und im Deutschen ist »Französisch« auch recht eindeutig.

In der Literatur erscheint die Frau immer häufiger als diejenige, die den Mann nach Belieben lenken kann. Ein mittelalterliches Volkslied *La mal mariée* schildert eine Dreierbeziehung Ehefrau–Gatte–Liebhaber: Ganz wie in der späteren französischen Komödie à la Molière macht das Lied sich über den Hahnrei lustig. Aus dem Ritter auf hohem Ross wird bald der liebende Kavalier, der sich neuen Sitten und Anstandsregeln fügt, der lernt, die Frau zu ehren und zu respektieren. Sie ihrerseits lässt den Schmachtenden leiden und sich verzehren und verlangt von ihm immer neue Liebesbeweise. Obwohl sie eine erotische Beute bleibt, die es zu erobern gilt, ist es die Frau, die das Liebesspiel bestimmt.

Manchmal reflektiert sie sogar ihre eigene Lust und begründet so eine Tradition französischer Schriftstellerinnen.

Als Schutzheilige französischer Liebespaare gelten der unglückliche Hauslehrer Abaelard und seine Schülerin Héloise, die im 12. Jahrhundert lebten. Er schwängert sie. Sie heiraten. Sie bringt einen Sohn zur Welt. Doch ein boshafter Onkel des Mädchens stiftet seine Diener an, Abaelard nachts die Hoden abzuschneiden. Er wird Mönch, Héloise Äbtissin eines Klosters. Nun schreiben sie sich Briefe.

Während ihm nach der Kastration der Sinn für die körperliche Liebe fehlt, geht es in den Episteln der Héloise sehr oft um die sexuelle Lust: »Wohin ich auch meine Augen richte, überall steht das Bild dieser wonnevollen Stunden vor mir und weckt meine heiße Sehnsucht. Bis in den Schlaf verfolgen mich diese süßen Vorstellungen. Mitten in der Feierlichkeit der heiligen Messe, also dann, wenn das Gebet am reinsten zum Himmel steigen sollte, ist mein elendiges Herz so sehr erfüllt von den lüsternen Bildern solcher Lust und Wonne, dass ich mehr Sinnlichkeit verspüre als Andacht. Wenn ich seufzen und klagen sollte über die Sünden, die ich begangen habe, dann klage ich weit mehr über die, die ich nicht mehr begehen kann.«

Héloise und Abaelard werden auch heute noch verehrt. Wenn ich in Paris bin und ein wenig Zeit habe, mache ich manchmal einen kleinen Abstecher auf den alten Friedhof Père Lachaise. Dort ruhen seit 1817 in einem neugotisch gestalteten Grabmal die Gebeine der beiden Liebenden, und meist liegen ein oder zwei frische Blumensträuße auf den Stufen zu dem Sarg, auf dem Héloise und Abaelard als züchtig betende Figuren in Stein liegend abgebildet sind.

Über die Jahrhunderte hinweg wurde die Liebe in Frankreich immer weiter verfeinert. Dabei entstand ein umfangreiches Regelwerk an Verhaltensmustern, das ein Mann im Umgang mit den Frauen beherzigen sollte. Marilyn Yalom spricht von einem »Kodex des guten Benehmens bestehend aus Respekt und Achtung, aber auch Verführung und Sinn fürs Feierliche«. Das feinsinnige Reagieren auf eine Frau macht auch heute noch für das weibliche Geschlecht den Reiz eines Franzosen aus.

Vor kurzem unterhielt ich mich mit meiner Tochter Adrienne, die in Frankreich aufgewachsen ist und nun in Deutschland lebt. Sie erzählte mir von ihrem letzten Besuch in Paris. Dort fühle sie sich als Frau sofort viel wohler als in Deutschland. »Du kommst an und wirst gleich als eine eigenständige Person betrachtet. Ich gehe die Straße entlang, da fegt ein Mann das Trottoir. Er hält inne, schaut mich von unten nach oben an, nickt, so als wolle er Bewunderung ausdrücken, wendet sich wieder seinem Besen zu, senkt die Augen und fegt weiter. Mehr nicht. Aber er hat mich als Frau gewürdigt.« – »Wenn man in Paris Frau gewesen ist, kann man es nirgendwo anders mehr sein«, schrieb vor dreihundert Jahren der Philosoph Baron de Montesquieu.

In einer Fernsehsendung wurde ich letzthin gefragt, wie sich französische und deutsche Männer im Umgang mit einer Frau unterschieden. »Der Franzose versucht der Frau ein Wohlgefühl zu vermitteln, indem er ihr seine Bewunderung ausdrückt«, erklärte ich. »Er zollt ihr Respekt, ohne weitere Hintergedanken. Der Flirt ist für ihn ein Spiel zwischen Mann und Frau. Ganz anders der Deutsche. Er denkt immer zielgerichtet an das Ergebnis: Wie kriege ich die Frau ins Bett. Er muss ja Leistung bringen.« Sofort brach eine heftige Diskussion los – und ich fühlte mich indirekt bestätigt. Unterstützung bekam ich in der Gesprächsrunde an diesem Abend übrigens von der Schauspielerin Marianne Sägebrecht.

Große Liebesromane oder auch Abhandlungen über die Liebe gehören in Frankreich zum Allgemeingut. *Die Prinzessin von Clèves*, der Ende des 17. Jahrhunderts erschienene historische Roman der Madame de La Fayette, ist noch immer Schullektüre. Als der literarisch unbeleckte Präsident Nicolas Sarkozy 2009 meinte, das Buch habe im Lehrplan nichts zu suchen, war ganz Frankreich geschockt. Hundert Jahre nach der *Prinzessin von Clèves* erschienen die *Gefährlichen Liebschaften* von Pierre Choderlos de Laclos, ein Buch, in dem das Scheitern der Libertinage thematisiert wird. Im 19. Jahrhundert folgten die Analysen von Stendhal, der in *Über die Liebe* die Liebe als einen Kristallisationsprozess beschrieb, und die Darstellung des Ehebruchs in *Madame Bovary* von Gustave Flaubert. In dieser Reihe steht zuletzt auch *Das sexuelle Leben der Caterine M.*, in dem die Verlegerin Catherine Millet 2001 ihr überbordendes Sexualleben darstellte. Sie ließ dem Buch ein zweites folgen mit dem Titel *Jour de souffrance*, in dem sie ihre Eifersucht schilderte, als sie erfuhr, dass ihr Mann ein genauso unbeschwertes Sexualleben geführt hat wie sie selbst.

»Ein entscheidendes Merkmal der Liebe *à la française* ist die Bedeutung, die sie sexueller Lust beimisst«, schreibt Marilyn Yalom. »Selbst ältere Franzosen und Französinnen halten fest an der Vorstellung, dass Liebe auf fleischlichem Begehren gründet.« Bei einer in den USA und Frankreich durchgeführten Umfrage unter Männern und Frauen zwischen fünfzig und vierundsechzig Jahren kam heraus, dass nur 34 Prozent der Franzosen die Aussage »Wahre Liebe ist auch ohne aufregendes Sexualleben möglich« für zutreffend hielten, im Vergleich zu 83 Prozent der Amerikaner.

Kein Wunder also, dass die Franzosen ganz erstaunt sind, wenn in den USA ein Politiker wegen ehelich nicht korrekten Verhaltens an den Pranger gestellt und der Versuch gemacht wird, ihn um seinen Posten zu bringen. Da sollte ein Senator zum Verteidigungsminister ernannt werden. Vor einem Senatsausschuss wurde das eine oder andere Verhältnis während seines langen Lebens ans Tageslicht gezerrt, und der Senator musste sich von dem Traum, einmal Minister zu werden, verabschieden. Der damalige französische Premierminister Michel Rocard meinte dazu lakonisch: »Unter diesen Umständen müsste in Frankreich das gesamte Kabinett zurücktreten.«

Als Bill Clinton wegen der Affäre mit der Praktikantin Monica Lewinsky in immer ärgere Bedrängnis geriet, wandte sich der ehemalige französische Kulturminister Jack Lang in einem offenen Brief an die Amerikaner, um ihnen die Absurdität der Anklage vor Augen zu führen. Er empfahl ihnen, eine »gallische Haltung« einzunehmen. Gemeint war damit: Was ein Politiker hinter verschossenen Türen privat macht, sollte ignoriert werden.

Die Franzosen gehen mit dem Seitensprung entspannter um als die Amerikaner, weil sie ihn gesellschaftlich ganz anders qualifizieren. Natürlich müsse ein Ehemann, der mit einer Geliebten erwischt wird, lügen, schrieb ein Professor der altehrwürdigen Sorbonne in der linken Tageszeitung *Libération*. Wenn man dem amerikanischen Präsidenten einen Vorwurf machen könne, dann nicht den, fremdgegangen zu sein, sondern seiner Geliebten einen Gedichtband mit einer persönlichen Widmung geschickt zu haben. Damit habe Clinton eine Grenze überschritten, denn eine solche Gefühlsäußerung gehöre sich nicht gegenüber einer Maîtresse, sondern nur gegenüber der Ehefrau, die – bei aller Libertinage – »vom affektiven Standpunkt aus gesehen der privilegierte Partner« bleiben müsse.

Sie ist eben etwas Besonderes, die Liebe, wie die Franzosen sie erfanden.

»Svetlana, die Sie kennen, mit der wir gegessen haben und mit der ich zusammenlebe, schickt Ihnen und Ihrer Frau gemeinsam mit mir freundschaftliche und liebste Grüße«, schrieb mir Roland Dumas 2015. Der ehemalige Außenminister und spätere Präsident des Verfassungsgerichts – so steht es auf seinem Briefkopf – bedankte sich für die Zusendung meines neuesten Kriminalromans, *Das Schloss in der Normandie*, in dem er eine wichtige Rolle spielt. Und er fragte, wann wir wieder einmal zusammen essen gehen könnten. Mit Svetlana. Einer hübschen Russin, schätzungsweise Mitte dreißig. Dumas ist vor kurzem 95 geworden.

Roland Dumas hatte Chez Lipp am Boulevard Saint-Germain gegenüber dem Café de Flore für unser Treffen vorgeschlagen. Der Maître d'Hôtel führte meine Frau und mich an einen Tisch im vorderen Teil des Lokals und sagte: »Monsieur Dumas hat für drei Personen reserviert.«

Das Lipp ist bald 130 Jahre alt. Nach 1900 wurden die Wände mit Spiegeln und farbigen Keramiken von einem mir nicht bekannten Künstler, Léon Fargues, im Stil des Art déco verkleidet, die Decke malte Charly Garrey mit afrikanischen Motiven aus. Es war wohl dessen bedeutendstes Werk, denn heute kann man seine Bilder bei Versteigerungen für ein paar Hundert Euro erwerben. Im Lipp ist es wichtig, wo man sitzt. Touristen werden die Treppe hoch geschickt. Je weiter vorn man im unteren Saal platziert wird, desto höher die Anerkennung durch den Maître. Man kann sich seine Gunst aber auch mit unauffällig in die Hand gedrückten Scheinen erkaufen. Deren Wert sollte nur nicht zu klein ausfallen.

Vorn saßen Proust und Saint-Exupéry, Camus und Sartre, zuletzt auch François Mitterrand, vorn haben Jack Nicholson und Sofia Coppola, Sandrine Kiberlain und Benjamin Biolay ihren Tisch. Und um ehrlich zu sein: Man geht nicht wegen einer besonders guten Küche ins Lipp, man isst hier Sauerkraut mit Schweinsfuß oder Ähnliches, alte elsässische Küche.

Roland Dumas kam zehn Minuten nach uns. Aber er kam nicht allein. Er stellte uns eine junge Begleiterin vor. Sie sprach kein Französisch, wir unterhielten uns auf Englisch mit ihr. So lernten wir Svetlana kennen.

Roland Dumas wohnte mit Svetlana in einem Appartement auf der Île Saint-Louis. Seit 1964 ist er mit Anne-Marie verheiratet, Erbin aus der Familie Lillet, die in Bordeaux einen Aperitif gleichen Namens erfunden hat. Praktischerweise behielt Frau Dumas das Herrenhaus bei Bordeaux als ihren Hauptwohnsitz bei und kam nur selten nach Paris.

Dumas sieht sich in der Tradition französischer Politiker, die Expremierminister Dominique de Villepin mit einem Satz zusammenfasste: »Ein französischer Politiker ist jemand, der eine Frau in der Provinz hat und eine Maîtresse in Paris.« Und davon hatte Villepin im Laufe der Zeit mehr, als man an zwei Händen abzählen kann – genauso wie Dumas.

Gelegentlich unterhielt ich mich mit Dumas über das Thema. In Deutschland sei so etwas undenkbar, versicherte ich ihm. »Da kann ich Ihnen aber was über deutsche Minister erzählen, ich sag' nicht welche«, meinte er und lachte. »In Deutschland hält man das aber geheim«, antwortete ich. »Wird eine Maîtresse in der französischen Gesellschaft akzeptiert?«

»Die Zeiten ändern sich. Immerhin hat die Gesellschaft sogar akzeptiert, dass ein Präsident ein Kind von seiner Geliebten hatte. Eine Frau sagte mir dazu: ›Ach, das ist gut, er bringt die Sachen ins Rollen.‹ Mit der natürlichen Tochter von Mitterrand war es so, dass sie in der Schule, als sie vielleicht zehn war, den Beruf des Vaters angeben sollte. Sie schrieb: ›Staatspräsident‹. Die verunsicherte Lehrerin ging zur Direktorin, die meldete es dem Schulrat. Der nahm sich ein Herz und rief im Élysée an und fragte die Sekretärin von Mitterrand, was er tun solle. Die Sekretärin ging zu Mitterrand. Was sie antworten könne? Mitterrand sagte: ›Sagen Sie, es stimmt.‹ Unglaublich, nicht? Wenig später saßen einige Journalisten bei Mitterrand zu einem Hintergrundgespräch. Ganz zum Schluss fragte einer, ob es stimme, dass er eine Tochter habe. Der Präsident hat keine Miene verzogen und kurz geantwortet: ›Ja, und?‹ Schweigen. Alle waren verblüfft, keiner hat es veröffentlicht.«

»Sie haben Christine, eine Ihrer Maîtressen, offen beim Grand Slam in Roland Garros gezeigt«, sagte ich. »Sie haben sie mit nach Bayreuth genommen, als Sie mit Genscher zu den Festspielen gingen. Konnten Sie die Maîtresse auch zu offiziellen Essen des Präsidenten im Élysée-Palast mitnehmen?«

»Es gab immer den öffentlichen Bereich und den privaten. Wenn Christine mich zum Staatsdiner begleitete, dann sorgte Mitterrand dafür, dass sie nicht an seinem Tisch saß. Manchmal rief Mitterrand aber auch meine Frau an und bat sie, zu einem Diner mitzukommen. Dann schickte er ihr einen Wagen, und sie saß am Tisch des Präsidenten.«

Christine Deviers-Joncour war mit Anfang vierzig noch immer eine bildhübsche Frau. Sie erledigte Sonderaufträge für das damals größte französische Unternehmen, den Ölkonzern Elf Aquitaine. 1989 war sie vom zweiten Mann in der Hierarchie, Alfred Sirven, engagiert worden, weil sie über besondere Beziehungen zu Außenminister Dumas verfügte. Den 25 Jahre älteren Politiker und Rechtsanwalt hatte Christine über die Familie von Georges Dayan kennengelernt, bis zu seinem Tod einer der engsten Freunde von François Mitterrand. Die attraktive Christine stammte genauso wie der für sein charmantes Wesen bekannte Dumas aus dem Périgord; ihre Eltern lebten in dem Wahlkreis, um den sich Dumas 1988 bewarb. Die Sozialisten gewannen die Wahl.

Weil es in Frankreich üblich ist, das Personal in staatlichen Unternehmen und öffentlichen Institutionen nach einer gewonnen Wahl mit eigenen Anhängern zu besetzen, stand auch ein Wechsel im Vorstand von Elf Aquitaine an. Dort mitzumischen war eine Frage höchsten Prestiges. Der Manager Alfred Sirven, ein Machiavelli erster Güte, half seinem Freund Loïk Le Floch-Prigent über alle ihm verfügbaren Kanäle – so auch über Christines Beziehungen zu Dumas –, den Posten des Vorstandsvorsitzenden zu ergattern. Zum Dank machte ihn Le Floch-Prigent zu seinem zweiten Mann.

Sirven nutzte die Kassen des Ölgiganten, um sein Netzwerk und seinen Einfluss auf die Politik zu festigen. Dabei spielte Christine eine zentrale Rolle, da sie mit einem von Mitterrands Mandarinen das Kopfkissen teilte.

In ihrem 1999 erschienenen Buch mit dem unübertrefflichen Titel *La putain de la République – Die Hure der Republik* erzählt Christine detailliert, wie sie eingesetzt wurde. An einem schönen Septembertag klingelte das Telefon in ihrer Pariser Wohnung. Alfred Sirven war dran und fragte: »Wo ist Roland?« Der Außenminister war zur Eröffnung der Vollversammlung der Vereinten Nationen gerade in New York. Der Termin gilt unter Diplomaten als äußerst wichtig, weil sich bei dieser Gelegenheit die Außenminister vieler Länder treffen.

»Du musst sofort hinfliegen«, sagte Alfred Sirven. »Es eilt. Wir haben gerade erfahren, dass eine Reise des Staatspräsidenten in die Emirate vorbereitet wird. Dabei hat man einen der Golfstaaten übergangen, in dem ausgerechnet wir große wirtschaftliche Interessen haben. Roland muss den Präsidenten unbedingt überzeugen, dort Station zu machen.«

Elf Aquitaine hatte schon über den direkten Draht seine Interessen im Élysée-Palast angemeldet, doch der persönliche Berater von Mitterrand hatte geantwortet, der Präsident der Republik sei kein Handlungsreisender. Sirven war wütend. »Für wen halten die sich?«, schrie er ins Telefon von Christine. »Natürlich ist Mitterrand ein Handlungsreisender Frankreichs. Die verstehen rein gar nichts … Man bringt dir gleich ein Flugticket. Du musst das mit Dumas regeln.«

Noch am selben Tag flog Christine nach New York und ging in das UN-Plaza, wo die Außenminister der wichtigsten Länder für die Zeit der Eröffnungswoche jeweils ein Stockwerk anmieten. Dort ließ sich Christine von einer Sekretärin des Außenministers, der sie bestens bekannt war, einen Sonderausweis ausstellen und ging auf direktem Weg zum Weltsicherheitsrat.

»Ich finde schließlich eine nicht verschlossene Tür an der Seite des Saales, wo die fünfzehn Außenminister der Länder, die im Sicherheitsrat sitzen, unter Ausschluss der Öffentlichkeit tagen«, erzählt Christine Deviers-Joncour. »Ich öffne sie geräuschlos. Im Halbdunkel des Amphitheaters sitzt ein gutes Dutzend Personen an einem Tisch, der auf einem Podest steht und in helles Licht getaucht ist. Ich schlüpfe zwischen zwei Stuhlreihen durch und ducke mich mit klopfendem Herzen hinter eine Lehne. So kann ich, gut versteckt, einer von Roland Dumas vorzüglich vorgetragenen Replik auf eine Stellungnahme des amerikanischen Amtskollegen James Baker beiwohnen. Als sie den Saal verlassen, eile ich zu Roland Dumas.

›Sie hier? Was machen Sie denn?‹

Ohne auf meine Antwort zu warten, flieht er, wie immer in Eile.«

Christine bemüht sich, den Außenminister zu sprechen, doch sein Terminkalender ist übervoll, keine Minute frei. Da fällt Christine eine Kriegslist ein. Die Metropolitan Opera eröffnet die Saison mit dem *Rosenkavalier* von Richard Strauss, dirigiert von Carlos Kleiber. Sie besorgt zwei der unendlich teuren Karten, und Opernliebhaber Dumas, der in seiner Jugend selbst Sänger werden wollte, verspricht, zur Aufführung zu kommen. In der Pause bummeln sie über den Platz vor der Oper. Dumas entspannt sich, sie erklärt ihm den Grund ihres Abstechers nach New York und die Bedeutung eines Besuches des Staatspräsidenten in besagtem Emirat.

Dumas fragt: »Wie lange bleiben Sie?«

»Bis Sie eine Entscheidung herbeigeführt haben.«

Zwei Tage später klingelt das Telefon in Christines Hotelzimmer. »Bravo, kleiner Soldat«, sagt eine ihr wohlbekannte

Stimme. »Du hast gewonnen. Du kannst nach Hause fahren.«

Elf konnte nach dem Besuch Mitterrands in besagtem Emirat einen gigantischen Vertrag abschließen, und Christine meinte, schon allein dafür habe sie eine lebenslängliche Rente ihres damaligen Arbeitgebers Elf Aquitaine verdient. Dabei wurde sie von Sirven mit Geld zugeschüttet. Sie erhielt eine Kreditkarte, die sie monatlich mit bis zu 200 000 Franc, knapp 30 000 Euro, für Kleidung, Schmuck, Restaurantbesuche und sonstige private Ausgaben belastete.

Christines Beziehung mit Elf Aquitaine endete tragisch. Nach einem weiteren Regierungswechsel erhielt das Unternehmen einen neuen Chef, der griff hart durch. Man stellte fest, dass viele Millionen auf ein Konto in der Schweiz geflossen waren, angebliche Kommissionen Christines. Elf-Chef Le Floch-Prigent, Alfred Sirven und sie wurden wegen Unterschlagung angeklagt und mussten ins Gefängnis.

Um nicht belastet zu werden, distanzierte sich Roland Dumas von seiner ehemaligen Maîtresse. Ihm wurde vorgeworfen, Christine habe mit dem Geld von Elf ein paar handgemachte Schuhe für ihn bezahlt. Hatte sie nicht. Seine Beziehung zu ihr reduzierte er bei dieser Gelegenheit auf die kurze, aber vielsagende Formel: »Ich habe niemals weder einen Anzug bei ihr gelassen noch ein paar Schuhe. Sie war nur eine Maîtresse.«

Aus Rache schrieb Christine das Buch von der Hure der Republik. Darin schildert sie unter anderem, wie ihr nach einer Steuerprüfung die Aufforderung zu einer hohen Nachzahlung ins Haus flatterte. Der Außenminister schrieb dem zuständigen Finanzminister daraufhin einen Brief, und der kümmerte sich flugs darum. Dumas wird später bereut haben, dass er das Antwortschreiben von Michel Charasse seiner Maîtresse als Zeichen seiner Zuneigung überlassen hatte. Denn bei einer Hausdurchsuchung fiel es der Justiz in die Hände. Charasse hatte Druck auf die Finanzbehörden ausgeübt und Dumas anschließend mitgeteilt, die Verwaltung könne auf einen Teil der Steuerforderungen verzichten.

In Paris bleibt nichts geheim.

Die politische Polizei spionierte das Leben der Maîtresse des Außenministers aus und meldete dem Innenminister in einem mehrseitigen Bericht, dass in der Wohnung von Christine Deviers-Joncour ein mondänes Treiben herrsche; bei großen Abendeinladungen kämen hohe Politiker, Wirtschaftsführer und lustige Frauen zusammen. Der Innenminister wird, weil das in Paris üblich ist, dem Außenminister eine Kopie geschickt haben.

Christine wusste nicht nur über die Observationen Bescheid, sondern auch, dass der Auftrag dazu vom Amt des Staatspräsidenten erteilt worden war – und dass dabei nichts Belastendes herausgekommen war.

Solche Berichte werden *notes blanches* – weiße Berichte genannt, weil sie ohne Briefkopf und ohne Unterschrift verfasst werden. Niemand soll wissen, woher sie stammen und wer sie geschrieben hat. Sie werden automatisch dem Polizeipräfekten und über ihn dem Innenminister zugeleitet. Der kann damit dann Politik machen.

Die Geheimpolizei wird nicht nur eingesetzt, um herauszufinden, welche Politiker welche Maîtressen unterhalten, sondern auch, um persönliche Rechnungen zu begleichen. So schilderte die Maîtresse eines ehemaligen gaullistischen Ministers unter dem Pseudonym Mathilde im Frauenmagazin *Marie Claire*, wie ein befreundeter Abgeordneter ihr das

Geheimdossier über ihren Liebhaber, den Minister, zukommen ließ, um ihr zu beweisen, dass er noch weitere Geliebte habe. »Diese vertraulichen Akten«, so schilderte es Mathilde, »basierten auf *blancs*, anonym gehaltenen Agentenberichten, in denen die Chauffeure jeden Abend minuziös das Kommen und Gehen ihrer Minister festhielten.«

Der in Frankreich sehr bekannte Investigativjournalist Jean Montaldo erzählt, eines Tages habe er mit Innenminister Charles Pasqua Kaffee getrunken. »Da liest er mir einen Auszug aus einem Bericht vor, wonach ein Mitglied der Regierung nachts im Bois de Boulogne in Netzstrümpfen aufgegriffen wurde.« Nun tummeln sich im Bois de Boulogne Sexanbieter aller Art, von einfachen Nutten und Strichjungen bis hin zu Transsexuellen und Perversen. Halb ernst, halb schelmisch fragte der Minister den Journalisten: »Was würdest du an meiner Stelle tun?« – »Willst du dir einen Freund oder einen Feind machen?«, fragte Montaldo zurück. »An deiner Stelle würde ich mir von der Polizei die Netzstrümpfe geben lassen, dann würde ich sie dem Betroffenen überreichen und mir mit dieser kleinen Geste einen Verbündeten fürs Leben schaffen.«

Jahre später wurde der Minister, der Netzstrümpfe trug, mit einem minderjährigen Jungen in der Tiefgarage des Centre Pompidou erwischt. Wieder sorgte eine gute Fee dafür, die Affäre zu vertuschen.

In Frankreich wissen viele Journalisten über die Liebschaften der Politiker Bescheid, doch man deckt gern den Mantel der Diskretion und des Schweigens darüber.

Die journalistischen Sitten haben sich ein wenig gelockert, seit Nicolas Sarkozy während seiner Zeit als Minister damit begann, sein Privatleben und die Ehe mit Cécilia samt ihren

Krisen in allen Zeitungen auszubreiten. Die ganze Nation nahm Anteil an seiner Trennung und Scheidung und der Suche nach einer neuen Frau. Kaum hatte er Carla Bruni erobert, trat er mit ihr vor einer bestellten Meute von Journalisten in Disneyland bei Paris auf.

Von da an wurde das Liebesleben führender Politiker bis hinauf zum Präsidenten immer häufiger als eine öffentliche Angelegenheit betrachtet. Kein Wunder, dass eines Tages ein Magazin die berühmten Fotos von Präsident François Hollande auf dem Motorroller zeigte: Er verlässt gerade seine Geliebte, von deren Existenz bis dahin niemand in der Öffentlichkeit etwas wusste. Allerdings setzte es dafür auch scharfe Kritik. In der sonst für Enthüllungen bekannten Satirezeitschrift *Le Canard enchaîné* wurde der Eingriff in das Privatleben Hollandes verurteilt: Ein Journalist habe im Schlafzimmer eines Politikers nichts zu suchen.

Der Journalist braucht ja über das Schlafzimmer nicht zu schreiben. Dennoch kann das Kopfkissen ein nützliches Werkzeug bei seiner Recherche sein. Die renommierte Journalistin Michèle Cotta, die für die wichtigsten Zeitschriften schrieb, Chefin von Radio France war und Informationsdirektorin beim Fernsehen, hat ihre eigene Theorie über Politiker und deren Sexualleben: »Selbst wenn sie am Boden liegen, geschlagen, vernichtet, steigen Politiker immer wieder in den Sattel und verjüngen sich nach einer Niederlage. Wenn sie den Gipfel erreichen, sind sie Wesen besonderer Art: Die Verführung ist ihr Motor, und die Frauen sind ihr Adrenalin.«

Michèle Cotta muss es wissen. Als sie zwanzig war und an der Eliteschule Sciences Po studierte, holte der damals vierzigjährige Senator François Mitterrand sie manchmal ab.

Das Verhältnis ermöglichte ihr einen ersten journalistischen Erfolg. Denn nach einem fragwürdigen, weil möglicherweise inszenierten Attentat auf Mitterrand, das große Wellen schlug, erhielt sie als Erste ein Interview mit ihm. Schon war sie berühmt. Später wird sie Mitterrand zu seinen Liebschaften fahren und so 1974 auch als Erste exklusiv erfahren, dass er für die Präsidentschaft kandidieren wird.

Apropos Kopfkissen: Mitte der sechziger Jahre gründeten die Journalistin Françoise Giroud und der erfolgreiche Essayist und Journalist Jean-Jacques Servan-Schreiber, kurz JJSS (sprich: schi-schi-ess-ess), nach dem Vorbild des amerikanischen Magazins *Time* ein politisches Wochenmagazin, das sie *L'Express* nannten. Zur Mannschaft der ersten Stunde gehörten drei bildhübsche Frauen, noch unter dreißig, die JJSS auf eine Idee brachten. Weil sie Farbe und Grazie in die Machowelt der Politik tragen würden, versetzte er sie in die politische Redaktion. Sie sollten als schlagkräftige Waffe eingesetzt werden, um Klatsch und vertrauliche Informationen zu sammeln. Wenn es sein musste, so die Anweisung des Chefs, auch unter dem Kopfkissen.

Die drei jungen Frauen, die für das »Charme-Kommando« ausgesucht wurden, waren nicht nur reizend anzusehen, sondern auch intelligent und witzig. JJSS teilte ihre Arbeitsgebiete auf.

Catherine Nay, eine von ihnen, schilderte das Gespräch mit JJSS so:

»Verstehen Sie etwas von Politik?«

»Nein.«

»Sehr gut, Sie kümmern sich um die Gaullisten. Auf der Rechten gibt es nur zwei interessante Typen: Giscard und Chalandon. Also los!«

Während Catherine Nay solchermaßen auf das rechte Lager losgelassen wurde, bekam Michèle Cotta das linke und Irène Allier das Zentrum als Jagdgebiet zugeteilt.

Ihren ersten Auftritt im Parlament absolvierten Cotta und Nay gemeinsam. Michèle Cotta trug ein Kostüm mit roter Hose, Catherine Nay, eine junge Frau mit auffallend langen Beinen, kam im Minirock. Die Abgeordneten rieben sich die Augen, es kam zu tumultähnlichen Szenen, die Saaldiener wurden nervös. Nur der Präsident der Volksversammlung, Jacques Chaban-Delmas, dafür bekannt, dass er vor keiner schönen Frau die Augen niederschlug, bewahrte den Überblick: »Lasst sie in Ruhe!«

Jahrelang arbeiteten die beiden Journalistinnen zusammen. Einmal in der Woche trafen sie sich zum Abendessen, um ihre Jagderlebnisse auszutauschen. »Die Abgeordneten wollten lieber mit uns als mit den Männern sprechen«, erzählt Michèle Cotta. Die Beziehungen wurden normalerweise beim Mittagessen geknüpft. Nur einmal im Monat mittwochs und den ganzen Juli über kamen auch Einladungen zum Abendessen. Einmal im Monat mittwochs fand das Dîner des vornehmen Clubs Le Siècle statt, da hatten die Abgeordneten zu Hause eine Ausrede, und im Juli waren die Ehefrauen mit den Kindern im Urlaub.

Kein Journalist war so gut informiert wie die drei Frauen vom *Express*.

»Wir waren glücklich«, sagt Michèle Cotta in der Rückschau. »Aber es klappte nicht immer so, wie Servan-Schreiber es wollte. Wir haben nicht genau die Männer verführt, auf die wir angesetzt waren.«

Catherine Nay wird sich schließlich in Albin Chalandon, mehrfach Minister in rechten Kabinetten, verlieben und mit ihm zusammenleben, obwohl er sei 1951 mit Prinzessin Salome Murat verheiratet war und drei Kinder mit ihr hatte. Michèle Cotta machte sich an den Sozialisten Pierre Mauroy ran, der später erster Premierminister unter Staatspräsident François Mitterrand wurde und sie 1981 nach gewonnener Wahl zur Intendantin von Radio France ernannte.

Nach Mauroy habe sie sich eigentlich Michel Rocard als nächstes Opfer vornehmen wollen, erklärt Michèle Cotta ihren Mitstreiterinnen. Sie sei dann aber dem Charme von Jacques Chirac verfallen, zu jener Zeit Bürgermeister von Paris, und das führte zu einer besonders delikaten Situation.

Im Präsidentschaftswahlkampf 1988 kam es zur Stichwahl zwischen dem amtierenden Präsidenten François Mitterrand und seinem Herausforderer Jacques Chirac. Mit beiden hatte Cotta zu unterschiedlichen Zeiten eine Beziehung. Unter Mitterrand war sie mit wichtigen Ämtern betraut worden, unter anderem mit der Leitung der Hohen Behörde für audiovisuelle Kommunikation. Als der Gaullist Jacques Chirac 1986 Premierminister wurde, jagte er sie aus dem Amt mit den Worten: »*Cocotte, dégage* – Süße, hau ab!«

Es hatte sich inzwischen eingebürgert, dass vor der Stichwahl die beiden Kandidaten zu einem Streitgespräch im Fernsehen antreten. Das Datum wurde festgelegt, der Fernsehsender, die Uhrzeit, doch wer sollte moderieren? Ein Mann und eine Frau. Man ging die alphabetische Liste der Prätendenten durch. Bei den Männern stand Duhamel, Alain an erster Stelle. So sollte es sein. Bei den Frauen begann die Liste mit Cotta, Michèle. So sollte es sein. Und so kam es, dass die Journalistin das Gespräch zwischen ihren beiden ehemaligen Liebhabern moderierte.

Ich habe die Sendung damals gesehen: Cotta moderierte

fair und ausgeglichen. Keiner kam besser dabei weg als der andere. Aber Mitterrand gelang es, Chirac zu provozieren, sodass dieser die Contenance verlor – und dann auch die Wahl.

Liebe im Élysée

Für die Franzosen steht der Staatspräsident an oberster Stelle, ganz gleich, um was es geht. Denn der Staatspräsident verkörpert Frankreich, die Republik, das Land, seine Geschichte und Kultur, kurz die französische Zivilisation. Und auch was die Liebe betrifft, setzen die Präsidenten nur eine jahrhundertealte Tradition fort.

Frankreichs Könige hielten sich ihre Maîtressen ganz offiziell. Der Sonnenkönig Ludwig XIV. heiratete aus politischen Gründen Maria Theresia von Spanien, hatte aber eine lange Reihe Favoritinnen, darunter seine erste offizielle Maîtresse, Louise de La Vallière, mit der er mehrere Kinder hatte, von denen zwei überlebten. Mit Madame de Montespan zeugte er sieben Kinder, die von Madame de Maintenon als Gouvernante erzogen wurden, jener Madame de Maintenon, die er nach dem Tod von Königin Maria Theresia heimlich heiratete.

Ludwig XV. hatte fast jährlich wechselnde Favoritinnen, darunter auch eine Lucie-Madeleine d'Estaing, weshalb der spätere Präsident Valéry Giscard d'Estaing gern erzählte, er sei mit Ludwig XV. verwandt. Es war aber bloß Wichtigtuerei, denn Giscard war nicht adlig, vielmehr hatte sich sein Vater durch einen Trick den Namensteil d'Estaing anfügen lassen.

Die Mauern des Élysée-Palasts könnten viel erzählen. Vor der Revolution wohnte hier Madame de Pompadour, die Haupt-Maîtresse von König Ludwig XV. Der Saal im Erdgeschoss, in dem ihr Bett stand, wird heute noch mit zweideutigem Raunen »Salon Pompadour« genannt.

Mehr als hundert Jahre später hat es den Präsidenten der Republik Felix Faure während eines Schäferstündchens mit seiner Maîtresse, der Frau des Hofmalers Steinheil, im Élysée-Palast dahingerafft. Das war 1899, zu Zeiten der Dritten Republik, und die hat bei den Franzosen keine gute Erinnerung hinterlassen. Sie endete in der Kollaboration mit den Nazis. Auch an die Vierte Republik denkt niemand gern, sie endete fast im Bürgerkrieg um die Algerienfrage. Mit der Fünften Republik kehrte wieder Ordnung ins politische Gefüge Frankreichs ein. Charles de Gaulle organisierte den Staatsapparat neu, die damals verabschiedete Verfassung hat sich als ideales Gerüst für die politische Stabilität des Landes erwiesen. Und »Tante Yvonne« sorgte für die notwendige Zucht in moralischen Angelegenheiten; »Tante Yvonne« war der Spitzname der strengen Madame de Gaulle. Die Auswirkungen ihrer Herrschaft sind noch heute im Élysée zu besichtigen.

Im Amt des Präsidenten war es bis vor kurzem üblich, dass Tag und Nacht ein hoher Mitarbeiter anwesend ist, der die politische Entwicklung genau verfolgt und im Notfall den Präsidenten nachts weckt. Um nun demjenigen, der zur Abend- und Nachtschicht eingeteilt ist, die Verpflichtung ein wenig angenehmer zu gestalten, steht ihm im Westflügel des Élysée ein Appartement mit Wohn- und Schlafzimmer zur Verfügung. Der Brauch will es, dass die Küche, die sonst Staatsbankette zubereitet, am Abend für den Diensthabenden und seine Gäste ein Diner serviert.

Als Gast bei solch einem Abendessen wurde mir jenes Dienstappartement vorgeführt. Dabei fiel mir auf, dass im Schlafzimmer zwei Einzelbetten standen.

»Wieso zwei Betten?«, fragte ich meinen Gastgeber und Freund Jean-Michel Gaillard, Berater von Mitterrand.

»Eins für den Beamten«, antwortete Jean-Michel, »und eines für den Fall, dass seine Ehefrau bei ihm nächtigen sollte. Dass hier zwei Einzelbetten stehen und kein Grand Lit, keine Lotterwiese, dafür hat ›Tante Yvonne‹ gesorgt. Sie wollte keinen Zweifel aufkommen lassen, für wen diese Betten gedacht waren.«

Auch im Amtssitz des Premierministers, dem Hôtel de Matignon in der Rue de Varenne, befindet sich eine solche Dienstwohnung, doch dort herrschen weniger strenge Sitten, wie die Maîtresse unter dem Pseudonym Mathilde in *Marie Claire* zu berichten wusste. »Zwei Jahre war unser Leben aufregend. Mein Geliebter war zum Berater des Premierministers ernannt worden. Ich habe ihn häufig in seinem Büro im Matignon besucht und dort auch ganze Nächte verbracht. Wie eine Angetraute. Er musste alle zwei Monate Nachtdienst schieben … Es war wunderbar, sich in einem dieser Appartements der Residenz zu befinden, mit den Salons, den Schlaf- und Badezimmern. Das Diner oder das Frühstück wurde von Bediensteten mit weißen Handschuhen vor den großen Fenstern mit dem Blick auf den Park aufgetragen.«

Madame de Gaulle ging noch so weit, ihrem Mann zu sagen, wer wegen ehelicher Untreue als Minister nicht infrage kam oder aus dem gleichen Grund nicht zum Diner in den Élysée-Palast eingeladen werden durfte. So wurde Olivier Guichard, ein besonders treuer Anhänger de Gaulles, nicht zum Minister ernannt, da er ein stadtbekanntes Verhältnis mit einer Journalistin pflegte. Pikanterweise konnte jedoch Roger Frey lange Zeit als Innenminister überleben, obwohl er ein Techtelmechtel mit der Frau von Olivier Guichard hatte.

Mit dem Amtsantritt von Valéry Giscard d'Estaing 1974 wurden die Sitten wieder etwas »moderner«. Giscard ist mit der streng katholisch aufgewachsenen Anne-Aymone Sauvage de Brantes verheiratet. Sie spielte die leidende Ehefrau und schwieg.

Als Finanzminister hatte Giscard eine heftige Liebschaft mit einer Fotografin, was auch in Journalistenkreisen bekannt war, denn die Fotografin selbst hatte sich bei einem Fototermin mit Giscard in verräterischer Position aufgenommen und das Bildmaterial an die Redaktion geschickt.

Roland Dumas erzählte mir, dass Giscard aus Liebe zu dieser jungen Frau sogar eine politisch riskante Entscheidung traf. Der mit internationalem Haftbefehl gesuchte Gründer der Black-Panther-Bewegung in den USA, Eldrige Cleaver, war in Frankreich untergetaucht. Dumas kümmerte sich um ihn als Anwalt. Cleaver wechselte fast jede Nacht das Quartier. Eines Tages eröffnete die Fotografin Dumas, Finanzminister Giscard sei ihr Liebhaber, er könne Cleaver politisches Asyl verschaffen. Um ihre Aussage zu belegen, zeigte sie Dumas handgeschriebene Liebesbriefe Giscards.

Es wurde ein Frühstück mit Giscard bei der Fotografin verabredet. Tatsächlich war Giscard da, offensichtlich hatte er bei ihr die Nacht verbracht. Dumas kam mit seinem Mandanten, und Giscard, wohl um vor der Geliebten anzugeben, sagte zu, sich beim Innenminister für Cleaver einzusetzen. Innenminister war damals Jacques Chirac. Giscard schrieb ihm einen Brief und setzte durch, dass Cleaver in Frankreich bleiben konnte. Ein paar Jahre später wird François Mitterrand alles daran setzen, die Fotografin auf der Liste seiner Eroberungen verzeichnen zu können.

Alle Liebschaften Giscards wird man nie aufzählen können, sie füllen ein eigenes Buch. Einmal ist er aufgefallen, weil er morgens mit einem geliehenen Sportwagen einen Milchauslieferer angefahren hat. Natürlich hat die Polizei verschwiegen, dass eine junge Frau dabei war. Er hatte sogar eine Liebschaft mit einer Frau des zentralafrikanischen Diktators Bokassa. Der zeigte später handgeschriebene Liebesbriefe Giscards als Beweise vor. Aber die Presse schwieg – und das nicht nur, weil eine Reihe von Journalistinnen zu den Auserwählten gehörte.

Als ich zu Zeiten von Giscards Präsidentschaft Korrespondent der ARD in Paris war, pflegte ich gute Beziehungen zu Claude Angéli, Chefredakteur des satirischen Blattes *Le Canard enchaîné*. Manchmal führte mich der Heimweg an der Redaktion vorbei. Eines Abends schaute ich wieder einmal rein, da zeigte mit Claude Angéli Fotos von Giscard in kurzen Hosen neben einer sehr attraktiven Frau. Sie standen im Dschungel.

»Was ist das?«, fragte ich ihn.

»Giscard fliegt mit seiner Geliebten ab und zu nach Zentralafrika und lässt sich von Bokassa eine große Jagdhütte geben, wo ihn niemand aufspüren kann.«

»Und die Fotos?«

»Das Mädchen ist ein Callgirl. Die Fotos sind ihre Lebensversicherung.«

Tatsächlich war der Callgirl-Ring, für den sie arbeitete, ein paar Jahre zuvor aufgeflogen, und sie landete im Gefängnis. Bis ihr Anwalt mit den Fotos kam. Rasch war ein Geschäft vereinbart: Im Austausch gegen Bilder und Negative kommt die Frau frei, es gibt keinen Prozess. Jetzt war sie wieder festgenommen worden. Wieder kam der Anwalt – mit Abzügen der gleichen Fotos.

»Und was machst du jetzt mit den Aufnahmen?«, fragte ich.

»Nichts«, sagte Claude Angéli, »das ist seine Privatsache. Wenn sie eine Agentin des Mossad wäre, dann wäre es auch eine Geschichte für uns. Aber so nicht.«

Auf Giscard folgte Mitterrand als Präsident. Als er 1981 ins Élysée einzog, gab es wohl keinen Journalisten, der nicht von dem extensiven Liebesleben des neuen Präsidenten wusste. Weniger bekannt war, dass in Mitterrands Wohnung seit Jahren auch der Liebhaber seiner Frau hauste. Man hatte sich so arrangiert und führte eine Ménage-à-trois. Als Mitterrand Präsident wurde, musste der Hausfreund ausziehen.

Mitterrands Geliebte, mit der er eine Tochter hatte, konnte allerdings auch nicht länger in der Rue Jacob wohnen. Aus Sicherheitsgründen, so sagte man, aber es ging wohl eher um die Geheimhaltung dieses Arrangements. So wurde für Mitterrands Zweitfamilie ein Appartement in einem dem Militär unterstehenden Wohnblock eingerichtet, in dem Mitarbeiter des Élysée wohnten. Dort verbrachte Mitterrand in den folgenden Jahren den größten Teil seines Privatlebens, denn er liebte seine Tochter über alles. Offiziell trat er mit seiner Frau Danielle auf, die ansonsten ihr eigenes Liebesleben führte.

Mitterrands Chauffeur, der ihm 25 Jahre diente, hat in einem Buch die unersättliche Gier des Präsidenten nach immer neuen Beziehungen beschrieben. Manchen seiner ehemaligen Geliebten hielt er die Treue, was schließlich so weit ging, dass er eine sogar zur Premierministerin machte: Edith Cresson. Es wurde ein Desaster. Sie musste schon nach knapp elf Monaten das Amt wieder räumen.

Manche Frauen fühlen sich von der Macht der Männer so geblendet, dass sie von einem zum andern wandern. Das kann dann auch politische Folgen haben. Ohne Scheu erzählt die schöne, der Esoterik zugewandte Animateurin Évelyne Dassas, dass Roland Dumas versucht habe, sie »anzumachen«. Doch sie landete bei Mitterrand. Bald nachdem er Präsident geworden war, brach er die Beziehung ab.

1987 – sie hatte ihn drei Jahre nicht mehr gesehen – bat sie ihn um ein Rendezvous. Das bekam sie.

»Ich habe Mitterrand drei Kristalle als Geschenk mitgebracht, für die drei Jahre ohne ein Wort von ihm. Dann habe ich ihm gesagt: ›Sie wissen sicher, mit wem ich seit einiger Zeit zusammen bin.‹ Er hat mir geantwortet: ›Nein.‹ Ich habe ihm gesagt: ›Mit Michel Rocard‹.«

Das war mutig. Denn kaum einen Politiker der Linken hasste Mitterrand mehr als Rocard, in dem er seinen ärgsten Konkurrenten um die Macht witterte. 1988 stand seine Wiederwahl zum Präsidenten an. Die konnte durch eine Kandidatur Rocards gefährdet werden.

Évelyne Dassas wollte Rocard helfen. So sagte sie zu ihrem ehemaligen Geliebten: »Michel Rocard ist nicht so, wie Sie ihn sehen. Sie müssen ihn wie einen Sohn betrachten. Er wird sich nicht gegen Sie um das Amt des Präsidenten bewerben, aber er sollte dann Premierminister werden.«

Ihren Worten zufolge habe Mitterrand geantwortet: »Verstanden, Évelyne, ich werde mit ihm reden.« Und angeblich hat er das auch gleich am nächsten Tag getan. Wie auch immer, nach seiner Wiederwahl hat Mitterrand Rocard zum Regierungschef ernannt.

Zur Schilderung dieses Treffens befragt, antwortete Rocard: »Ich weiß nicht, ob es stimmt. Wenn sie mich vorher gefragt hätte, hätte ich ihr davon abgeraten.« Der Bürochef von Premierminister Rocard, Jean-Paul Huchon, bestätigte mir später, dass Évelyne Dassas durchaus in das politische Geschehen eingegriffen habe: »Eine Zeit lang haben Mitterrand und Rocard nicht miteinander gesprochen, und Évelyne liebte es, den Zwischenträger zu spielen.«

Auf Mitterrand folgte Chirac, der in Liebesdingen vielleicht sogar noch aktiver war als sein Vorgänger – aber auch unvorsichtiger. Auch sein Chauffeur, Jean-Claude Laumond, hat ein Buch geschrieben. Man habe seinen ehemaligen Chef *»Monsieur dix minutes, douche comprise* – Monsieur zehn Minuten, Dusche inklusive« genannt. So schnell habe er bei manchen Rendezvous wieder im Fonds gesessen.

Als ich das las, erinnerte ich mich an den Staatsbesuch von Präsident Jacques Chirac in Berlin im Juni 2000. Bundeskanzler Gerhard Schröder gab ihm und seiner Frau zu Ehren ein offizielles Bankett. Auch ich war eingeladen und wurde rechts neben Madame Chirac platziert, wahrscheinlich weil das Protokoll davon ausging, ich würde sie auf Französisch unterhalten können. Tischherr von Madame Chirac war der Bundeskanzler. Zuerst fragte sie mich, wie viele Kinder Schröder habe.

»Keins«, antwortete ich.

»Aber ich habe doch so viele Fotos gesehen, wo er mit seinen verschiedenen Frauen und vielen Kindern zu sehen ist.«

»Ja, aber das sind die Kinder der Frauen aus anderen Beziehungen.«

»Dann muss er kurz vor der nächsten Wahl ein Baby von Doris bekommen. Dann gewinnt er sicher.«

»Das müssen Sie ihm sagen.«

Sie wollte nicht, ich beugte mich vor und sagte es Gerhard Schröder. Er lachte und antwortete: »Madame, ich bin so viel unterwegs, ständig auf Reisen.«

Da entgegnete Bernadette Chirac in ihrer trockenen Art: »Dafür braucht man nicht viel Zeit.«

»Madame, ich rufe Sie als Erste an, wenn es so weit ist«, scherzte Schröder zurück.

Das Gespräch zwischen der *Première Dame* Frankreichs und mir konzentrierte sich dann auf das Familienleben Schröders. Ich erzählte ihr, wie streng die Deutschen mit ihrem Kanzler umgingen und wie schwer sie ihm das Leben machten. Wenn er mit seiner Frau und der Tochter am Wochenende ins Schwimmbad fahre, müsse er, falls sie in seinem gepanzerten Dienstwagen mitfahren, für jedes Familienmitglied Kilometergeld bezahlen. Sie schüttelte entsetzt den Kopf. So etwas wäre in Frankreich tatsächlich unvorstellbar.

Madama Chirac litt unter der Untreue ihres Mannes. Sie stammt aus einer alten Familie, aus der hohe Militärs, Diplomaten, Finanziers und Industrielle hervorgegangen waren. Doch die Chiracs gehören wie die Mitterrands und die Giscards zur *vieille France,* da lässt man sich nicht scheiden. Man kann sich anders arrangieren, meinte Mitterrand, als er hörte, sein Premierminister Chirac habe sich so unsterblich verliebt, dass er sich scheiden lassen wolle.

Als Premierminister hatte Chirac sich eine besondere Telefonleitung legen lassen, die nur für seine Freundin reserviert war, und ihr eine Wohnung in der Nähe des Hôtel de Matignon besorgt, damit er immer mal auf einen Sprung bei der jungen Dame vorbeischauen konnte. Doch als er anfing, von Scheidung zu sprechen, wurde er von seinen politischen Beratern unter Druck gesetzt. Und von seiner Frau: Ohne sie sei er nichts, drohte sie, und wenn er sich scheiden lasse, werde er nie Präsident werden.

Nun träumt jeder französische Politiker davon, spätestens wenn er einmal Minister war, erst recht als Premierminister, eines Tages das höchste Amt im Staat zu bekleiden. Auch Chirac. Er gab sich geschlagen und trennte sich von der Geliebten. Die Verstoßene tauchte später im Umfeld von François Mitterrand auf.

Chiracs Chauffeur stand unter mächtigem Druck. Zum einen wollte Bernadette ständig von ihm wissen, wo er ihren Mann hinfuhr, was der Chauffeur aus guten Gründen verschwieg. Zum andern musste Monsieur Laumond die Organisation der Treffen übernehmen, was besonders am Anfang einer neuen Beziehung zu manchen Komplikationen führte. Chirac hatte viele Freunde, die ihm ihre luxuriösen Villen oder Wohnungen diskret zur Verfügung stellten. Darunter waren sowohl der Präsident des Senegal, Abdou Diouf, als auch der Staatschef von Gabun, Omar Bongo, die in Paris großzügige Wohnungen und Stadthäuser besaßen.

1997 ließ sich ein nächtlicher Ausflug von Jacques Chirac allerdings nicht verheimlichen. Er führte fast zu einer Staatskrise.

In der Nacht vom 31. August döste der Chauffeur von Staatspräsident Jacques Chirac in der Nähe der Wohnung der italienischen Schauspielerin Claudia Cardinale in seiner

Limousine vor sich hin. Sie wohnte am Boulevard Henri IV, nicht weit von der Opéra Bastille.

Der Chauffeur kam häufig vorbei, um »Blumen und Briefe abzugeben«, so sagt er. Manchmal vergaß er den Geheimcode, den man eingeben muss, damit sich die Eingangstür öffnet. Dann erkundigte er sich beim Patron des Geschäfts nebenan, der mit einem Augenzwinkern sagte: »Ich weiß doch genau, wer Sie sind, deshalb gebe ich Ihnen den Code.«

Die Diva des italienischen Films hatte Chirac verzaubert. Er verbrachte ganze Abende bei ihr. Als der Präsident nun am 31. August gegen drei Uhr nachts ihre Wohnung verließ, fand er seinen Chauffeur am Rande des Nervenzusammenbruchs. Zweieinhalb Stunden zuvor war der von Paparazzi verfolgte Wagen von Lady Diana in der Unterführung beim Pont de l'Alma verunglückt. Lady Diana lag im Sterben, und die ganze Republik suchte den Staatspräsidenten.

Jean-Claude Laumond war durch einen Anruf über das Autotelefon geweckt worden. »Wo ist der Präsident?«, wollte der Beamte aus dem Élysée-Palast wissen. Der Chauffeur wich aus und reagierte auch nicht, als wenig später der Polizeipräfekt von Paris anrief. Prinz Charles käme nach Paris, die gesamte Weltpresse sei auf den Beinen, nur der Präsident sei nirgendwo zu finden.

Schließlich nahm Innenminister Jean-Pierre Chevènement allen Mut zusammen und rief Chiracs Ehefrau Bernadette an: »Wir suchen den Präsidenten in aller Dringlichkeit, Madame.« – »Woher soll ich wissen, wo er sich um diese Uhrzeit rumtreibt«, antwortete Bernadette Chirac mit aller Schärfe und legte auf.

Von seinem Chauffeur in aller Kürze über die Ereignisse unterrichtet, sprang der Präsident sofort in den Wagen und gab Order, so schnell wie möglich zum Unglücksort am Pont de l'Alma zu fahren.

Anfang des neuen Jahrhunderts hatten die Franzosen *la vieille France* satt. Nicht etwa, dass sie sich an den Maîtressen stießen, sondern an der Art, wie Präsidenten intakte Ehen vorgaukelten und sich derweil anderweitig vergnügten. Jetzt wollten sie Personen an der Spitze, die offener damit umgingen und ein weniger bigottes Leben führten.

Das erkannte als einer der Ersten Nicolas Sarkozy. Er versprach den Franzosen im Wahlkampf 2007 *la rupture*, den Bruch mit den alten Gewohnheiten der *vieille France*.

Nicolas Sarkozy wurde gewählt. Und als er in das Amt des Staatspräsidenten eingeführt wurde, brach er gleich mit dem ersten Tabu. Yvonne de Gaulle, Claude Pompidou, Anne-Aymone Giscard d'Estaing, Danielle Mitterrand – sie alle hatten nicht an der Zeremonie der Machtübergabe teilgenommen, Bernadette Chirac hatte sich diskret im Hintergrund gehalten. Jetzt nahm zum ersten Mal in der Fünften Republik nicht ein vom Volk gewählter Politiker den Élysée-Palast in Besitz, sondern ein Paar, ein modernes Paar. Noch dazu eine Patchworkfamilie. Das war der Bruch mit der verstaubten Vergangenheit, den Sarkozy im Wahlkampf versprochen hatte.

Zwanzig Jahre hatten Nicolas und Cécilia gemeinsam daran gearbeitet, irgendwann einmal Hand in Hand über den roten Teppich die Treppen zum Präsidentenpalast zu erklimmen. Nun war es so weit. Sie rückte ihm die Krawatte zurecht, er streichelte ihre Wange und ließ von der *Garde républicaine* eine Komposition von Asturias spielen, dem Großvater von Cécila Sarkozy. Nur hatte die Sache einen kleinen Schönheitsfehler: Ganz Frankreich wusste, dass sie ihn zwei Jahre zuvor wegen eines anderen verlassen hatte.

Nicolas hatte alles für Cécila getan. Als er Finanzminister war, bekam sie als seine Beraterin ein eigenes Büro im Ministerium. In der Partei, deren Vorsitzender er war, wurde ihr ebenfalls ein eigenes Amtszimmer zur Verfügung gestellt. Als er Innenminister war, saß sie im Arbeitszimmer gleich nebenan.

Dann verließ sie ihn für einen anderen, kam kurz vor seiner Wahl wieder, ging aber am entscheidenden Tag nicht wählen.

Der Präsident unternimmt nun alles Mögliche, um die untreue Cécilia an seiner Macht so zu beteiligen, dass sie den Eindruck haben kann, auch ein bisschen Präsident zu sein. Er schickt sie auf eine internationale Mission nach Libyen, um dort auftreten zu können, als habe sie Gaddafi seit langem in Libyen festgehaltene bulgarische Krankenschwestern entrissen. In Wirklichkeit war die Lösung von der EU und auch vom deutschen Außenminister Frank-Walter Steinmeier längst vorbereitet worden.

Und damit Cécilia Sarkozy, *Première Dame de France,* sich auch privat nicht den geringsten Zwang auferlegen muss, erhält sie eine auf den *Trésor public,* das französische Schatzamt ausgestellte Kreditkarte. Auch das hat es in der Geschichte der französischen Republik noch nie gegeben, wie der Abgeordnete René Dosière in einer Anfrage im Parlament bemerkt. Er beklagt nicht nur die fehlende rechtliche Grundlage, sondern auch die Tatsache, dass die Kreditkarte offenbar nicht einmal limitiert ist und auch niemand die Ausgaben kontrolliert, »weder der Rechnungshof noch das Parlament«.

Schließlich ist Cécilia weg, endgültig. Und Sarkozy beginnt die Suche nach einer Neuen an seiner Seite. Mit der einen wird er bei Ikea fotografiert, als sie Möbel für das geplante neue Heim aussuchen, aber dazu kommt es dann nicht. Der Nächsten verschafft er die prominente Stelle als Moderatorin der Abendnachrichten beim meistgesehenen Fernsehsender. Aber auch diese Beziehung dauert nicht. Jedes Detail seines Liebeslebens führt Sarkozy den Franzosen öffentlich vor, bis sie es nicht mehr ertragen.

Im Dezember 2007 lässt sich Nicolas Sarkozy mit einer neuen Flamme und deren kleinem Sohn in Disneyland bei Paris von einer Pressemeute begleiten und ablichten. Sie ist eine Berühmtheit: das Model Carla Bruni. Wenige Tage später fährt er mit ihr und dem Sohn nach Ägypten in einen Kurzurlaub. Wieder begleitet von einer Pressemeute. Er trägt ihren Sohn auf den Schultern (der sich die Augen zuhält, um nicht fotografiert zu werden), sie geht bauchfrei in einem Land, dessen Kultur solch lockere Kleidung nicht schätzt. Die Presse ist glücklich, Ausgaben mit dem Paar auf dem Titel verkaufen sich besonders gut. Aber die Zustimmungswerte für den Präsidenten sinken innerhalb eines Monats um zehn Prozentpunkte. Und das, obwohl er schon sehr unbeliebt ist.

Kennengelernt hatte das Paar sich bei einem kleinen persönlichen Abendessen, das der französische Werbepapst Jacques Séguéla, der einst die Wahlkämpfe von Valéry Giscard d'Estaing und François Mitterrand konzipiert hatte, für den sich einsam fühlenden Präsidenten ausrichtete.

Auch Carla Bruni kam. Sie hatte Séguéla gefragt, ob er nicht jemanden kenne, der »frei« sei. Jetzt fand sie sich links neben dem Präsidenten sitzend wieder. Die beiden sagten später, ein *coup de foudre* habe sie getroffen, ein Liebesblitz. Sie unterhielten sich so intensiv, dass die übrigen fünf Gäste zu Zaungästen eines Spektakels wurden. »Zwei Jäger haben sich da getroffen«, wird Karl Lagerfeld später sagen. »Er hat viele Frauen verführt, und sie war eine Art Verführerin.«

Von ihm wusste man, dass er vor keinem Rock haltmachte; sogar mit der Tochter Claude von Präsident Jacques Chirac hatte er eine öffentlich bekannte Beziehung unterhalten.

Noch häufiger aber fand sich Carla Bruni in der Klatschpresse wieder. Sie entstammte einer reichen italienischen Industriellenfamilie; allerdings war sie ein Kuckuckskind, hervorgegangen aus dem Verhältnis ihrer Mutter mit dem Sohn ihres brasilianischen Liebhabers. Die Familie war aus Angst vor dem Terrorismus der Roten Brigaden nach Paris gezogen. Carla Bruni wurde Model, begann Chansons zu singen – und Berühmtheiten zu sammeln. Sie lebte mit Eric Clapton zusammen, der, so schrieb er in seinen Memoiren, Mick Jagger anflehte, sie ihm nicht wegzunehmen, doch der hielt sich nicht daran. In Paris unterhielt sie ein Verhältnis mit Laurent Fabius, dem ehemaligen Premierminister unter François Mitterrand, aber auch mit Schauspielern und Autoren wie Patrick Besson, der ihr später einen satirischen Roman widmete, *La mémoire de Carla*.

Es gibt zwei weitere Schlüsselromane, in denen Carla Bruni nicht besonders gut abschneidet. Der eine, *Rien de Gave – Nicht so tragisch*, stammt von Justine Lévy, der ältesten Tochter des Philosophen Bernard-Henri Lévy. Ihr Mann, Raphaël Enthoven, hatte sie wegen Carla Bruni verlassen, mit der er dann auch ein Kind zeugte. Angeblich soll Carla auch mit Enthovens Vater ein Verhältnis gehabt haben, der später ebenfalls ein Buch veröffentlichte, in dem er die *Première*

Dame als kalt und berechnend porträtierte: *Ce que nous avons eu de meilleur.*

Nun also turtelten Carla und Nicolas.

Einer Reporterin von *Vanity Fair* erzählte Carla, dass sie ihrem neuen Freund, dem Präsidenten, die Nacktfotos, die Helmut Newton und andere von ihr gemacht hatten, im Internet selbst gezeigt habe, bevor jemand ihn darauf ansprechen konnte. Er habe sympathisch und verständnisvoll reagiert. Bei einem Aktfoto bat er sogar: »Kann ich davon einen Abzug haben?«

In einem anderen Interview bekannte sie: »Monogamie langweilt mich zu Tode. Ich ziehe Polygamie und Polyandrie vor.« Das wurde vom Boulevard genüsslich aufgespießt und beherrschte tagelang sämtliche Medien. Mit der Trennung von Privatleben und Öffentlichkeit war es endgültig vorbei, als sich Carla im Abendkleid auf dem Dach des Élysée fotografieren ließ – in Modelpose! Ein Sakrileg!

Sarkozy machte Carla bald einen Heiratsantrag. Zu diesem Anlass schenkte er ihr einen Ring, der dem ähnelte, den er bei gleicher Gelegenheit Cécilia an den Finger gesteckt hatte. Die Medien interessierten sich jetzt für jedes Detail. Im Februar 2008 gaben sich der Präsident und das Model das Jawort. Carla trug von da an flache Ballerinas, weil sie fast einen Kopf größer ist als er.

Auf den ersten Blick viel unkonventioneller schien das Privatleben von Sarkozys Nachfolger François Hollande. Dieser hatte mit Ségolène Royal, die auf der Eliteschule ENA im gleichen Jahrgang »Voltaire« gewesen war, vier Kinder gezeugt, ohne mit ihr verheiratet zu sein. Sie war Ministerin, sogar Kandidatin für das Amt des Staatspräsidenten. Eines

Tages kam dann heraus, dass François schon lange ein Verhältnis mit der Journalistin Valéry Trierweiler hatte. Also raus bei Ségolène, rein bei Valéry. Trauschein? So spießig sind wir doch nicht.

2012 wurde Hollande zum Präsidenten gewählt. Sein Motto: Er wolle ein ganz normaler Präsident sein. Also jemand wie du und ich. Aber wie nennt man nun die unverheiratete Lebenspartnerin? *Première Dame* geht ja wohl nicht.

Was damals nur ein Gerücht war: François hatte schon lange ein Verhältnis mit der Schauspielerin July Gayet. Dementi! Bis ein Paparazzo die Aufnahmen von dem Mann auf dem Motorroller machte. François Hollande trennte sich per Pressemeldung, die verlassene Valéry Trierweiler revanchierte sich mit einem ganzen Buch: *Merci pour ce moment – Danke für diesen Augenblick.* Hunderttausende von Exemplaren wurden verkauft, weil sie boshaft über ihn schrieb. Zum Beispiel habe er arme Menschen »Zahnlose« genannt. Hollandes ohnehin schon niedrige Umfragewerte gingen noch weiter in den Keller. Daraufhin hat er sich auf eine gute französische Tradition besonnen: die Diskretion. Es gehe niemanden etwas an, wie es in einem selbst aussehe. Auch den meisten Franzosen war die Ausbreitung des Liebeslebens ihrer Politiker inzwischen doch zu viel *rupture*.

Erst im Wahlkampf 2017 kommt ein neuer Skandal ans Licht. Es geht dabei nur indirekt um die Liebe, in der Hauptsache geht es ums Geld. Die satirische Wochenzeitung *Le Canard enchaîné* veröffentlicht eine Reihe von Artikeln unter der Kopfzeile: »Penelope: Ich hab doch gar nichts getan!«

Penelope ist die Frau des Präsidentschaftskandidaten François Fillon, der im November 2016 die Mitgliederbefragung der Republikaner so bravourös gewann, dass alle Umfragen ihn schon als nächsten Präsidenten sahen. Frankreichs Wähler, die ihre politische Kaste für korrupt halten, waren begeistert von Fillon, der als konservativer Saubermann für eine saubere Politik stehen wollte.

Doch dann enthüllte der *Canard enchaîné*, dass Fillon seiner Frau über Jahre hinweg ein staatliches Gehalt von knapp 900 000 Euro zugeschanzt und auch zwei seiner Kinder mit staatlichen Zuwendungen belohnt hatte. Sie sei seine Assistentin gewesen, als er Abgeordneter war, sagte er. Aber der *Canard enchaîné* hatte ein bisschen recherchiert und legte Penelope die Worte in den Mund: »Ich hab doch gar nichts getan!« In der Tat hatte niemand sie je arbeiten sehen für das horrende Gehalt, und in einem Interview einige Jahre zuvor hatte sie selbst gesagt, sie habe mit seiner politischen Arbeit nicht das Geringste zu tun.

Fillon stürzte erst einmal in den Umfragen ab, 77 Prozent der Franzosen hielten ihn für korrupt. Kommentatoren fragten, ob es nicht endlich an der Zeit sei, eine gesetzliche Regelung für eine klare Trennung zwischen Amt und Familie zu schaffen. Damit rührten sie an ein heikles Thema.

François Mitterrand hatte einen Sohn als Berater im Élysée angestellt und seine Zweitfrau Anne Pingeot mit Tochter Anne auf Staatskosten untergebracht. Ein Dienstwagen mit Leibwächter fuhr seine Tochter in die Schule. Jacques Chirac hatte seine Tochter Claude im Élysée als seine Presseberaterin bezahlen lassen. Für solche Arrangements gab es bisher kein Unrechtsbewusstsein.

Auch im Parlament beschäftigten noch im Jahr 2017 rund 20 Prozent der Abgeordneten Familienmitglieder. Sollte das gesetzlich verboten werden, wird man wohl wieder stärker auf Vitamin B zurückgreifen und persönliche Beziehungen spielen lassen: »Ich stell deinen Sohn ein, du stellst meine Frau ein.« Dieses Prinzip funktioniert in Frankreich immer. Und meist findet sich so auch ein Weg zum Unterhalt der Maîtresse.

Aber vielleicht ändern sich die Zeiten ja doch. »Die Franzosen ertragen die Praktiken des Nepotismus der Regierenden nicht mehr. Verbieten wir Familienverträge, wie es das Europäische Parlament macht«, forderte in *Le Monde* der Kommentator Matthieu Caron, als die Vorwürfe gegen Fillon bekannt wurden: »Beenden wir die Republik der Ehepartner!«

Im Mai 2017 haben die Franzosen nun einen Mann zum neuen Staatspräsidenten gewählt, zu dessen Wahlprogramm die Forderung gehörte, Abgeordnete dürften in Zukunft keine Familienangehörigen mehr auf Staatskosten beschäftigen. Macron ließ alle neuen Kabinettsmitglieder durchleuchten, ob sie sich vielleicht etwas hatten zuschulden kommen lassen. Die Verkündung der Ministerliste wurde deshalb sogar um einen Tag verschoben. Aber offenbar war die Prüfung nicht streng genug gewesen. Schon nach zwei Wochen stellte sich heraus, dass Minister Richard Ferrand in einen zumindest anrüchigen Fall von Vetternwirtschaft verwickelt war, sodass ein Gerichtsverfahren gegen ihn eingeleitet wurde. Der Justizminister François Bayrou musste die Verkündung des neuen Gesetzes über ethisches Verhalten in der Politik ein wenig verschieben.

Der 39-jährige Emmanuel Macron fügt der Bildergalerie der französischen Präsidenten zweifellos eine neue Farbe hinzu. Dabei orientiert er sich ganz offensichtlich an General de Gaulle und interpretiert die Rolle des Präsidenten so, wie der Vater der Fünften Republik es wollte: Der Präsident ist in Wirklichkeit ein Monarch, der die Idee Frankreich verkörpert und in dem sich jeder Franzose spiegeln kann.

Nicht zuletzt hat Macron für seine mehr als zwanzig Jahre ältere Frau Brigitte offenbar eine Rolle vorgesehen, die der von »Tante Yvonne« nicht unähnlich ist. Bereits bei einem Wahlkampfauftritt im Théâtre Antoine in Paris hatte er erklärt, seine Frau werde ihn politisch nicht beraten. Im Élysée-Palast solle wieder Ordnung einkehren. Es werde jedenfalls keine »versteckte« *Première Dame* geben, sagte Emmanuel Macron mit einem kleinen Seitenhieb auf Hollandes Lebensgefährtin Valérie Trierweiler.

Brigitte Macron, eine flotte, moderne Sechzigjährige, hatte ihren Mann während des Wahlkampfes auf Schritt und Tritt begleitet. Und sich dabei bereits in der Rolle von Yvonne de Gaulle geübt, indem sie etwa in Carpentras einen Verein besuchte, der Gewalt gegen Frauen bekämpft, und in Marseilles in die Armenviertel im Norden der Stadt fuhr.

Böse Zungen, von denen es auch im eigenen Lager reichlich gibt, behaupten, der Erfolg ihres Mannes sei ihr zu Kopf gestiegen. Jedenfalls ist nicht zu übersehen, wie stark ihr Einfluss auf ihn ist. Kein Wunder, mag mancher sagen, schließlich war sie ja einmal seine Lehrerin. Er war 17, als er sich in seine fast 40-jährige Französischlehrerin, Mutter von zwei Kindern, verliebte. Sie war von seiner Intelligenz hingerissen, erarbeitete mit ihm zusammen für die Schule ein Theaterstück, aber Emmanuel wurde, weil er sich emotional nicht im Griff hatte, von seinen Eltern erst einmal aus Amiens entfernt und auf das Lyzeum nach Paris geschickt. Damals soll er Brigitte verkündet haben, er käme wieder, um sie zu ehelichen. Als er 29 war und seine Ausbildung mit Bravour abgeschlossen hatte, war Brigitte 53, geschieden, und sie heirateten tatsächlich.

Im Wahlkampf stand sie stets an seiner Seite, hörte seine Reden an und sagte ihm hinterher: »Da warst du viel zu lang, zu ungenau« oder gar »Ich habe mich gelangweilt«. Der mit Macron befreundete Schriftsteller Philippe Besson meint: »Vor drei Jahren hatte sie noch keine Ahnung von der politischen Welt. Sie musste mit Riesenschritten reinwachsen. Und sie ist immer noch verwirrt über die Brutalität in diesem Umfeld.«

Wenn jemand Brigitte Macron auf den Altersunterschied anspricht, reagiert sie in der Regel mit Humor: »Deswegen musste er doch 2017 kandidieren. Stellen Sie sich mal vor, wie ich 2022 aussehen werde!«

2022 findet die nächste Präsidentschaftswahl statt. Und wenn Emmanuel gut regiert, wird auch sie als *Première Dame* sicher um weitere fünf Jahre verlängert werden. Diese Vorstellung scheint ihr aber eher Schrecken einzujagen, sagt Freund Besson: »Sie weiß, dass wenige Ehefrauen von Präsidenten glücklich waren. Als Paar überlebt man selten das Élysée.«

Initiationsriten

Ganz durch Zufall stieß ich auf diese pornographischen Malereien. Sie finden sich an den Wänden der *salle de garde* im Krankenhaus Tenon im 20. Arrondissement von Paris, ein wenig nordöstlich vom Friedhof Père Lachaise. Studenten der École nationale supérieure des beaux-arts haben sie auf Bitten der Assistenzärzte des Krankenhauses gemalt: nackte Männer und Frauen in allen Stellungen des Kamasutra. Die Köpfe der Kopulierenden – und das macht die Sache so pikant – sind Porträts der Chefärzte und Professoren des Hospitals.

In der Nähe des Krankenhauses, in der Rue de Belleville, lasse ich die Hauptfigur meiner Kriminalromane, den unbestechlichen Untersuchungsrichter Jacques Ricou wohnen. In seinem dritten Fall mit dem Titel *Der nützliche Freund* lauert eine Berufsmöderin Ricou nachts in dessen Hausflur auf, um ihn mit einem Sashimi-Messer zu töten. Der Anschlag misslingt, die schwer verletzte Mörderin muss in die Notaufnahme eines nahe gelegenen Krankenhauses eingeliefert werden. Bei meinen Recherchen, welche Notaufnahme infrage käme, stieß ich auf das Hôpital Tenon in der Rue de la Chine. Und entdeckte die merkwürdigen Gemälde.

Im Hôpital Tenon arbeiten und lernen weit über vierhundert Ärzte, darunter viele Assistenzärzte, und mehr als zweihundert Studenten. Die Assistenzärzte werden *internes* genannt, da ihnen das Krankenhaus Kost und Logis stellt; sie essen in einem eigenen Speisesaal, die *salle de garde*, mit eigenem Koch und besonderer Küche. Diese *salle de garde* ist der zentrale Ort im Leben der Assistenzärzte. Ein Ort, dessen Tradition weit ins Mittelalter zurückreicht, als hier die Bader ihr Refektorium hatten; 1802 wurden die Räume per Statut den Assistenzärzten übertragen. Wer heute unvorbereitet dort eintritt und die an den Wänden gezeigten Schweinereien sieht, wird sich unwillkürlich fragen, wie den jungen Ärzten und Ärztinnen wohl zumute ist, wenn sie unter solchen Gemälden ihre tägliche Mahlzeit einnehmen.

Wer die Räume betreten darf, wird aufgefordert, über das, was er dort sieht, nicht zu sprechen. Am liebsten würde man die Existenz dieser Räume mit ihren Wandmalereien leugnen. Was aber schon deshalb schwerfallen würde, weil solche obszönen Gemälde nicht nur das Hôpital Tenon, sondern die Aufenthaltsräume der Assistenzärzte in den meisten Kliniken Frankreichs schmücken. In dem erst 1988 eröffneten Hôpital Robert Debré, das von der Rue de Belleville ähnlich gut zu erreichen ist wie das Hôpital Tenon, finden sich solche Pornomalereien genauso wie in dem 1607 erbauten Hôpital Saint-Louis, ebenfalls nicht weit von der Wohnung des Richters Jacques Ricou entfernt.

Der Verein der Pariser Assistenzärzte hat einen großen Teil der Wandgemälde in den *salles de garde*, auch die im Speisesaal des Hôpital Tenon, unter *www.leplaisirdesdieux.fr* ins Internet gestellt, versehen mit dem Hinweis, der Zugang sei erst ab 18 Jahren erlaubt, und mit einem Zitat von Rabelais, »bigotte Heuchler« sollten sich die Bilder besser nicht ansehen.

Die Pariser Krankenhäuser bitten Studenten der Kunsthochschule, der École nationale supérieure des beaux-arts, um die Ausschmückung der Wände, und die Kunststudenten halten sich dabei nicht zurück. Der eine und andere holt sich Anregung bei berühmten Vorlagen. Im Hôpital Bichat-Claude-Bernard im 18. Arrondissement wurde so aus »Le déjeuner des canotiers«, dem »Frühstück der Ruderer« von Renoir, ein Frühstück, bei dem Männlein und Weiblein nackt sind, und in der Hôpital-Version von »La leçon de danse« von Degas sticht unter dem Tüllröckchen eines Tänzers prominent das Sexorgan hervor.

Noch gelingt es den meisten Klinikverwaltungen, dem ökonomischen Druck standzuhalten und die Tradition eines nur den Assistenzärzten zur Verfügung stehenden Speisesaals mit eigenem Koch und Personal aufrechtzuerhalten. Auch wenn manche Krankenhäuser das Essen inzwischen aus der Zentralkantine liefern lassen, so werden die *salles de garde* als solche doch nur selten als überflüssig bezeichnet oder ganz infrage gestellt. Wer hier speise, erlebe einen Prozess der Veränderung und wachse in eine besondere Gemeinschaft hinein. Dieses Argument überzeugt in Frankreich.

Die Speisesäle gelten als gemeinschaftsbildender Ort, als Ort der Solidarität, der den Nachwuchskräften bei der Bewältigung der alltäglichen Probleme helfen soll. »Heute ist der Tod sicher weniger allgegenwärtig, aber man sollte sich daran erinnern, dass am Anfang des 20. Jahrhunderts etwa 1500 Menschen pro Jahr allein im Hôpital Trousseau gestorben sind«, mahnt Patrice Josset, der ein Buch über die Bedeutung der *salles de garde* geschrieben und selber im Trousseau als Arzt gearbeitet hat. Jeden Tag seien im Durchschnitt vier Kinder gestorben, »ohne dass man viel tun konnte«.

Die Fresken in den Speisesälen hätten eine ähnliche Funktion wie die grotesken Wasserspeier an gotischen Kathedralen, so Professor Josset, beide sollten das Böse vertreiben. Den pornographischen Charakter müsse man im Zusammenhang mit dem Tod sehen: Sinnlichkeit als »Mauer gegen den Tod«, Eros als Sieger über Thanatos.

»Tradition ist es, unsere Chefs zu karikieren«, sagt Mélanie Marquet, Präsidentin der ISMI, der Gewerkschaft der Assistenzärzte. Meist würden die Chefärzte beim Gruppensex porträtiert, meint sie, und diejenigen, die man in diesen Szenen wiedererkenne, betrachteten es als eine wirkliche Ehre, so dargestellt zu werden.

Aber ist die Stimmung, die von den Fresken ausgeht, nicht allzu machohaft? »Mich hat das nicht schockiert«, meint Florence Godfroy, eine junge Anästhesistin am Hôpital Necker. »Man gewöhnt sich daran. Außerdem gibt es immer mehr Mädchen in der *salle de garde*.«

Florence Godfroy war selber einmal Chefin der *salle de garde*. Diese Position des *économe* wechselt unter den Assistenzärzten alle sechs Monate. »Man kann über das Ritual lachen und sagen, das ist doch alles überholt«, sagt sie. »Aber für uns ist es wichtig. Wir fügen uns in die Geschichte. Regeln zu haben, gemeinsam zu essen, sich mit seinesgleichen zu treffen, das ist wirklich eine Freude.«

Das Ritual sieht vor, dass der *économe* sich als Erster setzt. Dann folgen alle anderen. Man nimmt immer den nächsten freien Platz, wie man gerade in den Raum kommt, damit sich keine Grüppchen bilden. Zur Begrüßung fasst man die schon Sitzenden an die rechte Schulter, ob man sich kennt oder nicht. Es gibt strenge Vorschriften, wie die Schüsseln herumgereicht werden. Servietten sind verboten, man wischt sich die Hände am Tischtuch ab. Flaschen dürfen nicht mit einem Korkenzieher geöffnet werden, sondern werden mit dem Messer »gesäbelt«. Gespräche über Politik und Religion sind verboten. Und ganz wichtig: Es dürfen keine medizinischen Begriffe benutzt werden.

Strafen werden mit Hilfe eines riesigen, an der Wand hängenden Rouletterades bestimmt. Jedes Feld des Rades nennt eine bestimmte Strafe. Das Rad wird gedreht, und alle warten gespannt, wo der Zeiger stehen bleibt. Die Strafen reichen vom Entblößen des Hinterns oder des Busens bis zur Flasche in den Anus. Jeder Speisesaal bestimmt seine eigenen Strafen.

Den Speisesaal darf man nur im Kittel betreten. Die uniformierte Kleidung soll andeuten, dass alle gleich sind. Die Kittel sind aber auch ein Schutz, denn manchmal verfallen die Assistenzärzte in äußerst kindischen *chahut*. Dann werfen sie mit Speiseresten, mit Joghurt und Käse. Auch der *chahut* unterliegt Regeln, gegen die niemand verstoßen darf. Man zielt in das Gesicht des Gegenübersitzenden, dieser darf sich nicht unter den Tisch ducken. Geworfen werden darf nicht mit harten Gegenständen.

»Wie in den Schulkantinen geht es hier manchmal zu. Das sind Kinder, große Kinder«, bezeugt Chadia Choukrane, bis 2000 Köchin im Hôpital Broussais in Paris. »Wenn sie allzu viele Schweinereien gemacht haben, habe ich sie manchmal bestraft und ihnen keinen Nachtisch gegeben!«

Klar geregelt ist vor allem die Lautstärke, mit der Zustimmung oder Ablehnung bekundet werden. Auch der Rhythmus des Protestes ist je nach Anlass festgelegt und hat verschiedene Namen: *périphériques, républicaines, royales*. Mit mildem Klopfen auf den Tisch fängt es an, entweder mit der Faust oder mit dem Geschirr. Oder man sägt mit dem Messer an seinem Glas. Der Protest kann zu ohrenbetäubendem Lärm anschwellen, wenn alle mit ihren Bestecken auf das Geschirr trommeln. Fängt einer an, machen alle anderen mit und fragen erst hinterher nach dem Grund. Für den Betroffenen, der nicht weiß, um was es geht, kann das besonders unangenehm sein.

Als Student der Universität Bonn habe ich eine solche Szene einmal miterlebt. Im Rahmen des deutsch-französischen Jugendwerkes besuchten wir unsere Partneruniversität Toulouse. Zu unserer Gruppe gehörte die teutonisch blonde Schönheit Hiltrud, die immer recht schick gekleidet war und gern Hermès-Tücher trug. Als wir uns in der Mensa zum Mittagessen anstellten, brach plötzlich lautes Getöse aus. Einige Hundert Studenten schlugen mit ihren Messern auf die Blechteller. Einer der uns begleitenden Franzosen machte Hiltrud, die eines ihrer Tücher um den Kopf trug, darauf aufmerksam, dass in der Mensa Kopfbedeckungen verpönt waren.

Im Mittelalter habe man bei Mond- oder Sonnenfinsternis mit Löffeln auf Blechtöpfe geschlagen, um die bösen Geister zu vertreiben, so wurde uns erklärt. Daraus sei später der Brauch entstanden, auf Verstöße gegen die guten Sitten mit Lärm und Krach aufmerksam zu machen. So werden Traditionen von ihren Verteidigern philosophisch überhöht. Das Blechschlagen könnte sonst ja als kindische Folklore abgetan werden!

Was sich in der *salle de garde* abspielt, ist nichts Außergewöhnliches, sondern entspricht dem, was jeder junge Franzose während seiner Ausbildung zu einem vollwertigen Mitglied des von ihm gewählten Berufsstandes durchmacht. Es geht um Initiationsriten, die dazu dienen sollen, die Persönlichkeit im Rahmen der Berufsausbildung nach einem traditionellen Muster zu modellieren. Die Formung der Persönlichkeit ist ein zentrales Anliegen fast aller Eliteschulen des Landes. An den Ingenieurschulen, an den Elitehochschulen, im Priesterseminar, überall, wo Neulinge jenen Prozess von *déculturation – acculturation* durchmachen, auf dem der Korpsgeist gründet, begegnet man solchen Initiationsriten. Auf diesem gruppenspezifischen Korpsgeist beruht das öffentliche Leben in Frankreich. Wer die Regeln dieses Korpsgeistes nicht versteht, dem wird es schwerfallen, in Frankreich Geschäfte zu machen.

Niemand spricht gern über den Prozess der *déculturation – acculturation*, der häufig äußerst brutal durchgeführt wird. Man umschreibt die Sache gern mit schönen Begriffen und spricht dann etwa von der Periode des »Werteübergangs«. Wer offener ist, redet von *bizutage* oder gar *usinage*. Eine *usine* ist eine Fabrik. Gemeint ist: Vorn kommt das Rohmaterial rein, hinten werden alle nach demselben Standard in Zellophan verpackt ausgeliefert.

Der Ursprung von *bizutage* lässt sich kaum noch zurückverfolgen. Laut *Petit Robert* kommt das Wort aus Spanien, wo *el bisogne* junger Rekrut bedeutet. Im Mittelalter sollen Medizinstudenten im Quartier Latin jüngere Kommilitonen mit unnötigen Quälereien zur hierarchischen Einordnung in die Gruppe gezwungen haben.

Bizutage sei nichts Besonderes, meint der Soziologe Olivier

Galland, der spezialisiert ist auf das Verhalten von Heranwachsenden. Es handele sich um einen Übergangsritus, wie er in allen traditionellen Gesellschaften vorkomme: Der Jugendliche wird erst dann in die Welt der Erwachsenen aufgenommen, wenn er sich einer Reihe mehr oder weniger grausamer Aufgaben unterworfen hat. Wer heute in eine Grand École oder eine besonders elitäre Fakultät aufgenommen werden will und damit ein Bildungsprivileg erhält, das ihn aus der Masse hervorhebt, muss einen Tribut dafür zahlen. Dass *bizutage* sich gerade in jüngster Zeit wieder ausbreite, sei angesichts der zunehmenden Vermassung an den Schulen nicht verwunderlich, so Galland. Man müsse sich heute mehr denn je vom anderen unterscheiden. »Gerade deshalb wird dieser Initiationsritus jetzt an all den neuen, kleinen und falschen Eliteschulen eingeführt.«

Frankreich ist eine moderne und zivilisierte Gesellschaft. Bräuche, die man eher bei primitiven Stämmen in fernen Urwäldern (oder bei den sich duellierenden Teutonen) vermuten könnte, sollten in dem Land der Aufklärung und des cartesianischen Denkens eigentlich verpönt sein. *Bizutage* wird zwar zum Tabu erklärt und verschwiegen. Aber niemand würde leugnen, dass die »traditionellen Eingliederungsbräuche« stillschweigend geduldet werden. Hin und wieder gelangen skandalöse Einzelheiten an die Öffentlichkeit.

Vor einigen Jahren haben die Eltern eines Jungen Anzeige erstattet, weil ihr Sohn beim *bizutage* so schwere Verbrennungen erlitt, dass er drei Monate im Krankenhaus behandelt werden musste. Die Anzeige wurde von der örtlichen Polizei als unzulässig abgewiesen. Man weiß, wie es in einer französischen Provinzstadt zugeht: Der Polizeidirektor kennt den Direktor der Schule, und dem will er auf dem Verwaltungswege kein Ungemach bereiten. Also landete die Anzeige der Eltern bei den Akten.

Jean-Claude Delarue ist Professor für amerikanische Zivilisation. Er steht den Sozialisten und den Grünen nahe und gründete die Association des usagers de l'administration, was so viel heißt wie Verein der Behördengänger – eine Art Verbraucherschutzverband. *Bizutage* hält er nicht nur für »blödsinnig, unwürdig und unzivilisiert«, sondern auch für gesetzeswidrig, weshalb er in den Büros seines Vereins ein Telefon für diejenigen eingerichtet hat, die durch *bizutage* geschädigt wurden. Eltern können sich dort erkundigen, an welchen Schulen diese Unsitte nicht stattfindet.

Beschwerden kämen selten, so Jean-Claude Delarue, weil keiner sich gern bloßstelle. Er habe jedoch zwei Konstanten beim *bizutage* beobachtet: Zum einen käme es fast immer zu sexuellem Missbrauch, zum anderen werde stets so starker psychologischer Druck auf die *bizuts* ausgeübt, dass sie nicht wagten, sich den Misshandlungen zu entziehen, geschweige denn sich hinterher zu beklagen, obwohl es immer wieder zu schweren Verletzungen komme.

Sogar Todesfälle sind zu verzeichnen, einer davon am berühmten Lycée Henri IV, zwei weitere an der medizinischen Fakultät von Paris V. Ein Student starb, als er in zwei Matratzen eingerollt aus dem Fenster geworfen wurde, ein anderer erlag einem Herzschlag, als man ihn gefesselt auf Eisenbahnschienen legte. Das war in den 1990er Jahren und führte dazu, dass das *bizutage* an der medizinischen Fakultät von Paris V vorübergehend eingestellt wurde.

Die Medizinstudentin Christine Tristan war bei einigen *bizutages* an medizinischen Fakultäten zugegen. Die Professoren hätten das Treiben der Studenten beobachtet, so berichtet sie, angeblich um Auswüchse zu verhindern; tatsächlich seien sie es gewesen, die die älteren Semester zu härteren Prüfungen angestachelt hätten. Einmal mussten die *bizuts* Striptease machen. Wer sich weigerte, wurde eingegipst, bis er sich nicht mehr rühren konnte, dann nach draußen geschleppt und als Statue aufgestellt – auf irgendeinem Platz, an einer beliebigen Straße von Paris. Einer der *bizuts* verbrachte auf diese Weise eine ganze Nacht auf einem Sockel im Jardin du Luxembourg.

In der Salpêtrière, dem berühmen Pariser Krankenhaus, das Le Vau im 17. Jahrhundert erbaute, wurden auf Vorschlag des anwesenden Professors *Miss* und *Mister Bizut à poil* (entblößt) gewählt, und das ging so: Die Kandidatinnen und Kandidaten mussten sich vor der Klasse aufstellen und ausziehen. Bei den Mädchen wurde die Schönste gewählt, während bei den Herren derjenige die Palme erhielt, der die schönste Erektion vorweisen konnte.

Die Widerstände gegen solche inhumanen Rituale sind in den letzten Jahrzehnten gewachsen. Ein Komitee gegen *bizutage* wurde gegründet, 1998 sogar ein Gesetz erlassen, wonach das *bizutage* auch dann bestraft wird, wenn der *bizut* freiwillig mitgemacht hat. An jeder Schule wurde eine Telefonnummer eingerichtet, doch offenbar wird das *bizutage* von vielen Schuldirektoren immer noch heimlich geduldet. Das Ministerium für Erziehung und Wissenschaft wirkt inzwischen verstärkt auf die Schulleitungen ein, hat aber mit großen Widerständen zu kämpfen. Vor allem die Ehemaligenvereine hängen an den alten Riten.

Statt von *bizutage* spricht man heute lieber von *WEI – weekend integration*. Was an einem solchen Wochenende passiert, das wissen nur die, die dabei waren, lautet die Losung.

Also wird nicht darüber gesprochen. Tabu! Selbst wenn es Tote gibt! 2009 ist ein Student der rechtswissenschaftlichen Fakultät von Nancy bei einem »Integrationswochenende« ertrunken, 2010 starb ein Student einer Wirtschaftsschule auf den Gleisen der Pariser Metro nach einem *bizutage*, bei dem viel Alkohol im Spiel war. Und noch 2015 ertrank ein achtzehnjähriger Medizinstudent der Universität Lille II anlässlich eines »Integrationsabends« in einem Teich in Wavrechain-sous-Faulx.

Jacques Paccard, der Präsident der Soce, der *Société des ingénieurs Arts et Métiers*, gehört zu denen, die für die Beibehaltung der alten Riten kämpfen. Französische Ingenieure werden an der 1780 vom Duc de La Rochefoucauld gegründeten ParisTech ausgebildet, die heute Ableger in vielen Städten Frankreichs unterhält. In der Soce sind 33 000 Ehemalige dieser Ingenieurschulen vertreten, sie verfügt also über eine erhebliche Macht. Und diese nutzt sie, um während der »Periode der Wertevermittlung« Druck auf die Studienanfänger auszuüben.

Der Bezug zur Geschichte muss geachtet werden, meint Paccard. Wer das Gewicht von fast zweieinhalb Jahrhunderten Geschichte verstehe, werde sich nicht von so dummen Geschichten ablenken lassen, dass einer dem seelischen Druck der *usinage* nicht standgehalten habe und zusammengebrochen sei.

Aus Sicht der Studenten stellt es sich anders dar. »Ich habe wirklich Angst vor der Macht des Netzwerks der Ehemaligen«, sagt die Studentin Laure. »Ich habe Angst, dass ich keine Arbeit finde.« Die Angst von Laure ist nicht unbegründet. Denn die Soce verfügt nicht nur über viel Geld, vergibt Stipendien und Zimmer in den von ihr gebauten

Wohnheimen, sondern sie kann auch über die berufliche Zukunft eines Absolventen bestimmen. Jeder Studienanfänger erhält einen Paten unter den noch Studierenden, einen zweiten Paten unter denjenigen, die vor 25 Jahren abgingen, und einen dritten, der vor 50 Jahren an der Schule war. Wer sein Studium abschließt, kann sicher sein, dass einer seiner drei Paten ihn unterbringt. Und natürlich duzen sich alle in dieser Gemeinschaft.

Dennoch lobt auch Laure ParisTech als eine Schule, auf der ihr Werte vermittelt würden. Obwohl sie lieber lernen würde, ohne sich zwei Monate lang anbrüllen lassen zu müssen, was offenbar zur »Wertevermittlung« dazugehört und als Teil der Menschwerdung gesehen zu werden scheint. Aus den Studenten sollen Leute werden, so Laure durchaus zustimmend, »die blind den Befehlen der Chefs gehorchen, die sich aber auch durchsetzen können, sodass ihnen blind gehorcht wird«.

Durch gemeinsam erlittenes Leid bildeten sich besonders starke Bindungen, die alle Zeitläufte überdauerten und ein festes *corps* entstehen ließen, so der Soziologe Michel Maffesoli, Professor an der ehrwürdigen Sorbonne. »Das Leiden ist in der Tat eine homöopathische Art, dem Tod zu begegnen. Ich würde hier sagen, dem eigenen Tod oder dem Tod an sich, was einem die Möglichkeit gibt, im Kollektiv wiedergeboren zu werden.« Und so sei es auch mit den sexuellen Quälereien beim *bizutage*: »Dadurch, dass man mit der Sexualität spielt, sie auf die Bühne bringt, ja, sie sogar lächerlich macht, wird darauf hingewiesen, dass der Sex erst einmal dazu dient, die Gemeinschaft zu befriedigen, bevor er etwas Privates ist.«

Wer später einmal Führungsaufgaben übernehmen wolle,

müsse rechtzeitig lernen, sowohl mit dem Arbeiter als auch mit dem Chef in der richtigen Weise zu sprechen, meint Jacques Paccard und verweist auf das berühmte Gedicht *If* von Rudyard Kipling, das André Maurois ins Französische übertragen hat. Das Gedicht beschreibt, was alles ein junger Mann durchgemacht haben muss, bevor man ihn als einen wirklichen Mann akzeptieren wird. Die Schlusszeile – »*Tu seras un homme, mon fils* – Dann wirst du ein Mann sein, mein Sohn« – ist in Frankreich so populär, dass eine Werbeagentur sie umformulierte: »*Tu seras président, mon fils*«. *Président* ist der Name eines Camemberts.

Weltkulturerbe *cuisine française*

Ja, auch die Liebe zum Essen gehört in ein Kapitel, das sich mit der Liebe à la française beschäftigt. Das Verhältnis der Franzosen zu ihrer Küche ist seit je ein besonders zärtliches. Die Überzeugung, dass die französische Küche die beste der Welt sei, vertrat auch Staatspräsident Nicolas Sarkozy, als er im Februar 2008 deren Aufnahme in die Liste des Weltkulturerbes beantragte. Anderthalb Jahre später wurde der französischen Küche durch die UNESCO, die Kulturorganisation der Vereinten Nationen mit Sitz in Paris, bestätigt, dass sie als die Krone der Kochkunst bezeichnet werden darf. Die französische Küche trage dazu bei, wichtige Momente im Leben sowohl des Einzelnen als auch ganzer Gruppen in besonderer Weise zu zelebrieren, so die UNESCO in ihrer Begründung im November 2010.

Philippe Étienne, seinerzeit Botschafter Frankreichs in Berlin, rief mich wenig später an. Am 21. März werde er zu einem großen Diner unter dem Motto *Goût de France* in die Botschaft laden. Es solle ein Fest des Essens und Trinkens werden, und er würde sich sehr freuen, wenn ich es übernehmen könnte, durch den Abend zu führen.

Der französische Botschafter in Berlin ist qua Amt *pro-*

tecteur der 2006 gegründeten Académie de Berlin. Diese Akademie hat es sich zur Aufgabe gesetzt, im Sinne Voltaires am Hofe Friedrichs des Großen den Dialog der Ideen zwischen Deutschland und Frankreich zu fördern und dabei zu helfen, die französische Sprache und Kultur in Deutschland zu verbreiten. Mitbegründer waren Patrick Süskind, Volker Schlöndorff, Wim Wenders, Wolf Lepenies, Christina Weiß und andere. Richard von Weizsäcker war bis zu seinem Tod Ehrenpräsident der Académie de Berlin, jetzt hat Gesine Schwan das Amt inne. Die Akademie zählt nur zwanzig Mitglieder; zu ihnen gehören der Maler Anselm Kiefer, der Theaterregisseur Thomas Ostermeier und Karl Kardinal Lehmann. Ich nehme die Funktion des *secrétaire perpétuel* ein, bin also derjenige, der die Arbeit organisiert. Aus diesem Grund habe ich häufig mit Philippe zu tun, der ein liebenswerter und kluger, äußerst gebildeter und auch witziger Diplomat ist.

Philippe Étienne gehört zu dem kleinen Kreis der Enarchen, deren Jahrgang sich *Promotion Voltaire* nennt. Auch Staatspräsident François Hollande ist ENA-Absolvent der *Promotion Voltaire*, deshalb sind beide befreundet. Hollande hatte in seiner Regierung und im Élysée-Palast eine Anzahl ehemaliger Mitschüler untergebracht, darunter Finanzminister Michel Sapin, Umweltministerin Ségolène Royal (die Mutter seiner vier Kinder) und den Generalsekretär des Élysée, Jean-Pierre Jouyet. Unmittelbar nach seinem Sieg berief Emmanuel Macron Philippe Étienne als seinen außenpolitischen Berater ins Élysée. Damit ist er außenpolitisch eine der einflussreichsten Personen in Frankreich geworden.

Zu dem Festessen am 21. März 2011 wollte der französische Botschafter gut hundert deutsche Kulturschaffende einladen. Der französische Außenminister habe verfügt, so erklärte mir Philippe, dass an allen diplomatischen Vertretungen Frankreichs in der ganzen Welt an jedem 21. März von nun an die französische Küche gefeiert werden soll. Und so bereiteten die Botschafter Frankreichs auf den Fidschi-Inseln, in Bangkok und in Moskau, in Brazaville und in Santiago de Chile, in Dubai und in Nouakchott an diesem Tag ein *Dîner Goût de France* vor. Außenminister Laurent Fabius lud an diesem Abend die Vertreter des diplomatischen Korps ins Schloss von Versailles, um in dem Prunk, in dem die französischen Könige einst schwelgten, *la cuisine française* hochleben zu lassen.

Dabei war die Aufnahme der französischen Küche in die UNESCO-Liste eine durchaus zweischneidige Angelegenheit. Zum einen ist das, was eine Küche hervorbringt, nicht von langer Dauer. Ähnlich wie die Musik kann auch das glanzvollste Diner im besten Fall zu hohem Genuss des Augenblicks verführen. Aber Schmecken und Riechen bleiben nur in der Erinnerung – wenn alles perfekt war, freilich auf lange Zeit.

Zum anderen war der Antrag auf Aufnahme der französischen Küche in die Liste des Weltkulturerbes auch unter Köchen nicht unumstritten. Als Zeugen hatte Staatspräsident Nicolas Sarkozy die Köche Paul Bocuse und Alain Ducasse angeführt. Bocuse darf man den Vater der *nouvelle cuisine* nennen, Alain Ducasse wurde als einziger Koch der Welt für drei seiner Restaurants gleichzeitig mit drei Sternen ausgezeichnet. Heute führt er ein weltweites Imperium.

Sarkozy selbst versteht von den Genüssen der Tafel rein gar nichts. Die Vertreter der *haute cuisine* mokierten sich und kommentierten den französischen Antrag mit entsprechendem Spott. Was auf dem Teller des Präsidenten liege, habe

Auswirkung auf das hohe Ansehen Frankreichs, behauptete Joël Normand, der vierunddreißig Jahre lang, von de Gaulle bis Chirac, in der Küche des Élysée gewirkt hat, viele Jahre als deren Chef. »Der Präsident übt sein Amt bei Tische aus.« Gemessen an diesem Anspruch, war Sarkozy auf der ganzen Linie eine Enttäuschung. Normands Nachfolger als Chefkoch der Präsidenten, Bernard Vaussion, der es auf vierzig Jahre in der Küche des Élysée brachte, verglich die Arbeit für den zappeligen Staatschef mit der in einer Schnellküche: Fast Food für *speedy Sarko*. In der Hektik des Präsidenten lag für viele der eigentliche Widerspruch des UNESCO-Antrags.

In Frankreich ist es traditioneller gesellschaftlicher Brauch, die wichtigsten Momente im Leben – Geburt, Hochzeit, runde Geburtstage, geschäftliche Erfolge, Wiedertreffen – mit einem großen Diner feierlich zu begehen, hieß es in dem Antrag. Bei dieser Gelegenheit übten sich die Gäste in der Kunst des *bien manger* und des *bien boire* – gut zu essen und gut zu trinken. So entstehe eine Harmonie zwischen den Produkten der Natur und dem Grundbedürfnis des Menschen, eine Harmonie, die durch ein feierliches, zeitaufwendiges Drumherum einschließlich üppiger Tischdekoration besonders unterstrichen werde. Vor allem muss ein ganz bestimmter Ablauf eingehalten werden: Am Anfang steht der Apéritif, am Ende der Digestif. Dazwischen müssen mindestens vier Gänge liegen, eine Vorspeise, Fisch oder Fleisch mit Gemüse, Käse und Dessert.

Ein guter Koch bereitet sich auf die Vorlieben seines wichtigsten Essers vor. Das sagte sich auch Bernard Vaussion 2007, als Nicolas Sarkozy zum Präsidenten gewählt wurde. Der Chefkoch des Élysée rief also bei der Küchenbrigade im Innenministerium an, die bis dahin für den Innenminister

Sarkozy gekocht hatte. Was schmeckt ihm? Welche Gewohnheiten pflegt er? Was sind seine Vorlieben?

Der Chefkoch des Élysée müsse alles über die Persönlichkeit des neuen Präsidenten wissen, sagt Vaussion, das gehöre zu den Spielregeln. Mit dem Einzug eines neuen Präsidenten werde der Zeiger zurück auf null gestellt. Der größte Fehler wäre es, die Rezepte aus der Vergangenheit zu perpetuieren. Sein Scheitern wäre vorhersehbar, äußerte Vaussion damals, »wenn ich Nicolas Sarkozy die Küche vorschlagen würde, die ich Jacques Chirac während zwölf Jahren aufgetischt habe. Um in einem offiziellen Palais zu überdauern, muss ein Chef sich ständig neu erfinden.«

Was der Chefkoch des Élysée in der Zeitung über den Neuen gelesen hatte, beunruhigte ihn. Sarkozy stand im Ruf, eine Pizza mit Diet Coke herunterzuschlingen. Ganz so schlimm wird es wohl nicht werden, hoffte Vaussion. Dennoch steht Sarkozy für ihn auch nach fünf Jahren in der Rangfolge der Élysée-Gourmets an letzter Stelle. An die erste Stelle rückt er Valéry Giscard-d'Estaing, gefolgt von François Mitterrand, an dritter Stelle kommt Georges Pompidou. Jacques Chirac und François Hollande bezeichnet Vaussion als gute Esser, die den Produkten des *terroir* und der *cuisine française* die Ehre erwiesen, aber »ich würde sie nicht als besondere Feinschmecker bezeichnen«.

Der anspruchsvollste Herr im Palais war Valéry Giscard d'Estaing. Er ging gern in Paris aus und brachte aus den Dreisternelokalen Wünsche mit. Einmal begeisterte er sich für eine *tarte fine aux pommes*, die man ihm im Pré Catelan serviert hatte. Der Chefpatissier des Élysée, Francis Loiget, wurde gebeten, anlässlich eines Abendessens mit dem marokkanischen König Hassan II. einen solchen Apfelkuchen zu backen. Patissier Loiget rief den Chefkoch des Pré Catelan an, ließ sich das Rezept auf das Gramm genau durchsagen und hielt sich penibel an die Vorgaben. Auf zwei Desserttellern richtete er die Tarte an und wartete auf das Urteil, das ihm der Chefkoch am nächsten Morgen zerknirscht überbrachte: »Die Tarte ging gar nicht. Der Herr Präsident hat mir gesagt, er habe sich geschämt, solch einen schlechten Nachtisch Seiner Majestät Hassan II. serviert zu haben.«

Der Patissier war verzweifelt. Immer wieder bat der Präsident um dieses Dessert. Immer wieder beschwerte er sich. Im Sommerurlaub entsandte der Chefpatissier einen Vertreter ins Fort de Brégançon, die Sommerresidenz des französischen Präsidenten an der Côte d'Azur; dieser bereitete die Tarte genau nach seinen Angaben zu – und wurde mit Lob überschüttet.

Auch die Ansprüche von Giscards Nachfolger, François Mitterrand, wurden für die Küche des Élysée zu einer täglichen Herausforderung. Eines Tages kehrte Mitterrand von einem Besuch bei König Hassan II. aus Marokko zurück und schwärmte für einen Minztee, den er beim König getrunken hatte. Er bat seine Küche, ihm das Gleiche aufzutragen. Chefkoch Joël Normand rief seinen marokkanischen Kollegen im Palast des Königs an und erkundigte sich, wie man den Tee zubereitet. Die Teesorte, die Art und Weise, wie der Tee in die Kanne geworfen wird, wie viele Minuten man ihn ziehen lässt, wie er serviert werden muss: Nach dem Gespräch war Normand sicher, dass der Präsident genau den Tee bekäme, für den er schwärmte.

»Ein-, zwei-, drei-, viermal – kein einziges Mal passte es«, klagt Chefkoch Joël Normand in seinen Memoiren. »François Mitterrand hat schließlich den Teezubereiter von

König Hassan II. nach Paris einfliegen lassen, damit er den Köchen erkläre, wie er vorging.« Er machte es nicht anders als das Personal im Élysée, aber jetzt war der Präsident zufrieden.

Da Mitterrand für Meeresfrüchte aller Art schwärmte, fuhr häufig morgens um vier ein Wagen des Élysée in die Bretagne – eine Strecke von fünf Stunden –, um eben aus dem Meer gezogene Austern, Langusten und andere Leckereien zu holen, die dann am Abend ganz frisch auf dem Teller des Präsidenten landeten. Wenn ihm mittags das Fleisch zu sehr durchgebraten war, ließ er seinen Bürochef beim Chefkoch anrufen. Von Mitterrands Fahrer Pierre Touvier erfuhr Normand, was im Auto über das Essen gesprochen wurde, und konnte daraus seine Schlüsse ziehen. Im Élysée unter diesen Bedingungen zu arbeiten und den Anforderungen gerecht zu werden, machte die Köche stolz. »Die große Küche wurde mehr denn je ein Schaufenster der französischen Kultur«, schreibt Joël Normand.

Was waren das für herrliche Zeiten!

Einen für die Liebhaber der französischen Küche unverzeihlichen Bruch der Tradition beging Präsident Sarkozy, als er beschloss, bei offiziellen Essen im Élysée aus Zeitgründen den Käsegang zu streichen. Zu Amtszeiten von François Mitterrand – und auch später wieder bei François Hollande – dauerten Staatsdiners etwa anderthalb Stunden; dann waren vier Gänge verzehrt, und der Hausherr erhob sich. Unter der Präsidentschaft von Sarkozy wurde die Dauer eines Galadiners auf 55 Minuten verkürzt. *Speedy Sarko* brachte einfach keine Geduld für das Essen mit.

Dass der Präsident den *fromage* vom Menü der Staatsdiners gestrichen hatte, stieß insbesondere Chefkoch Bernard

Vaussion übel auf: »Ich finde, die Tafel des Élysée muss das Schaufenster unserer nationalen Produkte sein. Und um Frankreich zu repräsentieren, gibt es nichts Großartigeres als ein gutes *plateau de fromages*, begleitet von den besten Flaschen unserer Winzer. Aber wie jeder weiß, meidet Sarkozy auch den Wein. Wenn ein französischer Politiker Alkohol nicht mag, wird er das nicht laut sagen. Nur Sarkozy scheute sich nicht, schon im Wahlkampf seinen Widerwillen gegen Wein laut kundzutun. Seine Abneigung gegen diese beiden in Frankreich geheiligten Produkte offen zu bekennen, sollte wohl zeigen: ›Nehmt mich, wie ich bin, ich werde nicht so tun, als ob ich etwas mag, nur um euch zu gefallen.‹

Nur bei Angela Merkel machte Präsident Sarkozy eine Ausnahme. Weil die deutsche Bundeskanzlerin für Käse schwärmt, wurde für sie im Élysée der Käsegang wieder eingeführt. Wenn Frau Merkel zu Besuch kam, rief Sarkozy sogar eigens in der Küche an, um an den Käsegang zu erinnern. Bestellt wurde der affinierte Rohmilchkäse im Laden von Nicole Barthélemy in der Rue de Grenelle.

Nicole war lange Zeit mit meinem Freund Roland Barthélemy verheiratet gewesen. Sie war die Tochter eines Fischhändlers und scherzte, als sie den jungen Roland heiratete, habe sie »eigentlich nur den Geruch gewechselt.« Ihr Schwiegervater betrieb auf dem Markt den Käsestand neben dem Fischstand ihres Vaters. Als Nicole mit ihrem Roland ins Auto stieg, um zur Hochzeitsreise nach Spanien aufzubrechen, gehörte eine kleine Holzkiste zum Gepäck: Käseproviant für vierzehn Tage. Roland hatte ihn gut verpackt, während der Fahrt rochen sie kaum etwas. Im Hotelzimmer wurde die Wegzehrung unter dem Lotterbett versteckt.

Franzosen können im Ausland auf manches verzichten,

aber nur schwer auf ihren eigenen Käse. Jeden Abend, nach der Mahlzeit im Hotel, schlichen sich Nicole und Roland aufs Zimmer, holten die Kiste hervor und labten sich. Sein ganzes Wissen hatte Roland bei der Zusammenstellung der Kiste angewendet. Käse ist für ihn ein sinnlicher Genuss, bei dem zwei Sinne zusammenwirken, dies sei eines der Geheimnisse dieses köstlichen Produkts. Die durch den Schimmelprozess veredelte Materie reizt Faden-, Blätter- und Wallpapillen auf der Zunge so, dass die einzelnen Geschmacksrichtungen deutlich unterschieden werden können; gleichzeitig wird der Genuss durch den Geruch angeregt. Ein Geruch, der zunächst in die Nase steigt. Dann aber entfaltet der Käse im Mund einen starken Duft, der den Riechkolben direkt über die Rachenhöhle erreicht und betäubt.

In Spanien war es heiß. Die Käse in Rolands Kiste entwickelten kräftige Gerüche. Nicole fragte sich, was das Zimmermädchen wohl dachte. Den Käse wegzuwerfen kam beiden nicht in den Sinn. Die Lösung: Roland nahm seine Socken und hängte sie gut sichtbar über einen Stuhl, um dem Zimmermädchen eine andere Geruchsquelle vorzugaukeln.

Viele Jahre später verliebte sich mein Freund Roland in die Käsehändlerin von Carpentras und verließ Nicole. Zu seiner zweiten Hochzeit war ich eingeladen und feierte mit unter lauter Käseproduzenten und Käsehändlern. Beim Käsegang wurde ein rieser Laib Salers serviert, ein köstlicher Schnittkäse, den er und seine Braut ein Jahr zuvor bei einem Produzenten ausgesucht und in dessen Rinde sie ihre Namen geschnitzt hatten.

Doch zurück zu *speedy Sarko*. Mit Entsetzen erinnert sich Chefkoch Vaussion in seinen Memoiren an das Mittagessen des 6. Juni 2009. Frankreich hatte die Alliierten des Zweiten Weltkriegs zum 65. Jahrestag der Landung in der Normandie eingeladen. Auch der amerikanische Präsident Barak Obama reiste an. Ihn wollte Sarkozy mit einem Mittagessen am eleganten Sitz des Präfekten in Caen besonders ehren. Die Verantwortung für die Küche an diesem Tag wurde Stéphane Carbone, einem Sternekoch aus Caen, übertragen. Er stimmte das Menü sorgsam mit dem Chefkoch des Élysée ab, und der Präsident war mit allem einverstanden, vorausgesetzt, das ganze Menü dauerte nicht länger als 45 Minuten. Wochenlang bereiteten Carbonne und seine Mitarbeiter sich minuziös auf das Ereignis vor.

Die Gedenkfeiern am Vormittag des 6. Juni 2009 verzögerten sich. Die Präsidenten werden später kommen, meldete das Protokoll. Schließlich näherten sich Sarkozy und Obama der Präfektur. Das Protokoll gab jetzt vor: Alle drei Gänge müssen innerhalb von 15 Minuten serviert werden. Die Präsidenten setzen sich zu Tisch, der Hummer kommt. Teller weg. Nächster Gang. Das *suprême de volaille* ist schnell verschlungen, schon erscheint das Dessert. Nach zwölf Minuten erheben sich Obama und Sarkozy. Wäre Angela Merkel eingeladen gewesen, hätte es sicher einen Käsegang gegeben.

»Wahrscheinlich ein Geschwindigkeitsrekord für ein Essen zweier Staatschefs«, meint Bernard Vaussion. »Aber Stéphane Carbone scheint glücklich, dass er seinen Auftrag unter so gefährlichen Bedingungen erfüllt hat. Es ist überstanden, die wochenlange Anspannung fällt von ihm ab. Ich fühle ein wenig Mitleid mit meinem talentierten Berufskollegen. Welche Frustration! Da hat er so viel Herzblut in die Zubereitung eines Mahls gesteckt, nur um dann erleben zu müssen, dass es schneller verschlungen wurde, als man Zeit braucht, die

Menüabfolge zu erklären.« Zwölf Minuten für ein Menü aus drei Gängen!

Welch ein Gegensatz zu Philippe Étienne. Als wolle der Botschafter die Auszeichnung durch die UNESCO noch einmal persönlich begründen, schildert er mir in allen Einzelheiten das für den 21. März 2011 vorgesehene Galadiner *Gout de France*. Der Küchenchef der französischen Botschaft am Pariser Platz, Wilfried Bancquart, wird es gemeinsam mit Roel Lintermans, Sternekoch und Berliner Meisterkoch 2014, vorbereiten. Zwischen einzelnen Gängen soll ich mich auf Bitten von Philippe über *bien manger* und *bien boire* auslassen.

Nach dem Champagner als Aperitif werde das Diner mit einem marinierten Wildbarsch an Zitronenjus beginnen. Daraufhin Kaisergranat an grünen Linsen, Birnen und Mango, gefolgt von einem geschmorten Ochsenschwanz auf einem Bett aus Grünkohlblättern mit glasiertem feinen Gemüse an Trüffeljus. Pause.

Jetzt war ich an der Reihe. Denn wie hätte ich meinem Freund Philippe seine Bitte abschlagen können? Nach dem Ochsenschwanz also eine kleine Pause, in welcher der Moderator ein wenig über die Geschiche des guten Essens und Trinkens in Frankreich erzählte.

Auch beim Essen kommt man in Frankreich nicht um die Revolution herum. Ja, ernst zu nehmende französische Wissenschaftler behaupten, die Revolution habe sogar zu einer Umwälzung der Essgewohnheiten geführt. Drei Tage nach dem Sturm auf die Bastille am 14. Juli 1789 hatte der Prinz von Condé, vom Aufstand des Pariser Pöbels erschreckt, Kisten und Kasten gepackt und war, wie viele andere Adlige, ins

Ausland geflüchtet. Sein Personal saß jetzt arbeitslos auf der Straße, darunter eine ganze Reihe erstklassiger Köche, Sauciers und Pastetenbäcker.

Aus der Not machte Condés Küchenchef Robert eine Tugend und eröffnete mit seiner Küchenbrigade ein Restaurant in der Rue de Richelieu. Andere berühmte Chefköche taten es ihm nach. Méot, der wie Robert beim Prinzen von Condé angestellt gewesen war, eröffnete in der Rue de Valois ein luxuriöses Etablissment, in dem er die ausgesuchtesten Leckereien verkaufte. Antoine Beauvilliers, der zunächst dem Comte de Provence, dem späteren Ludwig XVIII., in der Küche gedient hatte, bot seine Künste in prächtigen Sälen in der Galerie de Valois an.

Zweihundert Jahre nach der Revolution urteilt der Soziologe Jean-Paul Aron, den ich bei meinem Käsehändler Roland Barthélemy kennenlernte, als er einen Cantal kaufte: »Beauvilliers und Méot sind zweifellos für drei Sterne gut: gepflegter Rahmen und ausgezeichnete Küche. Möge der ›Guide Michelin‹ mir verzeihen: Ich borge mir sein Benotungssystem. Ist es nicht Teil unserer heutigen Denkungsart? Robert, der zwar ein angesehener Meister war, aber nicht über einen angemessenen Rahmen verfügte, bekommt zwei Sterne.«

Während das Volk noch hungerte, festigte das Bürgertum seine neu gewonnene Macht und eroberte sich Stück für Stück die Privilegien, die bis dahin dem Adel vorbehalten waren. Dazu gehörte auch der merkwürdige Brauch, für Geld an einem Tisch Platz zu nehmen und ein Menü zu verzehren. Vor der Revolution hatte es in Paris noch nicht einmal fünfzig solcher Etablissements gegeben, ihre Entstehung wird auf das Jahr 1765 zurückgeführt. Ein Traiteur namens Boulanger hatte damals die Idee, in seinen Räumen in der Rue des Poulies Marmortische aufzustellen und den Kunden Essen zu servieren. Über die Eingangstür setzte er einen Satz aus dem Evangelium: »*Venite ad me omnes qui stomacho laboratis, et ego restaurabo vos.*« Was locker übersetzt bedeutet: Kommt zu mir, wenn euer Magen knurrt, ich werde euch *restaurieren*.

Die Neuheit sprach sich unter den *Gentilshommes* der Stadt schnell herum. *Tout le monde* eilte in das *Restaurant* von Boulanger, der innerhalb eines Jahres so viel Geld verdiente, dass er sich zur Ruhe setzen konnte. Er verkaufte sein Restaurant an zwei Freunde, Rozé und Pontaillé, die in ein eleganteres, mit Spiegeln ausgestattetes Lokal in der Rue Saint-Honoré umzogen.

Zwar fand der Erfolg zahlreiche Nachahmer, doch erst nach der Revolution veränderte sich das Verhalten der Bürger. Eine neue Mentalität machte sich breit, die das Restaurant zu einem wichtigen sozialen Treffpunkt erklärte. Um 1820 existierten mehr als dreitausend dieser neumodischen Einrichtungen, die täglich rund 60 000 Personen ernährten. Paris war nicht mehr wiederzuerkennen.

In den Restaurants trafen sich die Abgeordneten, die aus allen Regionen Frankreichs in die Hauptstadt entsandt wurden. Hierhin lud der neureiche Bourgeois seine Freunde ein, weil er es nicht wagte, seinen plötzlichen Wohlstand zu Hause in seinem Stadthaus zu zeigen. Beim Essen wurden die Börsenkurse diskutiert, handelten Finanziers Kredite aus, schrieben Journalisten ihre Berichte. Selbst die Académie française hielt nicht alle Sitzungen im Institut ab. Eine stattliche Anzahl ihrer Mitglieder lehnte ein Essen an renommierten Tischen nicht ab, und glücklich durfte sich der Kandidat schätzen, der über genügend Mittel verfügte, um seine Aufnahme in die Akademie mit Einladungen in die großen Restaurants zu fördern.

Noch heute tagen die Jurys der großen Literaturpreise in Restaurants. Die wichtigsten Preise sind der Goncourt und der Renaudot, sie werden in dem 1880 gegründeten Restaurant Drouant verliehen. Kleinere literarische Preise, etwa der *Prix littéraire de la Petite Maison*, dessen Jury ich angehöre, tragen sogar den Namen von Restaurants. In diesem Fall handelt es sich um La Petite Maison in Nizza, wo auch Literaturnobelpreisträger wie Jean-Marie Gustave Le Clézio verkehren. Vorbild solcher Preise sind der *Prix des Deux Magots* oder der *Prix de Flore*, benannt nach den berühmten Cafés am Boulevard Saint-Germain.

Zur Jurysitzung des *Prix littéraire de la Petite Maison* trafen wir uns unter dem Vorsitz des Schriftstellers und Kolumnisten Patrick Besson Anfang April 2017 im Chez Allard, in dem Woody Allen seinen Film *Midnight in Paris* beginnen lässt. Chez Allard, eines der letzten wirklichen Bistros im Herzen von Saint-Germain, das seit Anfang des 20. Jahrhunderts die Intellektuellen anzieht, gehört heute zum Imperium des legendären Kochs Alain Ducasse.

»Restaurateure, ihr wisst gar nicht, was ihr wert seid«, schrieb Anfang des 19. Jahrhunderts Antoine Caillot in einem Buch über Sitten und Gebräuche der Franzosen: »Ihr solltet euch über eure wahre Bedeutung in der Gesellschaft bewusst werden. Bei euren *déjeuners* setzt ihr die Maßstäbe für die öffentliche Meinung, für die Finanzen, die Familienangelegenheiten, die Wahlen … Ihr sorgt für den Triumph der Autoren und steigert euren Einfluss auf die Künste des Theaters … In unserem schönen Frankreich dreht sich alles um eure Tische und um eure Flaschen.«

Das Restaurant ist für die Franzosen längt ein Statussymbol, wie für die Deutschen das Auto. Während eine deutsche Firma ihren leitenden Angestellten einen Dienstwagen stellt, gewährt ein französisches Unternehmen stattdessen großzügig bemessene Bewirtungskosten – der Dienstwagen kommt, nebenbei bemerkt, ein Unternehmen wahrscheilich billiger. Wer Karriere machen will, der lädt in ein renommiertes Restaurant ein; wer gesellschaftlich aufsteigen will, muss Geschmack beweisen.

Konzerne, die etwas auf sich halten, stellen für ihre Direktion, die häufig in einem prachtvollen Palais in Paris residiert, Sterneköche ein. Die Chefs von BNP Paribas, Axa oder L'Oréal bewirten ihre Gäste wie in einem Dreisternelokal und können zugleich auf vollkommene Diskretion vertrauen. Aber selbst da gilt die französische Regel: zuerst das Essen, dann das Geschäft. Auf die Frage, ob sich an einer gut gedeckten Tafel denn so hart verhandeln lasse wie an einem kühlen Konferenztisch, meinte Jean-Louis Beffa, einst Chef von Saint-Gobain, heute Aufsichtsratsvorsitzender von BNP Paribas, es handele sich um zwei voneinander getrennte Vorgänge: »Beim Essen geht eher darum, die Atmosphäre zu lockern. Man spricht über allgemeine Dinge, die aktuelle Konjunktur zum Beispiel. Und wenn man dann gut gegessen hat und entspannter ist, redet man übers Geschäft.«

Dem einfachen Bürger bleibt der Besuch im Restaurant. Aber auch dort herrschen eigene Gesetze. Wer regelmäßig an den richtigen Orten erscheint, beweist Gespür für den herrschenden Trend. Völlig arriviert ist, wer in einem stets ausgebuchten Restaurant kurzfristig noch einen Tisch reservieren kann. Das bedeutet in Paris wirklich etwas! Bei manchem Koch muss man Monate im Voraus buchen.

Weil die Schriftsteller in Frankreich schon immer mit Lust am bürgerlichen Leben partizipierten und gern Einladungen an die Tafeln der Bourgeoisie annahmen, erlangte die Gastronomie um die Mitte des 19. Jahrhunderts in der französischen Literatur eine immer größere Bedeutung. Damit erhielt die Kochkunst endgültig den ihr angemessenen Platz in der französischen Zivilisation, und seitdem kommen Franzosen nur noch selten Zweifel an der Einmaligkeit ihres Könnens auf diesem Gebiet.

Geadelt werden die Köche, wenn es ihnen gelingt, Prominente an ihren Tisch zu ziehen. Der regelmäßige Besuch von Größen aus Politik, Wirtschaft und Unterhaltung ist nicht weniger wichtig, als bei der jährlichen Vergabe der Michelin-Sterne den Rang zu halten. Ein mir bekannter Koch, der mit zwei Sternen ausgezeichnet ist, berichtete mir jedes Mal, wenn ich bei ihm aß, wie weit seine Bemühungen gediehen waren, Staatspräsident François Mittterrand zu einem Abendessen in sein Restaurant zu locken. Das bedurfte einer genau abgestimmten Strategie, die den Koch eine Menge Einladungen kostete. Am Ende hatte er ein Geflecht von Beziehungen aufgebaut, das so weit reichte, dem Präsidenten seine Küche schmackhaft zu machen. Er hat es schließlich geschafft.

Nun ist die *cuisine française* also Weltkulturerbe. Da viele Franzosen ihre Kultur für den Nabel der Welt halten, sind sie immens stolz, dass die vermeintlich besondere Rolle dieser Kultur durch die Auszeichnung der UNESCO gleichsam offiziell bestätigt wurde. Die Kehrseite dieses, wie ich zugebe, nicht ganz unbegründeten Stolzes ist eine rigorose Abwehrhaltung gegenüber allem, was die französische Exklusivität zu bedrohen scheint. Dann ist im Handumdrehen von der

Gefahr der Überfremdung die Rede. Aber die Abwehrmecha-
nismen gegen Fast Food à la McDonald's sind ähnlich lächerlich wie die Maßnahmen zur Reinhaltung der französischen
Sprache. Man kann beide Bestrebungen durchaus vergleichen, denn, so sagt es der berühmte Anthropologe Claude
Lévi-Strauss: »Die Küche einer Gesellschaft ist eine Sprache,
in der sie ihre Struktur unbewusst ausdrückt.«

Ach ja, ich schulde dem Leser noch die Beschreibung der
übrigen Gänge des Diner *Goult de France* in der Berliner
Botschaft zur Feier der Aufname der *cuisine française* in die
UNESCO-Liste des immateriellen Weltkulturerbes. Auf den
Ochsenschwanz – mit meinen anschließenden Ausführun-
gen zur Geschichte der französischen Küche – folgte ein ge-
schmortes Kalbsfilet an jungem Spinat, Thai-Pomelo, Selle-
rie, grünem Curry und kräftigem Jus. Als Käsegang wurde
keine klassische *plateau de fromages* angeboten, sondern ein
Tête de Moine an Mohnblütenschaum und Nuss-Crumble.
Als Dessert servierten die Köche Passionsfruchtcreme mit
Guanaja-Schokolade und Sorbet aus exotischen Früchten.
Zu den sechs Gängen wurden sechs verschiedene Weine
serviert. Als Digestif konnte man zwischen einem alten
Cognac und einem alten Armagnac wählen. So haben wir
den Abend beschlossen, oder besser: mehr als drei Stunden
lang das Weltkulturerbe *cuisine française* gefeiert.

TEIL III

Stationen eines Wahlkampfs

Die Macht des Geldes

Als der junge Emmanuel Macron sich anschickte, für das Amt des Präsidenten der Republik zu kandidieren, wurde er sofort von rechts wie von links für eine entscheidende Etappe in seinem Lebenslauf kritisiert: Er hatte von 2008 bis 2012 vier Jahre lang bei der Bank Rothschild & Cie. gearbeitet. Damit hatte Macron, so die gängige Meinung, seine Seele dem Teufel verkauft.

Er sei der Kandidat »der Mächte des Geldes«, griff ihn der bürgerlich-liberale Politiker François Bayrou an, der in konservativen Regierungen mehrmals Minister gewesen und bei drei Präsidentschaftswahlen selber angetreten war. Aber auch François Fillon, den Präsidentschaftskandidaten der konservativen Partei Les Républicains, schonte Bayrou nicht: »Noch nie in der Geschichte der Republik stand ein Kandidat für die höchsten Ämter, für die Präsidentschaft der Republik, so unter dem Einfluss der Mächte des Geldes.« Fillon hatte in seiner Zeit als Abgeordneter eine Beratungsfirma gegründet und vom Versicherungskonzern Axa hohe Honorare erhalten.

Bayrou zögerte, ob er ein viertes Mal kandidieren sollte. Immerhin hatte er als Präsidentschaftskandidat 2007 mehr als 18 Prozent erhalten. Dann entschied er sich, einen der beiden von ihm kritisierten Kandidaten »der Mächte des Geldes« zu unterstützen: Emmanuel Macron. Ohne Bayrous Hilfe wäre es Macron kaum gelungen, ins Élysée einzuziehen.

Als Macron am 23. April 2017 im ersten Wahlgang vorne lag, stritt sich die Führungsmannschaft der konservativen Partei, die mit ihrem Kandidaten Fillon unterlegen war, ob sie für den entscheidenden zweiten Wahlgang zur Wahl Macrons aufrufen sollte, um die rechtsradikale Marine Le Pen als Präsidentin zu verhindern. Dem Front National nahestehende Politiker wie Eric Ciotti aus Nizza oder Laurent Wauquiez tobten und widersetzten sich bei einem Treffen der Parteiführung vehement einer solchen Wahlempfehlung. »Unsere Wähler hassen Macron, der die Bankenwelt vertritt.«

Die Macht des Geldes anzuprangern ist in Frankreich nicht eine Frage der politischen Einstellung. Unabhängig davon, ob man politisch links oder rechts steht, gehört es zum guten Ton und ist Teil des gesellschaftlichen Selbstverständnisses, sich von der Finanzwelt abzugrenzen. Das hat eine lange Tradition. In seinem Roman *L'Argent – Das Geld* (1891) legt Émile Zola seinem Helden die Klage in den Mund: »Ah! Das Geld, dieses Geld, das uns verlottern lässt, das uns vergiftet, das die Seelen austrocknet, aus ihnen die Güte, die Zärtlichkeit, die Liebe des anderen vertreibt ... All unsere Krisen, unsere ganze Anarchie kommen von dort ... Man muss töten, das Geld töten!«

In Anlehnung an diese Worte Zolas rief François Mitterrand beim Parteitag der Parti socialiste 1971 in Épinay in den Saal: »Das Geld, das korrumpiert, das Geld, das kauft, das Geld, das zermalmt, das Geld, das tötet, das Geld, das ruiniert, und das Geld, das bis hin zum Gewissen der Menschen alles verdirbt.« Diese Empörung hatte nichts mit seiner sozialistischen Einstellung zu tun, Mitterrand war kein Ideologe. Er lehnte Ideologien ab, sie widersprachen seinem Denken. Aufgewachsen in einer liberalen, bürgerlichen, von katholischer Moral bestimmten Umgebung hatte er jedoch gelernt, den Kapitalismus als »Diktatur« abzulehnen. Wobei in Frankreich meist sorgfältig unterschieden wird: Während der Besitz von Geld nach Ansicht der Mehrheit nicht schändet, gilt es als absolut indiskutabel, Geld als einen Wert anzustreben.

Voller Abscheu erzählte mir eines Tages Nathalie Duhamel, Pressesprecherin von Präsident François Mitterrand (und Stieftochter von Pierre Mendès-France), was ihr bei einem Galadiner im Weißen Haus widerfahren war. Ihr Tischherr war ein kräftiger Mann aus Texas, der sich ihr mit den Worten vorstellte: »What are you doing? I am making money.« Ich verdiene Geld! Eine solche Aussage ist in Frankreich undenkbar, denn es verstößt gegen die guten Sitten, über Geld auch nur ein Wort zu verlieren.

Die Ablehnung des Kapitalismus in Frankreich reicht zurück bis ins 18. Jahrhundert. Während in England Ökonomen wie Adam Smith und David Ricardo die Grundlagen der klassischen Nationalökonomie legten und erklärten, dass sich der Staat weitgehend aus der sich selbst regulierenden freien Marktwirtschaft raushalten müsse, hielten französische Philosophen wie Gabriel Bonnot de Mably und Jean-Jacques Rousseau den Kapitalismus für höchst gefährlich. Einerseits verstärke er die Ungleichheiten. Andererseits übe es einen schädlichen Einfluss auf das Zusammenleben aus, wenn jeder aus Eigennutz handele und versuche, seine Position gegenüber den andern zu verbessern. In einer Gesellschaft, in der die ökonomischen Grundlagen geregelt seien und eine gewisse Beschränkung herrsche, verhielten sich die Bürger hingegen so, dass es dem Gemeinwohl diene. Es war in ihren Augen die Aufgabe des Staates, die Mechanismen des Kapitalismus zu regulieren.

Nach dem Zusammenbruch der kommunistischen Systeme im vergangenen Jahrhundert erhielt die vormarxistische Kritik am Kapitalismus nicht nur in Frankreich wieder Aufwind. Selbst der Papst beklagte die unmoralischen Auswüchse der freien Marktwirtschaft. Das war Wasser auf die Mühlen nicht nur konservativer Katholiken. Wenn es um Fragen der Wirtschaftsordnung geht, bestimmt der *catholicisme zombie* unbewusst das Handeln und Denken auch derjenigen, die sonst strikt auf Einhaltung der Trennung von Staat und Kirche achten. Und auch die Ökologiebewegung in Frankreich trägt stark antikapitalistische Züge. »Die Ökologen in Frankreich lieben die Ökologie nur, weil sie ihnen erlaubt, dem Kapitalismus den Prozess zu machen«, schreibt der Erziehungswissenschaftler Denis Meuret.

Bei den Präsidentschaftswahlen 2017 hatten die Franzosen also auch über die Frage zu entscheiden, wie weit sich der Staat in die Ökonomie einmischen soll. Marine Le Pen trat für eine zentralisierte Wirtschaftspolitik und Protektionismus ein. Protektionismus, so der Front National, stärke Frankreichs Identität. Dem stellte sich der Anwalt der freien Marktwirtschaft, Emmanuel Macron, entgegen; er präsentierte sich als Vertreter der Start-up-Generation und kündigte an, viele der längst als selbstverständlich geltenden Privilegien auf den Prüfstand zu stellen.

Die Auseinandersetzung über die richtige Wirtschaftsform teilt Frankreich sei langem in zwei Lager. Und sie schlug sich im Mai 2017 auch im Wahlergebnis nieder. Die

Wähler im Westen Frankreichs neigen zur Öffnung und zum freien Wettbewerb, stimmten also in großer Mehrheit für Macron, während die Menschen im Norden, im Osten und entlang der Mittelmeerküste als gelernte Protektionisten ihre Wahlzettel mehrheitlich für Marine Le Pen abgaben. Das Wahlergebnis von 2017 stimme auf verblüffende Weise mit dem Abstimmungsverhalten zum Referendum über den Maastricht-Vertrag 1992 überein, konstatierte Michaela Wiegel in der *Frankfurter Allgemeinen Zeitung*. Schon vor fünfundzwanzig Jahren saßen die meisten Neinsager im Nordosten und im Mittelmeerbogen.

Die regionalen Unterschiede, die sich in den Wahlergebnissen spiegeln, waren bereits im 19. Jahrhundert zu beobachten und sind in erster Linie durch unterschiedliche wirtschaftliche Interessen bedingt. Die großen Weinhändler aus dem Bordelais kämpften schon damals für den freien Wettbewerb, während die Industriellen im Norden, besonders die Textilhersteller, sich vor der britischen Konkurrenz schützen wollten und so zu Vorkämpfern des Protektionismus wurden.

Streng genommen kannte die französische Politik eigentlich nur in den »dreißig glorreichen« Jahren, den Jahren des Wachstums und Wohlstands von 1946 bis 1975, das Prinzip des freien Wettbewerbs. Mit zunehmenden Wirtschaftsproblemen und wachsendem Rechtsruck wurde der Ruf nach zentralistischen und protektionistischen Maßnahmen dann wieder lauter, kehrten die alten Bräuche zurück. Der gleiche Hass gegen alles Ausländische, der im 19. Jahrhundert in einer unfassbaren Anglophobie gipfelte, findet sich heute in den Reden von Marine Le Pen und dem Programm des Front National wieder.

Aber nicht nur die rechten Parteien, auch die linken versprechen ihren Wählern den »Schutz« der französischen Wirtschaft durch den Staat und die Rückkehr in ein sorgenfreies Leben. Der Staat müsse nur beherzt genug durchgreifen. Der sozialistische Kandidat bei den Wahlen 2017, Benoît Hamon, stellte jedem Franzosen sogar ein Grundeinkommen in Aussicht. Finanziert werden sollte das durch eine Automaten- und Robotersteuer. Denn die Wirtschaft sei in den digitalen Zeiten nur noch ein riesiger Automat, der jedem erlaube, seine Arbeitszeit selber zu bestimmen. Man fühlte sich an die utopischen Gesellschaftsmodelle erinnert, mit denen Vertreter der »Frankfurter Schule« 1968 ihre studentische Zuhörerschaft beglückten: Jeder arbeitet nur noch vier Stunden am Tag und geht dann seinen ihm von der Natur geschenkten Neigungen nach, dem Jagen und Fischen.

Nun hat der Kapitalismus in Frankreich nie zu so schrecklichen Auswüchsen geführt, wie sie erstmals Mitte des 19. Jahrhunderts in England auftauchten. In Frankreich habe man sich nicht von einer haltlosen Gewinnsucht treiben lassen, schreibt der Historiker Fernand Braudel, dem Land fehle der entsprechende kapitalistische Antrieb. »Auf jeden Fall scheint mir, dass das zweifellos störrische Frankreich nicht durch die notwendigen Leidenschaften, durch den begeisterten Hang zum Profit geprägt ist, ohne die sich der Motor des Kapitalismus nicht dreht. Ist es nicht gleichzeitig Reiz und Unglück Frankreichs, sich nicht vom Kapitalismus einnehmen zu lassen? Sein Reiz: anders gelebt zu haben als viele andere Völker. Sein Unglück: Es war sich seiner Möglichkeiten und Reichtümer nicht bewusst, um im Kampf zwischen den Mächten der Welt voll mitzuspielen.«

Frankreich sei nicht kapitalistisch genug, so Braudel, werde aber vom Kapitalismus ausgebeutet. Er beklagt dieses Manko nicht, sondern verweist darauf, dass für die französische Identität Wirtschaft und Finanzwesen bei weitem nicht so wichtig seien wie Zivilisation und Kultur. Auf diesem Gebiet freilich hält Frankreich sich für außergewöhnlich.

Der emotionale Antikapitalismus der Franzosen eröffnet den Politikern immer neue Möglichkeiten der Stimmungsmache. Der Finanzkapitalismus habe »seine Logik der ganzen Wirtschaft aufgezwungen und dazu beigetragen, sie zu verderben«, sagte Staatspräsident Nicolas Sarkozy kurz nach Ausbruch der Finanzkrise 2008. Man nahm es ihm ab, obwohl jedermann wusste, dass er mit einigen der reichsten Franzosen persönlich eng befreundet ist. Weil sich François Hollande im Wahlkampf 2012 gegen den linksextremen Jean-Luc Mélenchon profilieren musste, ging er die Bankenwelt frontal an und malte ein Schreckgespenst an die Wand: »Mein wirklicher Gegner hat keinen Namen, kein Gesicht, keine Partei, er wird nie kandidieren, er wird nie gewählt werden – und dennoch regiert er. Dieser Gegner, das ist die Welt der Finanzen.«

Als Hollandes späterer Wirtschaftsminister Arnaud Montebourg mit diesem Satz konfrontiert wurde, wand er sich mit einem gewagten Vergleich geschickt heraus: »Die Finanzen, das ist wie das Cholesterin. Es gibt die guten und die schlechten. Die schlechten Finanzen, das ist der Bankensektor.« Und Premierminister Jean-Marc Ayrault wiederholte 2014: »Für mich sind die Finanzen, die spekulieren, die Finanzen, die betrügen, die sich in Finanzparadiese flüchten, der Feind, und er bleibt es.«

Wen konnte es angesichts solcher Befindlichkeiten wundern, dass Marine Le Pen im Wahlkampf 2017 gegen den

»Bankier« Emmanuel Macron zu Felde zog, den sie als »eifrigen Diener« der »finanziellen Supermächte« bezeichnete? Auf der gleichen Klaviatur hatte schon ihr Vater Jean-Marie Le Pen bei der Abstimmung über den Maastrichter Vertrag 1992 gespielt und von der »vaterlandslosen großen Finanzwelt« gesprochen, von »dunklen Mächten«. Gemeint hatte er damit nicht zuletzt jüdische Bankiers und Finanziers.

Das Land werde von zweihundert Familien beherrscht, die das Geld besäßen, klagten schon zu Beginn des 19. Jahrhunderts die Royalisten. Die Zahl Zweihundert geht wahrscheinlich zurück auf die Gründung der französischen Zentralbank, der Banque de France durch Napoleon im Jahr 1800. Es handelte sich um eine Aktiengesellschaft, nach deren Statuten nur die zweihundert stärksten Aktionäre an der Hauptversammlung teilnehmen durften.

In der Zeit zwischen den beiden Weltkriegen, besonders nach Ausbruch der Großen Depression, wurde die Behauptung, dass zweihundert Familien sich das Land teilten, zum Dauerthema der politischen Propaganda rechts wie links. Diese zweihundert Familien seien »die unangefochtenen Herren nicht nur der französischen Wirtschaft, sondern sogar der französischen Politik geworden«, klagte der linksliberale Premierminister Édouard Daladier auf einem Parteikongress 1934. Als sich zwei Jahre später Sozialisten und Kommunisten zu einer Volksfront zusammenschlossen, wurde Léon Blum für kurze Zeit Premierminister. Das Scheitern der Volksfront führte Leo Trotzki darauf zurück, dass jede der zweihundert Familien für sich unvergleichlich viel mächtiger sei als die Regierung. Léon Blum selber sah es ähnlich: »Es ist die Bourgeoisie, die Frankreich seit eineinhalb Jahrhunderten regiert«, sie kontrolliere die Verwaltung, die Presse, die Finanzen, die

Geschäfte und – während der Dritten Republik – auch den Senat.

Gegen Ende des 20. Jahrhunderts wurde die These von den zweihundert mächtigen Familien ein wenig variiert. Jetzt hieß es, zweihundert Manager lenkten die Geschicke des Landes. In Wahrheit haben immer noch die großen Patriarchen das Sagen, die über Beteiligungsgesellschaften quer durch alle Branchen investieren.

Martin Bouygues, dem die fünftgrößte europäische Baugesellschaft gehört, besitzt auch Medien wie die Fernsehgruppe TF1. François Pinault gehören nicht nur Kaufhäuser und Edelmarken wie Gucci und Yves Saint Laurent, sondern auch einflussreiche Publikationen wie das Wochenmagazin *Le Point*. Vincent Bolloré, der achtreichste Franzose, führt den Mischkonzern Bolloré, der in Afrika eine große Eisenbahnlinie baut, aber auch in den Medien investiert hat und den Fernsehsender Direct 8 besitzt. Den Rüstungskonzern Dassault führt jetzt Serge, der Sohn des Gründers, zu dessen Imperium mehr als siebzig Zeitungen und Zeitschriften gehören, darunter so wichtige wie *Le Figaro*. Dassault löste die Familie Lagardère als größtes Medienunternehmen des Landes ab.

Die Wirtschaftszeitung *Les Échos* gehört Bernard Arnault, dem Eigentümer des Luxuskonzerns LVHM; Arnault ist mit einem geschätzten Vermögen von 48 Milliarden Euro angeblich der reichste Franzose. 2017 unterstützte er die Wahl von Emmanuel Macron, obwohl er mit Nicolas Sarkozy befreundet ist und sogar Trauzeuge bei dessen Eheschließung mit Cécilia war. Am 5. Mai, dem Tag vor dem zweiten Wahlgang 2017, veröffentlichte Arnault in seiner Zeitung einen Wahlaufruf für Emmanuel Macron. Damit reihte er sich ein in die Reihe der französischen Unternehmer, die sich gern direkt und öffentlich politisch zu Wort melden.

Obwohl sich der größte französische Fernsehsender TF1 in den Händen des Bauunternehmers Bouygues befindet, der kein Freund von Sarkozy ist, konnte der Präsident 2007 durchsetzen, dass der populäre Nachrichtenmoderator Patrick Poivre d'Arvor gefeuert wurde. Er hatte in dem traditionellen Fernsehinterview zum Nationalfeiertag dem bekanntlich klein gewachsenen Präsidenten die doppeldeutige Frage gestellt, wie er sich denn kurz nach seiner Wahl beim G8-Gipfeltreffen Anfang Juni in Heiligendamm als »kleiner« Mann gefühlt habe. Sarkozy ließ ihn ersetzen durch eine abgelegte Freundin.

Rüstungsfabrikant Serge Dassault ließ Sarkozy im *Figaro* stets loben und ausführlich zu Wort kommen, während der Sozialist François Hollande entweder verschwiegen oder kritisiert wurde. Das änderte sich, als es Präsident Hollande 2015 gelang, jeweils 24 Maschinen des von Dassault produzierten Kampfflugzeugs Rafale nach Katar und Ägypten zu verkaufen.

Es sei kein Geheimnis, dass die Medien »von den Mächten des Geldes gehalten werden«, kritisierte der rechtsgaullistische Präsidentschaftskandidat Nicolas Dupont-Aignan im Wahlkampf 2017. Obwohl er von einem Teil der Presse boykottiert wurde, erhielt er im ersten Wahlgang am 23. April immerhin mehr als 1,6 Millionen Stimmen. In einer Fernsehsendung bei France 2 las Dupont-Aignan einen SMS-Austausch mit Serge Dassault vor, bei dem er sich beklagt hatte, er werde im *Figaro* totgeschwiegen.

Dassault antwortete, der Boykott in seiner Zeitung sei die Folge von Dupont-Aignans Kritik an François Fillon, dem

Kandidaten der Republikaner. »Ich bin entsetzt, dass du zu dem Boykott stehst«, schrieb Dupont-Aignan daraufhin. »Das wird nicht mehr vorkommen, sobald du aufhörst, Fillon zu bekämpfen«, antwortete Dassault.

»Das ist Zensur.«

»Wenn du deine Meinung änderst, wird es keine Zensur mehr geben, ich verspreche es dir.«

Die Macht der Straße – *La manif*

»Warum ist denn die Straße gesperrt?«, fragte ich einen der schwer bewaffneten Polizisten, als ich aus der Rue de Varenne biegen wollte, wo ich viele Jahre wohnte, um ins ARD-Studio auf der anderen Seite der Seine zu fahren.

»*Il y a une manif*«, sagte er lakonisch. *Manif* ist die familiäre Abkürzung für Manifestation, auf Deutsch so viel wie Demo. Die Rue de Varenne war häufig an beiden Enden gesperrt, denn in ihrer Mitte liegt das Hôtel Matignon, Sitz des Premierministers und Ziel vieler *manifs*. Wenn Protestdemonstrationen angemeldet wurden, von wem auch immer, zogen schwer bewaffnete Einsatztruppen der CRS auf und blockierten die Zugänge.

Anders als bei uns hat ein Franzose, unabhängig davon, welcher politischen Richtung er angehört, grundsätzlich eine positive Einstellung zur *manif*. Denn damit drückt das Volk aus, wer der wahre Souverän im Staate ist, wer die Macht hat. Manche scheinen in einer *manif* sogar okkulte Qualitäten zu finden. Am Tag der Beerdigung von Jean-Paul Sartre auf dem Friedhof Montparnasse sei sein Sohn ganz erschöpft nach Hause gekommen, erzählt der Philosoph Olivier Revault d'Allonnes. »*J'arrive de la manifestation contre la mort de Sartre.*« Er käme von der *manif* gegen den Tod Sartres.

Fast alle Regierungen sind mindestens einmal durch eine *manif* in die Knie gezwungen worden. Es begann mit der großen *manif* der Frauen am 5. und 6. Oktober 1789 vor dem Schloss in Versailles. Die Ereignisse dieses Jahres sind längst Teil des kollektiven Gedächtnisses. 2017 war in Blogs, in denen gegen Entscheidungen der Regierung protestiert wurde, zu lesen: »*Tout le pouvoir au peuple, 1789!*« Alle Macht dem Volk! Und regelmäßig wird in diesem Zusammenhang die Erinnerung an das unvergessliche Datum der Revolution heraufbeschworen. Am wirkungsvollsten vielleicht 1968, als die Studenten in Paris sogar den Staatspräsidenten General de Gaulle zur Flucht in die Obhut der Armee veranlassen konnten.

Findet irgendwo eine *manif* statt, ist es ratsam, sich fernzuhalten, falls man nicht selber protestieren möchte. Man braucht sich nur die hochgerüsteten Männer und Frauen der Sicherheitskräfte anzusehen, um zu wissen, mit denen ist kein Honigschlecken. Alles wird an solchen Tagen aufgeboten: Helme, schusssichere Westen, Schilde und lange Schlagstöcke, Vorrichtungen zum Abschuss von Tränengas und Granaten. Der Staat demonstriert Härte.

Ich erinnere mich gut an die große *manif* gegen ein neues Schulgesetz 1986, bei der auch meine Tochter mitging. Gegen eine geplante Bildungsreform wird in Frankreich grundsätzlich demonstriert. Tausende von Schülern waren bereits mehrere Tage durch die Straßen gezogen, die Polizei war immer aggressiver gegen sie vorgegangen. Mit wachsender Sorge schaute ich mir in den Fernsehnachrichten die Berichte an. An einem Abend hieß es, Polizisten hätten Tränengasgranaten direkt in die Menge der Demonstranten geschossen; dabei habe ein Schüler ein Auge verloren, einem anderen sei das Kinn weggerissen worden. Gegen elf Uhr abends konnte ich endlich aufatmen: Meine Tochter kam heil zurück.

In den Tagen danach machten Zehntausende von Schülern und Studenten Paris unsicher. Im Quartier Latin wurden Schaufensterscheiben eingeworfen und Autos in Brand gesteckt. Schließlich griff die Sonderpolizei CRS mit aller Härte durch. Zwei Schwarzmaskierte auf Motorrädern jagten mit langen Schlagstöcken in der Rue Monsieur le Prince Malik Oussekine, einen sportlichen Studenten algerischer Herkunft. Er erreichte gerade noch eine Haustür, die ihm ein hilfreicher junger Beamter, der eben nach Hause kam, aufhielt. Doch die Schwarzmaskierten sprangen ihm hinterher, folgten ihm die Treppe hinauf und misshandelten ihn brutal. Der Beamte konnte nicht eingreifen. Die Polizei zu rufen war sinnlos, denn die Täter selbst waren Polizisten. Zwei Stunden später war Malik Oussekine tot.

Am übernächsten Tag, einem Samstag, zogen Zehntausende Schüler, Studenten, aber auch viele Eltern in einem Schweigemarsch durch Paris. In der Folge nahm die Regierung Chirac das umstrittene Gesetz zurück. Der Premierminister wollte als künftiger Präsidentschaftskandidat dem Volk ein Zeichen geben, dass er verstanden habe. Wissenschaftsminister Alain Devaquet musste seinen Hut nehmen.

Was in anderen Demokratien, sei es in den USA, der Bundesrepublik oder in Italien, als Missfallensäußerung einer Minderheit abgehakt wird, kann in Frankreich zu politischen Maßnahmen führen. Darin zeigt sich die Macht des souveränen Volkes. Und der Präsident hat gelernt, mit dem Volk Zwiesprache zu halten. Seit de Gaulle 1968 die

Stimmung falsch einschätzte und vom Volk auf der Straße fast hinweggefegt worden wäre, achtet man im Élysée sehr genau auf jeden noch so kleinen Stimmungswandel in der öffentlichen Meinung und bezieht ihn ins politische Kalkül mit ein – bis hin zur Anpassung oder gar Rücknahme von Gesetzen.

Kein Land der Welt befragt seine Bürger häufiger als Frankreich. Das hängt auch damit zusammen, dass die politische Klasse weitgehend aus Technokraten besteht, die wenig Zugang zum Volk haben. Da die Franzosen seit Descartes davon überzeugt sind, methodisch denkende Menschen zu sein, glauben sie an Erhebungen und Statistiken und suchen ihr Heil in Meinungsumfragen. In Erinnerung an die Ereignisse vom Mai 1968, als sie »die Tiefenströmungen in der französischen Gesellschaft nicht wahrgenommen haben, haben sich Politik und Presse geschworen, sich nicht mehr von der Gesellschaft überrumpeln zu lassen«, erklärt Philippe Mechet von SOFRES, dem größten Meinungsforschungsinstitut des Landes, die Umfragemanie.

Für Meinungsforschung gaben die Präsidenten Millionen aus. Vom Amtsantritt François Mitterrands 1981 bis zur Wahl von Nicolas Sarkozy 2007 hatte das Umfrageinstitut Ipsos das Monopol auf Aufträge aus dem Élysée-Palast. Jean-Marc Lech, einer der Chefs von Ipsos, berichtet in seinen Memoiren, dass Mitterrand während der Präsidentschaftswahl 1988 »eine Umfrage pro Tag« in Auftrag gab. Weil er aus Geheimfonds bezahlt wurde, so Lech, habe er das Élysée manchmal mit Koffern voller Banknoten verlassen.

Die Ausgaben des Élysée müssten offengelegt werden, hatte Nicolas Sarkozy im Wahlkampf 2007 gefordert und nach seiner Wahl entsprechende Maßnahmen getroffen. Seitdem hat der Rechnungshof, in Frankreich eine mächtige Institution, Zugang zu den Ausgaben des Präsidenten. Fünf Jahre nach Sarkozys Ausscheiden aus dem Amt sind die Untersuchungen noch immer nicht abgeschlossen. Es stellte sich nicht nur heraus, dass die Ausgaben für Meinungsumfragen auch unter Sarkozy in die Millionen gingen; die Aufträge wurden auch ohne Ausschreibung an den engsten politischen Berater des Präsidenten, Patrick Buisson, vergeben. Manche Umfragen wurden sogar doppelt abgerechnet, einmal bei Medien wie dem *Figaro*, einmal beim Élysée.

In den ersten zwei Jahren von Sarkozys Präsidentschaft, zwischen Juni 2007 und Juli 2009, wurden 264 Umfragen durchgeführt. Gefragt wurde zum Beispiel:

- Welche sozialistische Persönlichkeit wäre ein guter Präsidentschaftskandidat?
- Was denken die Franzosen über das Paar Sarkozy – Bruni und eine mögliche Hochzeit?
- Wie ist Dominique Strauss-Kahn, damals Favorit bei den Sozialisten, im Fernsehen angekommen?

Sarkozy wagte es allerdings auch, sich der Macht der Straße zu widersetzen – und er gewann. Im Frühjahr 2010 verkündete seine Regierung, wegen der hohen Staatsverschuldung müssten die Renten reformiert werden: Erhöhung der Beiträge, Neuregelung des Renteneintrittsalters und so weiter. Von März an riefen die Gewerkschaften zur *manif* auf. Über mehrere Monate gingen in Frankreichs Städten Millionen auf die Straße; als das Reformgesetz im Parlament behandelt wurde, streikten Bahn und Nahverkehr, die Post und andere staatliche Unternehmen. Schüler und Studenten, die auf ihre Zukunft pochten, begannen tägliche *manifs*. Frankreich drohte wieder einmal im Chaos zu versinken.

Doch Nicolas Sarkozy hielt durch, das Parlament verabschiedete die Reform, und am Tag darauf, am 10. November 2010, unterzeichnete der Präsident das Gesetz. Ein paar Tage später fand eine letzte *manif* statt. Das Glück war Sarkozy hold gewesen, denn bei den Demonstrationen gegen seine Rentenreform war es zu keinen schwerwiegenden Zwischenfällen gekommen. Bei der Härte, mit der die Polizei in Frankreich nach wie vor gegen Demonstranten vorgeht – so als habe man aus dem Tod von Malik Oussekine keinerlei Konsequenzen gezogen –, war das alles andere als selbstverständlich.

2014 starb Rémi Fraisse, ein junger Öko-Aktivist, beim Protest gegen den Bau des Staudamms bei Sivens durch eine Polizeigranate, die ihn mitten auf der Brust traf. Daraufhin wurde der Bau des Staudamms eingestellt. Der Polizist, der die tödliche Granate abschoss, wurde zwei Jahre später freigesprochen.

Als die sozialistische Regierung unter Premierminister Manuel Valls 2016 die dringend notwendige Reform des Arbeitsrechts anging, folgte *manif* auf *manif*, Frankreich war monatelang gelähmt. Bei einer dieser Kundgebungen gegen das Arbeitsgesetz, am 28. April in Rennes, wurde der 21 Jahre alte Geographiestudent Jean-François von einer LBD40 im Gesicht getroffen. Das ist der Polizeibegriff für eine Waffe ähnlich einem »Flashball«, mit der Hartgummigeschosse geschleudert werden. Jean-François verlor durch das Geschoss ein Auge.

Zwei der Polizisten, die mit dieser Waffe ausgerüstet waren, wurden verhört. Aber schon organisierten einige Dutzend Kollegen sich zu einer Solidaritäts-*manif*. Die beiden hätten erklärt, nicht die Schützen zu sein, und damit habe sich die

Sache erledigt, auch andere Polizisten seien schließlich mit diesen Waffen ausgerüstet. Überhaupt finde man es unerträglich, dass die Arbeit der Polizei ständig infrage gestellt werde, ein Kompanieführer sei inzwischen achtzehn Mal vorgeladen worden. Wie soll die Polizei da für Ruhe und Ordnung sorgen? Kein Wunder, dass mehr als die Hälfte der Polizisten den rechtsradikalen Front National wählt.

Ende Mai 2016 kam es in Paris wieder zu einem schweren Zwischenfall, diesmal in Gegenwart vieler Journalisten und Fotografen. Am Ende einer *manif* gegen die Veränderung des Arbeitsrechts nahmen Polizisten der Eingreiftruppe einen jungen Mann fest, der die Veranstaltung gefilmt hatte. Wenig später warf ein Polizist ohne Anlass eine Granate, die den 28-jährigen Romain D. so unglücklich traf, dass er eine Hirnblutung und schwere Verletzungen am Schädel erlitt. Gut zehn Tage musste er in ein künstliches Koma versetzt werden.

Frankreich muss reformiert werden, und auf der Liste der notwendigen Anpassungen steht ganz oben die Lockerung des Arbeitsrechts. Dabei geht es im Kern um die Entmachtung der Gewerkschaften: Nicht die Zentrale in Paris soll in Zukunft über die Arbeitszeit in den Betrieben entscheiden, sondern jeder einzelne Betriebe für sich.

Allerdings führt Philippe Martinez, Generalsekretär der ehemals kommunistischen Gewerkschaft CGT, einen unbarmherzigen Kampf gegen die Regierung. Die CGT war einst die stärkste Arbeitgebervertretung Frankreichs, doch bei den Betriebsratswahlen im März 2017 wurde sie von der gemäßigteren CFDT überholt. Der Druck auf Martinez, der erst im Januar 2015 unter fragwürdigen Umständen an die Spitze der CGT gespült worden war, wurde dadurch noch erhöht. Zwar sind in Frankreich weniger als 8 Prozent der Arbeitnehmer gewerkschaftlich organisiert, aber gerade die CGT ist in Schlüsselbereichen so stark, dass sie das ganze Land lahmlegen kann. Benzin wird knapp, frische Lebensmittel bleiben aus, Züge fahren nur noch sporadisch.

Nach der Anzahl der jährlichen Streiktage liegt Frankreich im europäischen Mittelfeld. Aber nicht die Anzahl der Streiktage ist ausschlaggebend, sondern die Art des Streiks. Es werden nämlich nicht nur einzelne Betriebe bestreikt, sondern Maßnahmen ergriffen, die das Land in Geiselhaft nehmen. Als CGT-Chef Martinez etwa den Zugang zu den Raffinerien blockieren ließ – er nahm an einer Sperrung sogar selber teil und ließ sich dabei fotografieren, wie er einen Reifen ins Feuer warf, nach dem Motto: »Seht her, wir führen den Kampf der Arbeiterklasse weiter!« –, da standen die Autofahrer an den Tankstellen des ganzen Landes stundenlang Schlange.

Ich hatte zwar rechtzeitig voll getankt. Doch dann musste ich am nächsten Tag zum Flughafen. Ich rief Frank an, den Taxifahrer in meinem Dorf in Südfrankreich, und fragte, ob er genug Benzin habe, mich zu fahren. Natürlich. Frank tankte nachts gegen drei bei einer Tankstelle, die eigens für Taxen mitten in der Nacht öffnete. Auch das gehört eben zu Frankreich!

Präsident François Hollande orientierte sich bei der Arbeitsrechtsreform am deutschen Beispiel der Tarifpartnerschaft zwischen Arbeitgebern und Arbeitnehmern. Betriebsvereinbarungen waren zwar auch in Frankreich gesetzlich erlaubt, doch nach Meinung des Wirtschaftswissenschaftlers Thomas Breda von der École d'économie de Paris (PSE) nehmen nur etwa 10 Prozent der Unternehmen, die rechtlich solche Vereinbarungen treffen könnten, dies auch in Anspruch. Der Grund? Der soziale Dialog, der zu einem Kompromiss führt und in einem Vertrag Ausdruck findet, widerspricht der französischen Kultur.

Vor allem die Gewerkschaften sperren sich. Sie verstehen sich nicht als Sozialpartner, sondern als politische Akteure, die über soziale Veränderungen in der Gesellschaft mitbestimmen wollen. Deshalb werden Streiks meist politisch begründet. Als in Frankreich bei Verkehrsdelikten ein Punktesystem à la Flensburg eingeführt werden sollte, blockierten Lastwagenfahrer tagelang neuralgische Punkte im ganzen Land mit der Begründung, eine solche Regelung führe automatisch zum Verlust des Führerscheins. Dass man sich künftig etwas mehr an die Verkehrsregeln halten könnte, auf diesen Gedanken kam niemand.

Im Hinterkopf vieler Funktionäre der Gewerkschaft CGT steckt als letztes Mittel gegen unliebsame Entscheidungen des Staates immer der Generalstreik. Dieses Verständnis geht zurück auf die *Charte d'Amiens* von 1906; am 1. Mai dieses Jahres hatte die CGT mit einem Generalstreik die Acht-Stunden-Woche gefordert. Die Charta war ein revolutionäres Manifest, das zwei Ziele nannte, für die sich die Gewerkschaften einsetzen sollten: einerseits den Status der Arbeiter durch Verbesserungen ihrer Lebens- und Arbeitsbedingungen zu heben und andererseits die Kapitalisten zu enteignen und die vollständige Befreiung der Gesellschaft herbeizuführen. An dieser doppelten Zielsetzung, die auf eine Auflösung von Lohnarbeit und Unternehmertum hinausläuft, halten im Grunde alle französischen Gewerkschaften bis heute fest – mit Ausnahme vielleicht des Christlichen Gewerkschaftsbundes.

Trotz massiven gewerkschaftlichen Widerstands blieben Staatspräsident François Hollande und Premierminister Manuel Valls hart. Hier und da wurde eine kleine Schraube gelockert. So war zum Beispiel vorgesehen, den Eisenbahnern ein altes Privileg zu nehmen: Wer abends nach 19 Uhr den Dienst beendete, erhielt einen Tag frei. Die Eisenbahner traten für diese Regelung in einen Streik, also wurde sie schließlich beibehalten. Unter dem Strich aber setzte sich die Regierung durch, die Reform des Arbeitsgesetzes wurde verabschiedet und vom Staatspräsidenten unterzeichnet.

Der Kandidat

Wenige Tage vor dem ersten Wahlgang bei der Präsident-schaftswahl 2017 traf ich mich in Paris mit Freunden und Kollegen, um zu hören, wie sie die Chancen der wichtigsten Kandidaten einschätzten. Zu den Ersten, mit denen ich mich verabredete, gehörten der Maler Michel Faublée und seine Frau, die im Senat arbeitet. Mit Michel bin ich seit mehr als dreißig Jahren befreundet, er spielt sogar in einigen meiner Kriminalromane eine Rolle. Von ihm höre ich, was die Kunstwelt bewegt.

Wir trafen uns in dem alten Restaurant am Boulevard Saint-Germain, Ecke Rue Saint-Simon. Hier kehren Mitar-beiter der Parti socialiste ein, deren Parteizentrale nur we-nige Hundert Meter entfernt liegt, hier isst die bourgeoise Nachbarschaft. Das Restaurant hat jüngst wieder einmal Na-men und Besitzer gewechselt und nennt sich jetzt Aux vieux garçons, was aus mehreren Gründen gut passt.

Zum einen besteht das Restaurant der alten Jungs seit mehr als hundert Jahren und strahlt dies auch aus. Zum andern be-dient seit Jahrzehnten derselbe schmächtige Kellner. Als ich zur Vorspeise *poireaux vinaigrette* bestellte, lachte er trocken. »Die haben wir seit fünfzehn Jahren schon nicht mehr auf der

Karte.« Ich kehre hier zwar schon doppelt so lange ein, weil ich viele Jahre um die Ecke gewohnt habe, aber dass ausgerechnet dieser Klassiker der französischen Küche nicht mehr angeboten wurde, überraschte mich dann doch.

»Es ist merkwürdig leer bei Ihnen heute Abend«, sagte ich zum Kellner, als er den Käse brachte. Ohne eine Miene zu verziehen, antwortete er: »Die Wahlen. Sie wissen doch. Die Präsidentschaftswahlen. Und danach wird es auch nicht besser. Dann folgen die Parlamentswahlen.« Es werde wohl ein schlechtes Jahr werden, meinte er resümierend. »Und das nach der Flaute wegen der Terroranschläge!«

Den Präsidenten der Republik zu wählen ist für Franzosen ein so wichtiger und folgenreicher politischer Akt, dass man bereits einige Wochen vor der Wahl anfängt, sein persönliches Verhalten zu ändern. Man kauft weniger ein, man geht weniger aus, man empfängt zu Hause keine Gäste mehr. Jeder konzentriert sich auf sich selbst, und je näher die Wahl rückt, desto weniger verabredet man sich mit Freunden. Man will einfach vermeiden, dass man sich spätestens zwischen Käse und Dessert politisch zerstreitet.

Und Streit lag im Frühjahr 2017 mehr in der Luft denn je zuvor. Bereits im November hatte ich erlebt, dass keiner mehr wagte, über Politik zu reden. Denn alle gingen von der schrecklichen Gewissheit aus, dass es wie 2012 zu einem Duell Sarkozy gegen Hollande kommen würde. Und keinen von beiden wollten die Franzosen. Als dann die Konservativen bei ihrer Parteibefragung Sarkozy in die Verbannung schickten und Hollande wegen der Kandidatur seines ehemaligen Wirtschaftsministers Emmanuel Macron und wegen des zusätzlichen Drucks von Premierminister Manuel Valls, der selber kandidieren wollte, von einer Wiederwahl absah, atmeten alle befreit auf. Jetzt konnte man sich ernsthaft auf die Wahl vorbereiten.

Aber die Erleichterung dauerte nicht lange. Die Parteimitglieder der konservativen Partei Les Républicains hatten den ehemaligen Premierminister François Fillon zu ihrem Kandidaten gewählt. Sie waren der Meinung, er habe die Statur eines Präsidenten. Erst hinterher lasen sie sein erzkonservatives Programm, und da bröckelte die Zustimmung. Das war lange bevor er wegen seines Finanzskandals ganz abrutschte. Fillon war in jeder Hinsicht die ganz alte Welt.

Nicolas Sarkozy hatte sich in den letzten Jahren politisch so an den Front National rangewanzt, dass die Rechtsradikalen entdämonisiert wurden. Die Sozialisten wiederum wählten nicht den starken Manuel Valls zu ihrem Kandidaten, sondern den schwachen Benoît Hamon, der allen populistisch ein Bürgergehalt versprach. Am Ende führte er mit gerade mal 6,3 Prozent der abgegebenen Stimmen die Partei in die Versenkung. Vom Niedergang der Sozialisten profitierte der linksextreme Jean-Luc Mélenchon, auch weil er ein begnadeter Redner ist.

Eine gute Bekannte aus Nizza, Catherine, von der ich wusste, dass sie eine große Anhängerin von Nicolas Sarkozy war und konservativ wählte, sagte mir nach der Wahl: »Ich habe mir Mélenchon immer wieder angehört und mich von ihm einfangen lassen. Seine Auftritte waren einfach phantastisch. Wenn ich dann aber las, was in seinem Programm steht, überkam mich ein Grausen.« Aus Angst, dass es Mélenchon in den zweiten Wahlgang schaffen könnte, in dem dann zwischen ihm und Le Pen zu entscheiden gewesen wäre, hat Catherine Macron gewählt. »Viele meiner Freunde auch. Obwohl er ja noch wie ein Baby wirkt.«

Unter einem Präsidenten stellen sich die Franzosen eine ganz besondere Person vor. Hätte ein Filmregisseur die Stelle des neuen Präsidenten mit einem der Kandidaten von 2017 besetzen müssen, dann wäre die Wahl zweifellos auf François Fillon gefallen. 70 Prozent der Franzosen bestätigten in einer Umfrage, dass er einen guten Präsidenten abgeben würde. Unbewusst steht den meisten Franzosen, wenn sie an den Mann im Élysée denken, immer noch die Würde ausstrahlende Figur von General Charles de Gaulle vor Augen. Und de Gaulle hat bei der Gründung der Fünften Republik 1958 die Verfassung so auf das Amt des Präsidenten zugeschnitten, dass dieser über dem Volk zu schweben scheint und das Volk bewundernd zu ihm aufschauen kann als zu demjenigen, in dem es sich wiederfindet.

Das Phantombild des Präsidenten der Republik gleicht einem außerirdischen Wesen. Es vereint in sich alle Eigenschaften, die sich die Franzosen von dem Mann an der Spitze wünschen, und hebt gleichzeitig alle politischen Widersprüche auf, die sie selber nicht zu lösen imstande sind. Das Phantom, das sie suchen, soll dem innenpolitisch vielfach gespaltenen Land nach außen weltpolitisches Gewicht geben – eine geradezu übermenschliche Herausforderung.

Weil sowohl François Hollande als auch sein Vorgänger Nicolas Sarkozy, jeder auf seine Weise, in dieser Rolle kläglich versagt haben, fiel dem französischen Wähler 2017 die Entscheidung besonders schwer. Der letzte Präsident, der ihrem Wunschbild entsprach, war François Mitterrand gewesen: ein republikanischer Monarch von hoher Bildung, der noch als Präsident Bücher las, ein begnadeter Vertreter der Hochkultur, ein Mann von Gewicht.

Die Faszination der Macht in Verbindung mit hoher Intelligenz birgt eine besondere Komponente, die Marguerite Duras, Frankreichs große Dame der Literatur, nach Mitterrands Wiederwahl 1988 thematisierte, als sie von dessen sexueller Ausstrahlung sprach. Sie war damals im Alter von immerhin 74 Jahren, und er war auch schon 71. Was macht das Alter schon aus, meinte Madame Duras, früher sei Mitterrand sehr sexy, sehr verführerisch gewesen, und heute »ist er immer noch so. Selbst wenn man es nicht sieht, ist er immer noch so. Er muss so sein … Ich sehe es, wenn er schaut, wenn sein Blick auf einer jungen Frau ruht.«

Um ein vom republikanischen Volk gewählter König zu werden und in das Amt zu kommen, das Privilegien bereithält, von denen die Thronfolger in mancher Erbmonarchie nur träumen können, muss man sich einem gnadenlosen Auswahlprozess unterwerfen. Als Erstes muss man erklären, man sei Kandidat. Nicht etwa Kandidat für die Präsidentschaft, sondern Kandidat, um zu kandidieren. Schon diese erste Erklärung verlangt ein Höchstmaß an Fingerspitzengefühl. Sie muss so formuliert sein, dass man sie ohne Gesichtsverlust zurücknehmen kann, und sie hat im geeigneten Moment zu erfolgen. Sie dient nur dazu, die Reaktion der Mitbewerber – der bereits bekannten, aber auch potenzieller künftiger Mitbewerber – sowie insbesondere die Bereitschaft der Vasallen zu testen.

Bei der Wahl 2017 zeigten Dutzende von Politikern und Politikerinnen Interesse an einer Kandidatur. Die Entscheidung, ob man kandidiert, liegt im persönlichen Ermessen. Der Präsidentschaftsanwärter hat die Frage allein mit sich und dem Volk auszumachen, denn darum geht es bei der Wahl: um einen ausschließlichen Dialog zwischen Kandidat und Volk. Nach den Vorstellungen von Charles de Gaulle sollten die Parteien für die Kandidaten ursprünglich nur eine unterstützende Rolle spielen. Doch im Laufe der Jahre standen immer seltener herausragende Persönlichkeiten zur Verfügung. Deshalb führten zunächst die Sozialisten, 2016 auch die konservativen Republikaner die *primaires*, die Parteibefragungen ein. Mit katastrophalem Ergebnis, denn mit François Fillon bei den Republikanern und Benoît Hamon bei den Sozialisten wurden zwei Politiker ins Rennen geschickt, die in ihrer Partei eher am rechten beziehungsweise am linken Rand stehen und damit die Wähler der Mitte verschreckten.

Emmanuel Macron war klug beraten, an der Kandidatenauswahl der Sozialisten nicht teilzunehmen. Er gründete stattdessen eine Bewegung – wohlgemerkt keine Partei, sondern die Bewegung *En Marche* –, mit der er via Internet in einen Dialog mit dem Volk trat. Nach Macrons Wahl zum Präsidenten wurde aus der Bewegung *En Marche* die Partei La République en Marche (LRM), denn um Kandidaten für die wenige Wochen später stattfindende Parlamentswahl aufstellen zu können, brauchte man eine Partei.

Das Volk wählt den Präsidenten. In diesem einfachen Satz lag die Lösung des Grundproblems, unter dem Frankreich seit der Hinrichtung Ludwigs XVI. am 21. Januar 1793 litt. Charles de Gaulle hat dieses Problem erkannt und mit der Verfassung der Fünften Republik gelöst – darin liegt seine historische Größe.

»Louis muss sterben, weil das Vaterland leben muss«, so der Schlüsselsatz in Robespierres berühmter Rede vom 3. Dezember 1792 im Prozess gegen den König, dem ursprünglich Unversehrtheit zugesichert worden war. Robespierre und Saint-Just ging es nicht darum, den Kopf vom Rumpf zu trennen, sondern eine Rechtsauffassung, die durch den

König verkörpert wurde, durch eine andere zu ersetzen. Aus »*Vive le roi! – Es lebe der König!*« wurde in den Straßen von Paris »*Vive la nation! – Es lebe die Nation!*«

Allerdings hatten die Revolutionäre die Folgen nicht bedacht: Denn als Ludwig XVI. unter der Guillotine starb, entstand ein legitimistisches Problem. Bis dahin hatte gegolten, was der Sonnenkönig, Ludwig XIV., der 72 Jahre lang regierte, in den knappen Satz gepresst hatte: »*L'État c'est moi* – Der Staat bin ich«. Nun ging die Souveränität des Königs auf das Volk über, doch das Volk ist eine abstrakte Größe im Gegensatz zu einem König, dessen Souveränität auf den jeweiligen Thronerben übergeht.

In keinem anderen Land hängt die nationale Identität so stark von der Legitimität der Macht ab wie in Frankreich, schreibt der Historiker Jacques Juillard: »Im Gegensatz zu England, wo das Prinzip der Kontinuität durch die königliche Familie gesichert war; im Gegensatz zu den Vereinigten Staaten, wo diese Rolle vom Text der Verfassung übernommen wurde, oder auch im Gegensatz zu Deutschland, wo das Prinzip der Kontinuität in der deutschen Sprache enthalten war, stellte das Frankreich der Revolution seine Rechtsgrundlage infrage: den Staat, verkörpert durch die königliche Person.«

Das französische Volk hat von seiner Souveränität eine starke Meinung. Deshalb tat es sich das ganze 19. und die erste Hälfte des 20. Jahrhunderts hindurch so schwer mit der Frage, welche Regierungsform die Souveränität des Volkes am besten verkörpere. Von diesem Dilemma profitierten beide Napoleons, der erste wie der dritte, indem sie sich als direkt vom Volk gekürte Regenten gaben, die sich über Parteistreitigkeiten hinwegsetzten, um die Nation zu einen. In den

Augen des Volkes verkörperten beide Kaiser – wie einst die Könige – die Legitimität der Macht; denn das französische Volk hat sich trotz der Revolution nie von dem Gedanken trennen können, dass Macht personifiziert werden muss. Der Einigungsgedanke, die Vorstellung, dass der oberste Repräsentant der Nation diese mit sich selbst versöhnt, spielt dabei eine nicht zu unterschätzende Rolle.

In diesem Punkt beging Jacques Chirac bei der Präsidentschaftswahl 2002 einen großen historischen Fehler. Nachdem er in der Stichwahl gegen Jean-Marie Le Pen 82 Prozent der abgegebenen Stimmen erhalten hatte, wäre es seine Aufgabe gewesen, im Anschluss die anderen demokratischen Parteien, die ihm zum Sieg verholfen hatten, an der Macht zu beteiligen und so die Nation über politische Spaltungen hinweg zu einen. Der eitle Chirac glaubte, die 80 Prozent der Wählerstimmen gehörten ihm.

Der letzte Präsident der Vierten Republik, René Coty, hatte 1954 mühselige dreizehn Wahlgänge benötigt, um ins Amt gehievt zu werden. Vier Jahre später kam es auf Initiative von Charles de Gaulle zu einer neuen Verfassung, in die 1962 nach einer Volksbefragung die Direktwahl des Präsidenten eingefügt wurde. Bonapartismus und Gaullismus hätten vieles gemeinsam, stellte der große französische Politikwissenschaftler René Rémond einst fest: Beide seien »gegen die Aufspaltung, für die nationale Einigung, gegen das Zerbröseln der Autorität, für einen geachteten Staat, der einen Kopf hat«.

Diese Erkenntnis hat Emmanuel Macron als einziger Kandidat in der Präsidentschaftswahl 2017 nicht nur beachtet, sondern auch immer wieder betont. Er erklärte, den Geist der Fünften Republik mit neuem Leben beseelen zu wollen –

und zwar auf den Buchstaben genau. »Ich glaube nicht an einen *président normal*«, hämmerte Macron seinen Wählern monatelang ein. Er wolle ein Präsident sein, der präsidiert. Der sich nicht um jede Kleinigkeit kümmert, der nicht zu jedem Anlass gleich vor die Presse tritt – wie Sarkozy und Hollande es taten. Im Gegenteil, Frankreich benötige einen *président jupitérien*, einen Staatschef, der aus dem Körper Jupiters geschnitzt sei. Jupiter war als oberste Gottheit der Römer zugleich der Beschützer des Staates. Kaum war Macron gewählt, verpasste ihm die satirische Zeitung *Le Canard enchaîné* diesen Spitznamen: Jupiter.

Im Ausland wird die Machtfülle des französischen Präsidenten gern mit der absoluter Monarchen, Diktatoren und Despoten verglichen. Die Staatsmacht des Gaullismus gründet jedoch wie seinerzeit die der Bonapartes unbestritten auf der Souveränität des Volkes. »Dem Volk gehört die Macht«, so René Rémond. »Es delegiert sie, kann sie aber auch zurückfordern.« Die Instrumente der Volksbefragung und der Direktwahl machten die französische Demokratie zu einer »Demokratie besonderer Art: Es ist eine direkte Demokratie, die auf einer möglichst engen Beziehung zwischen Volk und Macht beruht.«

Zwischen dem Volk und dem Präsidenten, dem das Volk seine Macht leiht, steht niemand. De Gaulle selbst hat die direkte Beziehung zwischen Volk und Machthaber über alles gestellt – noch über das Gesetz selbst. Als im April 1969 bei einer Volksbefragung 53,2 Prozent der Wähler seinen Plänen für eine Regionalreform und eine Umwandlung des Senats eine Absage erteilten, trat de Gaulle zurück, obwohl seine Amtszeit noch über drei Jahre gedauert hätte. Da er als Präsident sich nicht mehr in Übereinstimmung mit dem Volk befand, gab er die ihm übertragene Macht vorzeitig zurück – ein in anderen Demokratien kaum vorstellbarer republikanischer Vorgang.

Weil die Entscheidung ausgereift sein muss und sie ihre Wankelmütigkeit kennen, gönnen sich die Franzosen zwei Wahlgänge. Tatsächlich geht es darum, zunächst die kleinen Kandidaten zu eliminieren, damit die Alternative im zweiten Wahlgang umso eindeutiger ist. Gewählt ist, wer mehr als 50 Prozent der abgegebenen Stimmen erhält, was selbst Charles de Gaulle 1965 zu seinem eigenen Erstaunen im ersten Wahlgang nicht gelang.

»Zwei Wahlgänge benötigt man«, sagt mein Freund Philippe Lefèvre, der mehrmals in den Gemeinderat des kleinen Dorfes Pontarmé gewählt wurde. »Den ersten, damit die Wähler sich emotional abreagieren, um im zweiten nach der Vernunft zu entscheiden.« Prosaischer ausgedrückt: Am ersten Sonntag wählt das Herz, am zweiten die Brieftasche. Etwas romantischer umschreibt es der nicht nur bei der Jugend äußerst beliebte, mehrfach mit dem wichtigsten französischen Musikpreis *Victoires de la Musique* ausgezeichnete Chansonnier Renaud: »Im ersten Wahlgang geht es um Ideen, Gefühle, Jugend, Dynamik, Erfindung und Revolution. Es ist die Wahl der Träume, der Utopie. Im zweiten Wahlgang wählen wir dann den König.«

Wie der König auszusehen habe, auch davon haben die Franzosen eine klare Vorstellung. Manch einen Möchtegern schmettern sie bereits im Vorfeld ab: »*Il ne fait pas le poids!* – Er hat das Gewicht nicht.« Bevor die politische Einstellung eines Kandidaten begutachtet wird, wird er als Person bewertet. Und da stand 2017 der konservative François Fillon an erster Stelle: Er hatte das Gewicht. Zu den wichtigsten

Eigenschaften, die ein Kandidat mitbringen muss, damit ihm Gewicht zugesprochen wird, gehören: Aussehen, Ausstrahlung, Würde, Urteilsfähigkeit und Entschlusskraft. Man muss ihm zutrauen, auf internationaler Bühne mit Staats- und Regierungschefs wie Wladimir Putin, Angela Merkel oder Donald Trump auf Augenhöhe zu sein und dabei Frankreichs Position und Interessen mit Nachdruck zu vertreten. Politisches Gewicht ist nicht zu verwechseln mit Beliebtheit in den Umfragen. Politisches Gewicht heißt: Der Kandidat hat das Zeug, eine Leitfigur zu werden.

Frankreichs Rolle in der Welt muss erkennbar sein. Auch in dieser Überzeugung stehen sich Bonapartismus und Gaullismus nahe. »General de Gaulle spricht von *Rang*, der Bonapartismus beruft sich eher auf den *Ruhm*«, so noch einmal René Rémond. Das seien aber nur zwei verschiedene Ausdrücke, um ein und dieselbe Sache zu bezeichnen: nationale Größe. Grundlage dafür ist die Einheit der Nation. Nach französischer Vorstellung wird ein Volk nur dann respektiert und als stark angesehen, wenn es sich innenpolitisch geeint zeigt.

Dies ist einer der Gründe dafür, dass sich Franzosen im Ausland fast nie über ihr eigenes Land streiten – jedenfalls nicht in Gegenwart von Nichtfranzosen. Im deutschen Fernsehen moderierte ich einmal ein Gespräch zwischen dem ehemaligen französischen Präsidenten Valéry Giscard d'Éstaing und dem Philosophen André Glucksmann, von dem jedermann wusste, dass er Giscard verachtete. Die beiden gaben sich höflicher als zwei alte Bridgedamen. Hinterher sagte mir Glucksmann: »Ich kann mich doch nicht im deutschen Fernsehen mit dem ehemaligen Staatspräsidenten streiten. Das tut man nicht!«

De Gaulle forderte das französische Volk mit besonderer Vorliebe auf, sich zu vereinigen – *se rassembler* – und sowohl das politische Lagerdenken als auch alle lokalen und regionalen Streitigkeiten hintanzustellen. François Mitterrand appellierte im Wahlkampf um seine Wiederwahl 1988 immer wieder an die »Vereinigung« aller Franzosen. Emmanuel Macron, der Mitterrands Wahlkämpfe genau studiert hat, erklärte sich zu dem Kandidaten, der über den Parteien stehe, er sei weder links noch rechts. Das kam besonders gut bei denen an, die der Präsidentschaft des »linken« Hollande und des »rechten« Sarkozy überdrüssig waren.

Keinem deutschen, keinem britischen, keinem amerikanischen Politiker käme es in den Sinn, Überparteilichkeit zum Programm zu stilisieren, die Wähler würden darauf nicht ansprechen. Im ständig zwischen Partikularinteressen zerrissenen Frankreich trifft der Ruf nach Vereinigung den Wunsch nach einer im Innern heilen, nach außen solidarischen Welt. Dem entspricht die tiefe Ablehnung jeglicher Form von Fraktionspolitik. Dass die Parteiführungen darüber bestimmen, wer der erste Mann im Staate werden soll, ist in Frankreich unvorstellbar.

Die ideologische Teilung des Landes ist jedoch ebenso ein Erbe der Revolution wie der Wunsch nach angemessener Repräsentation der Volkssouveränität. Im Frühjahr 2016 fragte ich den französischen Finanzminister Michel Sapin, wie er das »Omelett« von Alain Juppé finde, dem konservativen Bürgermeister von Bordeaux und ehemaligen Premierminister unter Chirac, der vorgeschlagen hatte, Frankreich solle das rechte und das linke Ende des Omeletts abschneiden und sich auf die Mitte konzentrieren. Sapin lachte: »Nie im Leben! Frankreich ist schon durch das Wahlsystem mit

seinen zwei Gängen zur Spaltung von rechts und links verdammt.«

So traditionell dachten viele führende Politiker in Frankreich, die über den Aufstieg des jungen Emmanuel Macron
lächelten, seine Kandidatur nicht ernst nahmen und von
einer Seifenblase sprachen. Aber sie hatten den Puls der Nation nicht richtig gemessen. Macron stellte sich über die Parteien und berief sich auf die Werte Frankreichs. Er schlug
den Franzosen einen Weg vor, der ganz ihrer Stimmung und
politischen Kultur entsprach, und deshalb wurde er gewählt.

Die Machtfülle eines Monarchen

Es gehört zur Tradition Frankreichs, dass ein großer Staatsmann der Nation den Weg zeigt. Immer wieder hat das Land Männer an der Spitze gesehen, die über ihre Zeit hinaus für das Volk gedacht und gehandelt haben. Heinrich IV., sein Sohn Ludwig XIII. und sein Enkel Ludwig XIV. zählen in diesem Sinne ebenso zu den Großen der französischen Geschichte wie Robespierre, Napoleon oder de Gaulle.

Wer sich heute mit einem Franzosen über die schwierige wirtschaftliche Lage seines Landes unterhält, wird früher oder später daran erinnert, dass Colbert als Finanzminister Ludwigs XIV. im 17. Jahrhundert den staatlich gelenkten Wirtschaftszentralismus eingeführt hat, um den Luxus des Königs finanzieren zu können. Unter diesem Erbe leide Frankreich immer noch.

Charles de Gaulle war der letzte politische Kopf, der sich Gedanken über den Weg gemacht hat, den Frankreich gehen solle. Das Volk ist diesem Weg, entgegen dem Rat der meisten Politiker, eine Zeit lang gefolgt. Emmanuel Macron, der *la France profonde,* die tiefe Seele der Franzosen, gut kennt, hat entscheidende Schlagworte des Gaullismus im Wahlkampf aufgegriffen und neu belebt: Das Volk solle sich vereinen, Teilungen überwinden und nach außen stark sein.

Schon am Abend des zweiten Wahlgangs hat Macron gezeigt, dass er sich, anders als seine beiden Vorgänger Sarkozy und Hollande, in seine Landsleute einfühlen kann, die ziemlich genaue Vorstellungen davon besitzen, wie ein Präsident zu sein habe, und dass er bereit ist, diesen Vorstellungen zu entsprechen. Die sozialistische Bürgermeisterin von Paris Anne Hidalgo hatte ihm verboten, in der Wahlnacht seine Anhänger auf dem Champs de Mars am Eiffelturm zu begrüßen. Das Verbot erwies sich als Glücksfall, denn Macron nutzte die Gelegenheit, um auf die Cour Napoleon beim Louvre auszuweichen. Dieser historische Ort war für seinen ersten Auftritt als Präsident der Republik wie geschaffen.

Der Louvre gehört dem Staat und nicht der Stadt, so musste nur die sozialistische Kulturministerin zustimmen. Sie zögerte nicht lang, da sie Macron nahesteht. Somit fand die Siegesfeier von Macron im Herzen der französischen Geschichte statt. Im Louvre hatten die Könige gelebt, bevor sie nach Versailles zogen. Und ganz in der Nähe, auf der Place de la Concorde, hatte die Guillotine gestanden. In der Mitte der Cour Napoleon steht aber auch unübersehbar ein Wahrzeichen der Moderne: die unter der Präsidentschaft von François Mitterrand von dem Architekten I. M. Pei errichtete Glaspyramide.

Hier warteten am 7. Mai 2017 bis spät in den Abend Tausende, die Macron gewählt hatten. Die Inszenierung entsprach der Würde des Amtes: Unter den Klängen der Europahymne von Beethoven, mit der er sein Bekenntnis zu Europa unterstrich, schritt der Neugewählte durch die Nacht – allein, ohne irgendwelche Begleiter an seiner Seite. Die Botschaft verstand jedermann sofort: Der Präsident steht über allen. Und er ist einsam. Macron lässt sich Zeit, er hetzt nicht. Genauso bedächtig, einen Fuß vor den anderen setzend, wird er eine Woche später bei der Amtseinführung über den roten Teppich im Hof des Élysée gehen.

In seiner Ansprache verwendete Macron nicht nur jene Schlüsselbegriffe, die von dem Präsidenten als dem Vertreter aller Franzosen erwartet werden, nicht nur Freiheit, Gleichheit, Brüderlichkeit, sondern appellierte eben auch an die Einheit des französischen Volkes. Selbst den Wählern von Marine Le Pen bezeugte er seinen Respekt und unterband mit einer Handbewegung Proteste.

Erst nachdem er mit dem Ausruf *vive la France! vive la république!* Frankreich hatte hochleben lassen, kamen seine Frau Brigitte und deren Töchter mit Familie auf die Bühne, umringten ihn, und dann sangen alle gemeinsam die Marseillaise.

»Der Staatschef ist der Garant der langen Zeitläufte«, erklärte Macron, und kaum war er im Amt, passte er die Öffentlichkeitsarbeit des Élysée dieser Devise an. Der Präsident spricht öffentlich nur, wenn es von großer Bedeutung ist. Die Zahl der Journalisten, die ihn auf Reisen begleiten dürfen, wurde drastisch reduziert. Seinen Antrittsbesuch bei Bundeskanzlerin Angela Merkel und wenige Tage später seine Reise zu den französischen Truppen nach Mali absolvierte der neue Präsident ohne viel Tamtam. Die Presse protestierte vergeblich.

Das Amt des Präsidenten sei von seinen beiden Vorgängern durch zu viel Publicity beschädigt worden, gab Macron ungerührt zu Protokoll. Selbst auf ständige Hintergrundgespräche, wie sie bei seinen Vorgängern gang und gäbe waren, will er verzichten. Macrons Begründung: »Wenn man in ein Dreisternelokal geht, schaut man vorher auch nicht in der Küche vorbei.«

Kaum war Emmanuel Macron gewählt, wurde er mit Napoleon verglichen. Dazu trug in erster Linie das jugendliche Alter des Präsidenten bei. Man erinnerte daran, dass Napoleon mit gerade einmal 27 Jahren General geworden war und wenig später die Staatsgeschäfte übernommen hatte. Andere glaubten eine bedeutungsvolle Parallele darin zu erkennen, dass sich beide nicht nach herkömmlichen Kategorien einordnen ließen: So wie Napoleon weder Monarchist noch Republikaner war, so sei Macron weder Sozialist noch Kapitalist, weder links noch rechts. Solche historischen Spielereien zeigen vor allem eines: dass es ziemlich verwegen ist, Macron mit Napoleon in einem Atemzug zu nennen.

So verwegen es war, US-Präsident Obama kurz nach Amtsantritt den Friedensnobelpreis zu verleihen, zu einem Zeitpunkt, als er noch gar keinen Frieden hatte stiften können, so verwegen wäre es, Prognosen auf die Präsidentschaft Macrons abzugeben. Festhalten lässt sich allerdings, dass er die Chance hat, ein großer Präsident zu werden, der Frankreich erneuert. Aber genauso gut kann er versagen, wenn es ihm nicht gelingt, seine Ideen von der Renovierung Frankreichs umzusetzen.

In den ersten Monaten nach seiner Wahl profitierte Macron von den hohen Erwartungen, die mit seiner Person verknüpft sind. Viele wollten ihn ganz einfach als großen Mann sehen. Keine drei Wochen war Macron im Amt, da jubelte die Presse schon, Frankreich werde in der Welt endlich wieder wahrgenommen. Dabei war erst einmal nicht viel passiert.

Am Tag nach seiner Amtseinführung hatte Macron Angela Merkel in Berlin getroffen. Sie hatte mit einem Zitat von Hermann Hesse, das sie auf ihn bezog – »Und jedem Anfang wohnt ein Zauber inne« –, die Herzen vieler Franzosen bewegt. Dann schüttelte Macron Donald Trump die Hand. Dabei drückte er so fest zu, das es ihm selbst weh zu tun schien, blickte grinsend in die Kameras und ließ nicht mehr los. Er habe das ganz bewusst gemacht, sagte er hinterher. In der Tat hatte er sich bestens vorbereitet und alle verfügbaren Aufnahmen von Donald Trump beim Händeschütteln angeschaut.

Dieser Präsident überlässt nichts dem Zufall, sondern ist meist perfekt vorbereitet. Sogar der eitle Nicolas Sarkozy, der bekannt ist für sein loses Mundwerk und sich nur allzu gern noch einmal selbst in den Élysée-Palast gehievt hätte, aber an seiner Partei gescheitert war, zeigte sich beeindruckt: »Macron ist so wie ich. Nur besser.«

Nach den drei Gipfeln – NATO, EU und G7 in Taormina – kam schließlich der russische Präsident Wladimir Putin nach Paris, um gemeinsam mit Macron eine Ausstellung über Zar Peter den Großen im Trianon-Schloss in Versailles zu eröffnen. Diesmal widmete die Presse dem Händedruck schon im Vorfeld viel Aufmerksamkeit. Und nach dem Besuch des russischen Zaren wurde der Präsident wieder gelobt, da er Putin die rote Linie im Bürgerkrieg in Syrien aufgezeigt hatte: Sollte es noch einmal zu einem Giftgasangriff kommen, werde Frankreich sofort intervenieren. Putin dürfte wissen, dass die Drohung glaubwürdig ist. Als Oberbefehlshaber der Armee benötigt der französische Staatspräsident für einen Einsatzbefehl weder die Zustimmung des Premierministers noch die des Parlaments.

Direkt vom Volk gewählt, von niemandem kontrolliert, keiner Instanz, nicht einmal dem Parlament Rechenschaft schuldig: Tatsächlich ist die Macht des französischen Präsidenten größer als die der meisten Staats- und Regierungschefs in Europa. Umso mehr erwartet man von ihm, dass er demokratisch maßvoll damit umgeht. Die Grundlage für diese Machtfülle legte Charles de Gaulle 1962, als er in einem politischen Kraftakt den Widerstand fast aller politischen Parteien Frankreichs brach und eine Volksabstimmung zur Direktwahl des Präsidenten durchsetzte. Mit 62 Prozent Zustimmung wurde er damals, vorbei an allen politischen Parteien, zum ersten direkt gewählten Präsidenten der Fünften Republik.

Der Präsident wacht darüber, dass die Verfassung respektiert wird, und er hat die Macht, sie zu interpretieren. Zu diesem Zweck kann er jederzeit den *Conseil constitutionnel* – das Verfassungsgericht – anrufen. Drei der neun Mitglieder dieses Gerichts ernennt er selbst, darunter dessen Präsidenten.

Für General de Gaulle waren die deutsche Invasion 1940 und die Hilflosigkeit der französischen Exekutive zu einem Lebenstrauma geworden. Eine der Lehren, die er daraus zog, war die Forderung, dass der Präsident im Fall eines Krieges oder eines Aufstands Sonderrechte erhalten müsse. Laut Verfassung kann der Präsident im Krisenfall sich selbst zu Sonderrechten ermächtigen.

De Gaulles erbitterter Gegner François Mitterrand nannte diese Machtfülle *le Coup d'état permanent* – einen ständigen Staatsstreich. Das war 1964. Als er mehr als zwanzig Jahre später am Ende seiner ersten Amtsperiode gefragt wurde, ob ihn die dem Präsidenten zustehende Macht überrascht habe, wiegelte er ab. Das habe ihn nicht überrascht: »Auch wenn der Präsident der Republik nicht alles tat, er hätte es tun *können*.« Andererseits sei es »nicht erstaunlich, dass die Regierungsform, im Prinzip parlamentarisch geblieben, nicht ihr Gleichgewicht fand«.

Anders als etwa der US-Präsident kann der französische Staatschef das Parlament auflösen, wenn er sich davon einen politischen Vorteil verspricht. Allein die Drohung, dies zu tun, hat immer wieder Abweichler in den eigenen Reihen zur Raison gebracht, wenn sie fürchten mussten, nach einer Auflösung nicht mehr gewählt zu werden.

Die eigentliche Autorität des Präsidenten liegt darin, dass er die Macht hat, hohe und höchste Positionen zu besetzen, und zwar sowohl im zivilen als auch im militärischen Bereich. Er allein bestimmt, wer Präfekt wird. Als Vertreter des Staates und ausführendes Organ der Politik hat sich der Präfekt absolut loyal gegenüber der Zentralregierung zu verhalten, weshalb meist treue Weggefährten des Staatspräsidenten mit der Berufung auf vakante Präfekturen belohnt werden. Der Präsident ernennt alle Offiziere, alle hohen Richter, die Chefs der Geheimdienste, alle Professoren der Hochschulen, alle Botschafter, alle Staatsräte. Aber auch die Direktoren staatlicher Unternehmen, und davon gibt es viele – Banken, große Wirtschaftsunternehmen oder Einrichtungen mit Sonderstatus. Über insgesamt sechstausend Positionen kann der Präsident verfügen und einen großen Teil der Elite Frankreichs so von sich abhängig machen. Denn viele dieser Posten sind nicht nur hoch angesehen, sondern auch hoch dotiert.

Der ehemalige sozialistische Premierminister Michel Rocard kritisierte diese französische Besonderheit: »Die Ausrichtung auf den Präsidenten führt zur Politisierung der gesamten hohen Beamtenschaft.« Er sprach von einem »monarcho-republikanischen System«, das sehr zur »französischen Hochmütigkeit« beitrage.

Aus weiser Voraussicht bleiben immer einige der zu besetzenden Stühle frei, damit man im Notfall schnell jemanden »unterbringen« kann. Am meisten begehrt sind Berufungen in eine der drei höchsten Institutionen, der *grand corps*: den *Conseil d'État*, die *Inspection des finances* und die *Cours des comptes*. Dort erhält man lebenslang ein hohes Gehalt, ohne wirklich arbeiten zu müssen. Manche kommen ein- oder zweimal die Woche, nebenbei schreiben sie Bücher, Romane, Gedichte, sind Bildhauer oder Maler; nicht wenige haben sogar einen lukrativen Zweitjob.

81 der insgesamt 322 Plätze im *Conseil d'État*, dem Staatsrat, besetzt der Präsident, also immerhin ein Viertel. Das Monatsgehalt beträgt 10 000 Euro. Es arbeiten allerdings nur sehr wenige Mitglieder im Rat, was sich schon daran ablesen lässt, dass es für 315 von ihnen gar kein Büro gibt. Sie sollen auch gar nicht arbeiten, da sie von staatlichen Entscheidungen eh nichts verstehen. Der bekannte Schriftsteller Érik Orsenna wurde im Dezember 1985 von François Mitterrand zum *conseiller d'État* ernannt. Als er sich dort meldete, sagte ihm Marceau Long, damals Chef des Staatsrates, er solle besser zu Hause bleiben und Romane schreiben.

Der Öffentlichkeit sind die exquisiten Funktionärsposten meist gar nicht bekannt. So besetzt der Präsident unter anderem die 110 Positionen, die mit TPG bezeichnet werden: *Trésorier-payeur-général*. Dieses Amt geht zurück in die Zeit des *Ancien Régime*, als die *Trésoriers-payeurs-des généralités* zuständig waren für die Verwaltung der Finanzen in den Regionen des Königreichs. Ein TPG steht protokollarisch gleich unter dem Präfekten, aber er verdient weitaus mehr –

zwischen 10 000 und 17 000 Euro netto. Hinzu kommen eine großzügige Dienstwohnung und ein komfortabler Dienstwagen mit Chauffeur.

Auch 350 *conservateurs des hypothèques* ernennt der Präsident, Personen, die verantwortlich für Einträge im Grundbuch sind. Auch dieses Amt hat eine lange Tradition bis zurück in die Zeiten Colberts. Yvan Stefanovitch schreibt in seinem Buch *Aux frais de la princesse* – was übersetzt etwa heißt: Auf Kosten der Allgemeinheit –, diese *conservateurs* würden höchstens zwei Stunden am Tag arbeiten, die Routine erledigten ohnehin die Angestellten. Für jeden Eintrag erhalten die *conservateurs* eine Zulage, ein Privileg, das seit 1771 besteht und wie so vieles die Revolution überlebt hat.

Ähnliche Ämter bestehen überall im Land. Aber die lukrativsten und einflussreichsten gibt es natürlich in Paris, und hier werden sie auch besonders angestrebt. Wer es zum *conseiller du président*, zum Berater des Präsidenten ins Élysée schafft, steht, man glaubt es kaum, über allen – selbst über der Regierung. Und deshalb werden viele *conseillers* später zu Ministern ernannt.

Georges-Marc Benamou war zwei Jahre lang der Berater für Kultur und Kommunikation von Präsident Nicolas Sarkozy. Wir sitzen in der Jury des *Prix littéraire de la Petite Maison*, so habe ich ihn kennengelernt. Als er ins Élysée kam, wurden ihm drei Regeln eingebläut:

1. Alles wird im Élysée entschieden.
2. Der Premierminister existiert nicht.
3. Die Minister sind nur fürs Schaufenster.

Benamou wurde angehalten, »seiner Ministerin« einen Leitfaden für die Kulturpolitik auszuarbeiten und damit die Richtlinien der Politik des Ministeriums festzulegen. Ein *conseiller* habe mehr Macht als der zuständige Ressortminister, erzählte mir Benamou. Das wisse in Paris jeder, und deshalb sei er von allen wichtigen Personen in Paris plötzlich geliebt worden. Mal bot man ihm ein Wochenendhaus an der Côte d'Azur zum Verbleib an, mal ein Appartement in Venedig oder ein Riad in Marrakesch. Neben Einladungen aller Art verdankte Benamou seiner neuen Position auch manche kühnen Blicke attraktiver Frauen.

Von der Verwaltung des Élysée bekam Benamou zwei Dienstwagen mit Fahrer zugeteilt, er müsse doch auch oft am Abend und an den Wochenenden unterwegs sein. Einmal in der Woche sollte er sich mit der Kulturministerin treffen. Dorthin dürfe er sich aber auf keinen Fall fahren lassen, wurde ihm erklärt, denn ein *conseiller* begibt sich nicht ins Ministerium, sondern der Minister oder die Ministerin kommt ins Palais, wie das Élysée genannt wird. Bei Ernennungen des Ministeriums hat der *conseiller* das letzte Wort.

Genau gesagt, hat natürlich der Präsident das letzte Wort. Und der griff gern persönlich durch. In Anwesenheit seines Beraters für Kommunikation Georges-Marc Benamou empfing der frisch gekürte Sarkozy den Präsidenten des Amtes für Audiovisuelles (CSA), Michel Boyon. Dieses Amt ist unter anderem zuständig für die Ernennung der Chefs der öffentlichen Fernseh- und Hörfunksender. Ganz unverblümt erklärte Sarkozy, welche Sendungen ihm gefielen und welche seiner Meinung nach abgeschafft werden sollten. Schließlich machte er seinen Gesprächspartnern klar, dass die bisherigen gesetzlichen Regelungen zur demokratischen Wahl der Spitzenleute Unsinn seien. Er, Sarkozy, werde von jetzt an persönlich bestimmen, wer bei den verschiedenen Sendern den Chefposten bekäme. Der hohe Beamte Michel Boyon und der Berater Benamou zuckten mit den Schultern – was sollten sie auch anderes tun? Nach zwei Jahren verließ Benamou das Élysée, er hielt es mit Sarkozy einfach nicht mehr aus.

Angesichts einer solchen Machtfülle verwundert es nicht, wenn selbst stark erscheinende Personen sich dem Monarchen zu Füßen werfen. 2007 ernannte Präsident Sarkozy Christine Lagarde zur Finanz- und Wirtschaftsministerin. 2008 schrieb sie ihm einen Brief, dessen Entwurf in der Tiefe einer Schublade ihres Schreibtischs verschwand und viele Jahre später bei einer gerichtlichen Untersuchung in die Hände der Justiz fiel. Sie schreibt:

»Lieber Nicolas, ganz kurz und respektvoll, 1) Ich bin an Deiner Seite, um Dir und Deinen Projekten für Frankreich zu dienen. 2) Ich habe mein Bestes gegeben und kann zeitweise scheitern. Ich bitte Dich um Verzeihung. 3) Ich habe keine persönlichen politischen Ambitionen und habe auch nicht die Absicht, eine ehrgeizige Sklavin zu werden wie viele um Dich herum, deren Loyalität häufig frisch und wenig dauerhaft ist. 4) Nutze mich während der Zeit, die Deinem Casting entspricht. 5) Wenn Du mich nutzt, brauche ich Dich als Führung und als Unterstützung: ohne Führung könnte ich ineffizient sein, ohne Unterstützung wenig glaubhaft. Mit meiner großen Bewunderung, Christine L.«

»Dieser Entwurf stammt aus einer Periode meiner Ministerzeit, in der ich meine persönliche Legitimität infrage gestellt sah und man versucht hat, meine Autorität zu untergraben.« So begründete Christine Lagarde später dieses unterwürfige Schreiben.

Der Präsident ernennt – und entlässt – nach eigenem Gutdünken den Premierminister und das Kabinett, dessen wöchentliche Sitzungen er leitet. Es ist wohl eine Charakterfrage, wie man als Kabinettsmitglied mit der absoluten Macht des Präsidenten umgeht. Wenn der Machtanspruch des Präsidenten wie im Falle Sarkozy grenzenlos ist, vergibt sich eine stolze, auf der internationalen Bühne angesehene Frau nichts, wenn sie mit einem kleinen Billet der Eitelkeit des Präsidenten schmeichelt.

Auch Bundeskanzlerin Angela Merkel verstand es, Sarkozys Eitelkeit zu instrumentalisieren. Der Landwirtschaftsminister Bruno Le Maire berichtet in seinen Erinnerungen, dass der Präsident von seinen ersten Begegnungen mit Frau Merkel jedes Mal sehr deprimiert zurückgekehrt sei, weil er kaum eine seiner Forderungen durchsetzen konnte. Eines Tages sei es wieder einmal hart auf hart gegangen, da habe Frau Merkel den Präsidenten beiseite genommen und ihm unter vier Augen ein Geständnis gemacht. Sie persönlich wäre ja bereit, auf die französischen Forderungen einzugehen, aber sie habe alle möglichen Rücksichten zu nehmen: auf den Koalitionspartner, auf das Mitspracherecht der Länder, auf das Verfassungsgericht. Und dann sagte sie den entscheidenden Satz: »Ich bin nicht so mächtig wie du.« Sarkozy war besänftigt. Er gefiel sich in der Vorstellung, mächtiger zu sein als die deutsche Bundeskanzlerin, der er von diesem Tag an ein gewisses Mitleid entgegenbrachte.

Lieber Marianne als Marine

Als Emmanuel Macron am 14. Mai 2017 in das Amt des Präsidenten eingeführt worden war, fragte sich ganz Frankreich: Mit wem will er denn nun regieren?

Denn hinter Macron stand keine Partei, seine Machtbasis war die ein Jahr zuvor gegründete Internet-Bewegung *En Marche*. Diese wurde nach seiner Amtseinführung zwar in die Partei La République en Marche (LRM) umgewandelt, aber damit verfügte er im Parlament immer noch nicht über eine Mehrheit. Die Wahlen für die Assemblée nationale waren für den 11. und 18. Juni angesetzt. Alle Politikbeobachter gingen davon aus, dass Macron sich auf eine *cohabitation*, eine Art Koalitionsregierung werde einlassen müssen. Das hatte es schon mehrfach gegeben.

Im März 1986 war es zum ersten Mal in der Fünften Republik zu einer Art Pattsituation gekommen, die zu heftigen Diskussionen unter Politikern und Verfassungsrechtlern führte. Kann ein Präsident im Amt bleiben, wenn das Volk ihn desavouiert, indem es eine ihm nicht genehme Mehrheit ins Parlament schickt? Aber auch umgekehrt war die Frage relevant: Kann eine Parlamentsmehrheit die Regierung stellen, wenn ein von ihr bekämpfter Präsident im Amt ist? Die Verfassung sieht diesen Fall vor, ohne auf die Frage der Legitimität der Macht näher einzugehen. In wesentlichen Punkten bleibt die Verfassung unklar und überlässt es dem Kräftespiel von Präsident und Premier, wer seine Entscheidung durchsetzt.

Der sozialistische Präsident François Mitterrand löste die Frage pragmatisch. Als die Rechten im Parlament die Mehrheit erhielten, ernannte er im März 1986 Jacques Chirac, den Chef der damals größten konservativen Fraktion, der neogaullistischen RPR, zum Premierminister, der alle ihm in der Verfassung zugeschriebenen Funktionen ausübte und damit die Macht des Präsidenten eingrenzte. Mitterrand sprach lieber von Koexistenz als von Kohabitation. Alfred Grosser übersetzte Kohabitation im Scherz gern mit »Beischlaf«, obwohl es um eine Ehe in getrennten Schlafzimmern geht, ohne dass die Hochzeitsnacht je vollzogen worden wäre.

Auch während der Kohabitation sitzt der Präsident den Sitzungen des Kabinetts vor, doch die Regierungspolitik wird vom Premierminister festgelegt, und das Kabinett kann auch gegen den Willen des Präsidenten entscheiden. Der Präsident kann sich allerdings weigern, Ernennungen und Verordnungen zu unterschreiben, ein Privileg, von dem Mitterrand mehrfach Gebrauch machte. Schon bei der Kabinettsbildung legte er sein Veto sowohl gegen den von Chirac vorgesehenen Außenminister als auch gegen den Verteidigungsminister ein.

Dem Staatspräsidenten sind alle Entscheidungen in der Außen- und Verteidigungspolitik vorbehalten, er garantiert die nationale Unabhängigkeit und die Einhaltung internationaler Verpflichtungen, er verhandelt und ratifiziert Verträge. Und deshalb hat auch während einer Kohabitation einzig und allein der Präsident über den Einsatz nuklearer Waffen zu entscheiden.

Die Parlamentswahlen erlauben es dem Wähler, dem amtierenden Präsidenten einen Denkzettel zu verpassen. Deshalb musste François Mitterrand auch in seiner zweiten Amtsperiode eine Kohabitationsregierung ertragen. 1993 erhielt die Rechte bei der Parlamentswahl 472 Sitze, die Sozialisten kamen auf gerade einmal 57, Kommunisten und andere auf 48 Mandate. Damals wurde Éduard Balladur von der neogaullistischen RPR für zwei Jahre Premierminister.

Anschließend, in der ersten Amtsperiode von Jacques Chirac, kehrten sich die Verhältnisse um. Nach einer Wahlschlappe 1997 musste der konservative Präsident dem Sozialisten Lionel Jospin die Regierungsgeschäfte übergeben. Der Grund für die sich häufenden Kohabitationen lag in den unterschiedlich langen Amtsperioden: Während der Präsident auf sieben Jahre gewählt wurde, wählte man die Nationalversammlung nur für fünf Jahre.

Um dieses Dilemma zu beseitigen, sorgte Staatspräsident Jacques Chirac dafür, dass die Amtszeit des Präsidenten auf fünf Jahre festgelegt wurde und die Parlamentswahl jeweils kurz nach der Präsidentschaftswahl stattfinden sollte. Die Rechnung ging dreimal auf.

Chirac erhielt nach seiner Wiederwahl 2002 im ersten Gang der Parlamentswahl 33,4 Prozent und später 358 Mandate; Nicolas Sarkozy erhielt 2007 im ersten Gang der Parlamentswahl 39,5 Prozent der Stimmen und später 314 Sitze; und als François Hollande 2012 Präsident wurde, sicherte er sich mit 29,4 Prozent der Stimmen im ersten Gang der Parlamentswahl immerhin noch 295 Sitze und damit die absolute Mehrheit.

Solch ein Ergebnis traute 2017 kaum jemand dem neuen Präsidenten Emmanuel Macron zu, hinter dem keine wirkliche Partei stand.

Noch am Abend des 7. Mai, an dem Macron zum Sieger erklärt wurde, sagte François Baroin, der ehemalige Finanzminister von Nicolas Sarkozy und Spitzenkandidat der konservativen Les Républicains, er werde seine Partei in den kommenden Parlamentswahlen zur absoluten Mehrheit führen und stünde Macron dann als Premierminister zur Verfügung. Pustekuchen! Baroin hing zu sehr an eigenen Vorstellungen, ohne das Wahlverhalten der Franzosen angemessen zu berücksichtigen.

Als ich kurz nach der Wahl Macrons bei Babette meine Zeitungen kaufte und wir ein längeres Schwätzchen über den Wahlausgang machten, erklärte sie mir: »Ich habe im ersten Wahlgang Fillon gewählt. Aber jetzt ist Macron Präsident, und wir müssen ihm die Chance geben, sein Programm umzusetzen.«

Dem Präsidenten eine Chance geben, *donner sa chance*, ist ein geflügeltes Wort. Das wissen auch die politischen Gegner des Präsidenten. Der konservative Abgeordnete Yves Jégo, Vizepräsident des Parti radical, erzählt aus dem Wahlkampf im Juni 2017: »Die erste Frage, die man mir immer stellt, ist: ›Sind Sie für Macron?‹ Das bestätige ich, füge aber hinzu, dass ich meine politische Familie nicht verlassen habe. Aber im Parlament müsse es auch gutwillige Männer geben. Den Wählern ist bewusst, dass es Unterschiede gibt, aber sie lechzen nach nationaler Einheit.« Wenige Tage vor dem ersten Wahlgang am 11. Juni schrieb Gérard Courtois in einem Kommentar in *Le Monde*, der Wahlkampf komme ihm vor wie »unendliche Variationen eines einzigen Themas: Man muss dem Staatschef seine Chance geben, also die Mehrheit in der Assemblée nationale, und so der Regierung erlauben, ihre Vorhaben anzugehen«.

Das ist der eine Grund, weshalb Macrons Partei La République en Marche die absolute Mehrheit der Stimmen in der Assemblée nationale erhielt: Man gibt dem Präsidenten eine Chance.

Der zweite Grund ist ein besonderes Wahlverhalten der Franzosen, das mit dem Wort *front républicain* bezeichnet wird. Wegen des *front républicain* erhielt Emmanuel Macron im zweiten Wahlgang als Präsident 66 Prozent der Stimmen, deshalb konnte der Front national bei der dann folgenden Parlamentswahl gerade einmal acht Sitze verbuchen.

»Der alte vergammelte ›front républicain‹, den keiner mehr will, den die Franzosen mit einem seltenen Gewaltakt verworfen haben, versucht sich um Emmanuel Macron zu einer Koalition zu verbünden. Ich habe fast Lust zu sagen: umso besser!«, tönte Marine Le Pen am Tag nach ihrer Qualifikation für den zweiten Wahlgang beim Kampf um das Amt des Präsidenten.

Noch am Abend nach der Auszählung des ersten Wahlgangs hatten der aus dem Amt scheidende Präsident François Hollande, der unterlegene konservative Kandidat François Fillon, der mit mageren 6,3 Prozent abgeschlagene Sozialist Benoît Hamon, der bei den Vorwahlen gegen Fillon unterlegene Alain Juppé und viele andere Gegner Macrons wie Nicolas Sarkozy erklärt, sie würden im zweiten Durchgang für ihn stimmen, um Marine Le Pen zu verhindern. Nur der linksradikale Jean-Luc Mélenchon hielt sich mit einer Wahlempfehlung zurück.

Der Mythos des *front républicain* feierte seine Auferstehung unter Politikern und Wählern, die einen Sieg Marine Le Pens und des Front national verhindern wollten nach dem Motto »*Marianne plutôt que Marine* – lieber Marianne als Marine«. Die Nation geht vor!

Mit dem Begriff *front républicain* wird ein besonderes Wahlverhalten bezeichnet, bei dem sich Parteien der Linken und Rechten zusammenschließen und sich darauf verständigen, gemeinsam denjenigen Kandidaten zu unterstützen, der die größte Chance hat, den Front national zu schlagen. Zu einem solchen Bündnis kam es erstmals 1955, als die gemäßigten Parteien der Linken und der rechten Mitte einen Sieg des Populisten Pierre Poujade und seiner rechtsextremen Bewegung – für die im Übrigen auch schon Jean-Marie Le Pen kandidierte – bei der Parlamentswahl im Januar 1956 verhinderten. Der Journalist Jean-Jacques Servan-Schreiber prägte für diese Art der Koalition damals das Wort *front républicain*.

Die republikanische Front bleibt ein politisches Kampfmittel der Linken gegen die Rechtsextremen. Die konservativen Parteien beteiligen sich nicht immer; eine Zeit lang gingen sie sogar lokale Bündnisse mit dem Front national ein. Bis der ihnen zu stark wurde.

Als bei den Präsidentschaftswahlen 2002 Jean-Marie Le Pen in die Stichwahl gegen Jacques Chirac kam, standen die Linken geschlossen – bis auf die Splittergruppe der Trotzkisten – fest zu Chirac. Allerdings klebten die Jungsozialisten Plakate mit dem Spruch »*Votez escroc, pas facho* – Wählt den Gauner statt des Faschisten«. Chirac erhielt mehr als 82 Prozent der Stimmen.

Der Begriff der republikanischen Front hat inzwischen sogar in der Literatur seinen Platz gefunden. Michel Houellebecq lässt in seinem 2015 erschienenen Roman *Unterwerfung*, der 2022 spielt, den Kandidaten eines *front républicain élargi*, eines erweiterten republikanischen Bündnisses, gegen Marine Le Pen gewinnen. Der Sieger heißt Mohammed Ben Abbes, gehört zur muslimischen Bruderschaft – und dann nimmt das Unheil seinen Lauf. Im Roman.

Nicolas Sarkozy hat in der Zeit seiner Präsidentschaft und auch später als Chef der konservativen UMP, aus der die Republikaner hervorgingen, die Leitlinie vorgegeben: *»Ni PS ni FN«* – man solle weder Sozialisten (PS) noch Front national (FN) wählen. Das Kürzel *»ni ... ni ...«* versteht heute jeder Franzose. Gleichwohl hat Sarkozy die konservative UMP politisch immer näher an den Front national herangeführt, im vermeintlichen Glauben, damit den Rechtsextremen Wähler abzunehmen.

Der bereits erwähnte François Baroin, Spitzenkandidat der konservativen Les Républicains, hatte sich nach der Wahl Macrons nicht nur hinsichtlich des Abschneidens seiner Partei bei den Parlamentswahlen wenige Wochen später verspekuliert. Er schätzte auch die Stimmung bei den Konservativen falsch ein. Kaum hatte er sich dafür ausgesprochen, bei den Parlamentswahlen Bündnisse *à la front républicain* anzustreben, gab es Streit in der Partei, in der manch einer dem Front national näher steht als den Parteien der Mitte. Die Konservativen standen kurz vor dem Zerbrechen in eine sehr rechte Fraktion und in eine, die mit Macron zumindest bei wichtigen Reformen zusammenarbeiten wollte.

Umso entschlossener sammeln sich die Linken hinter der Idee der republikanischen Front und halten um jeden Preis daran fest: lieber Harakiri, so ihr Motto, als die Rechtsextremen an die Macht kommen zu lassen. Als bei den Regionalwahlen 2015 der Front national in zwei Regionen weit vor allen anderen Parteien lag – im Norden stand Marine Le Pen, in der Provence ihre Nichte Marion Maréchal-Le Pen im ersten Wahlgang knapp vor dem Sieg –, haben die Sozialisten ihre Kandidatenliste zurückgezogen und ihren Wählern empfohlen, für den konservativen Kandidaten zu stimmen. Und die gewannen dann auch getreu dem Motto: lieber Marianne als Marine.

Vor dem zweiten Wahlgang bei der Präsidentschaftswahl 2017 veröffentlichten prominente Schriftsteller, Historiker, Philosophen und einige wenige Priester Aufrufe und machten im Namen der Republik mobil gegen den Front national. Die republikanische Einheitsfront bewährte sich ein weiteres Mal und bescherte Emmanuel Macron 66 Prozent der abgegebenen Stimmen.

Marine Le Pen hatte im zweiten Wahlgang am 7. Mai 2001 immerhin 34 Prozent der abgegebenen Stimmen erhalten; selbstbewusst nannte sie den Front national Frankreichs erste Oppositionspartei. Bei der Parlamentswahl im Juni bekam der FN nicht einmal genügend Sitze, um eine Fraktion zu bilden.

»Gebt ihm eine Chance!« ist für jeden neu gewählten Präsidenten das beste Wahlprogramm. Emmanuel Macrons gerade erst gegründete Partei LRM erhielt bei der Wahl zur Assemblée nationale 308 von insgesamt 577 Sitzen. Die Rechte verfügte noch über ein Drittel ihrer bisherigen Abgeordneten, die PS – die bisher die Mehrheit stellte – schrumpfte auf kaum mehr nennenswerte Größe.

Wo bleibt die Opposition, klagten die Verlierer, und sahen den Grund für ihr schlechtes Abschneiden in der äußerst geringen Wahlbeteiligung. Wer genauer hinschaute, konnte jedoch erkennen, dass gerade die extremen Parteien ihre Wähler nicht mehr hatten mobilisieren können. Weniger als die Hälfte derjenigen, die bei der Präsidentschaftswahl den Kandidaten von FN (Marine Le Pen) oder La France insoumise (Mélenchon) ihre Stimme gegeben hatten, war zur Urne gegangen. Auch knapp die Hälfte der PS-Wähler blieb zu Hause.

Die große Zahl der Enthaltungen hat mehrere Ursachen. Zum einen ist es Trend seit mehreren Jahren, dass die Parlamentswahlen immer weniger Wähler mobilisieren. Bei den Präsidentschaftswahlen haben noch 70 Prozent gewählt. Denn der Präsident ist wichtig, das Parlament spielt nur eine untergeordnete Rolle. Und das hat Emmanuel Macron besser verstanden als seine beiden Vorgänger Sarkozy und Hollande.

Seit 1958, seit der Gründung der Fünften Republik durch Charles de Gaulle, dreht sich das politische Leben Frankreichs nur um einen Mann, der Angelpunkt des ganzen Systems ist. In den ersten Wochen seiner Amtsführung hatte Emmanuel Macron gezeigt, dass er in der Lage ist, das höchste Amt auszufüllen.

Zum anderen waren die Wähler im Juni 2017 wirklich erschöpft, denn seit gut neun Monaten folgte eine Wahl auf die andere: zwei Wahlgänge, um den Kandidaten der Rechten zu bestimmen, zwei Wahlgänge, um den Kandidaten der PS zu bestimmen, zwei Wahlgänge, um den Präsidenten zu wählen. Und jetzt noch zwei Wahlgänge, um das Parlament zu wählen? Für manchen war das ein bisschen zu viel des Guten.

Das alles mag den überwältigenden Sieg Macrons begünstigt haben. Der wahre Grund aber ist vor allem in seiner Person zu suchen, oder genauer, in seiner Fähigkeit, Wähler über die Parteigrenzen hinweg anzusprechen und zu mobilisieren. Um welche Inhalte es im Einzelnen ging, war dabei weniger wichtig als das Pathos des Aufbruchs, das er zu verbreiten wusste. Viele machten sich seine Sache zu ihrer eigenen, weil sie spürten, dass hier ein frischer Wind wehte. *Revolution* nannte Emmanuel Macron sein Buch zur Wahl, und von einer Revolution sprachen plötzlich viele begeisterte Wähler jeden Alters. Die Revolution versprach das bestehende Parteiensystem hinwegzufegen.

Nach der Niederlage begann es in allen Parteien und auch im Front national vernehmlich zu brodeln. Wegen ihres Totalversagens im entscheidenden Fernsehduell mit Macron machten zahlreiche Anhänger des FN Marine Le Pen persönlich verantwortlich und wandten sich von der Partei ab. In den meisten Parteien blieb es nicht bei Richtungsstreitigkeiten. Allenthalben war jetzt zu hören: *dégage!* – was so viel heißt wie: »Hau ab, mach 'ne Mücke!« Gemeint waren damit die altgedienten Politiker, derer man überdrüssig war. Es kam einer Revolution gleich, dass plötzlich Kandidaten gewählt wurden, die bis dahin noch nie mit der Politik zu tun gehabt hatten, sich aber von der Dynamik der Bewegung En Marche hatten anstecken lassen.

Die Parteien werden in den nächsten Monaten und Jahren ihre eigene Position und ihr Verhältnis untereinander neu definieren müssen. Und das wird nicht einfach, denn zum einen sind viele der herkömmlichen Unterscheidungsmerkmale von rechts und links abhandengekommen, zum anderen fehlt es links wie rechts an jungen, unverbrauchten Führungspersönlichkeiten.

Und nach dem zweiten Wahlgang begann die Spaltung der

traditionelle Parteien rechts wie links. Eine Gruppe konservativer Abgeordneter beschloss, eine eigene Fraktion zu gründen mit dem Ziel, die Reformen von Macron zu unterstützen. In der Sozialistischen Partei ging der Kampf um die Richtung los, nachdem der bisherige Parteichef Jean-Christophe Cambadélis noch am Abend des zweiten Wahlgangs seinen Rücktritt erklärt hatte.

Macrons Partei hat im Übrigen auch dafür gesorgt, dass die Hälfte der aufgestellten Kandidaten der LRM Frauen waren, und entsprechend nahm der Anteil der Frauen im Parlament erheblich zu. Auch dieser Umstand wird sich wie so manch anderes erst im Laufe der nächsten Jahre bemerkbar machen.

Der Wahlausgang ist für die etablierten Parteien nicht zuletzt auch ein finanzielles Desaster. Pro Abgeordnetem erhält eine Partei jedes Jahr 37 000 Euro Zuschuss. Die Sozialistische Partei, die 2012 noch 280 Mandate innehatte, kam 2017 nur noch auf 45 Sitze. Ein Millionenverlust, der dazu führte, dass die Partei ernsthaft über den Verkauf ihres großen Hauptquartiers nachdachte. Für La République en Marche war der Wahlausgang dagegen wie ein warmer Regen, der die Startbedingungen der neuen Partei enorm verbesserte.

Die Macht zu besitzen ist das eine. Sie zu nutzen, um politische Entscheidungen durchzusetzen, ist das andere. Alles wird davon abhängen, ob es der von Macron eingesetzten Regierung gelingt, die Macht der Straße zu zähmen und die versprochene Ehrlichkeit in der Politik zu verwirklichen.

Die erste wichtige Reform, die der neue Staatspräsident im Wahlkampf versprochen hat, ist die Modernisierung des Arbeitsmarktes. Die Gewerkschaften so einzubinden, dass kein Debakel entsteht, verlangt viel politisches Geschick. Anders als bisherige Regierungen es taten, suchen Macron und seine Regierung bei der Ausarbeitung neuer Regelungen das Gespräch mit den Sozialpartnern.

In dem ersten Gesetzesvorhaben, das so bald wie möglich umgesetzt werden soll, geht es um eine neue Moral in der Politik. Das von den bisherigen Politikern enttäuschte Frankreich erwartet nun endlich Ehrlichkeit im Umgang mit der Macht und ihren Privilegien. Ein schwieriges Unterfangen für die neue Regierung, zumal wenn es auch in den eigenen Reihen Politiker gibt, die lange von alten Gewohnheiten profitiert haben.

Gesetz zur Moralisierung
des öffentlichen Lebens

Es kann kaum einen Zweifel geben: Die Wahl zum Staatspräsidenten hat Emmanuel Macron nur gewonnen, weil sein gefährlichster Gegenkandidat, der Republikaner François Fillon, über Jahre hinweg zu sehr an sein persönliches Wohl statt ans Gemeinwohl dachte.

Lange Zeit Abgeordneter, Minister und sogar Premierminister, stellte sich Fillon 2016 als ein Kandidat vor, der für Sauberkeit in der Politik sorgen werde. Im Vorwahlkampf griff er sogar seinen Parteichef Nicolas Sarkozy unfein an; dem in zahlreiche Finanzskandale verwickelten ehemaligen Präsidenten, der sich gern noch einmal als Kandidaten gesehen hätte, hielt er vor: »Wer kann sich auch nur für einen Augenblick vorstellen, es wäre jemals ein Ermittlungsverfahren gegen General de Gaulle eröffnet worden.« Für die Franzosen ist der General auch in dieser Hinsicht ein Heiliger. Seine Frau Yvonne hätte sich aus der Küche des Élysée nicht einmal ein Huhn für das Wochenende auf dem Land mitgenommen.

Kaum hatte der Wahlkampf richtig begonnen, kam heraus, dass Fillon, inzwischen Kandidat der Republikaner, mit besten Chancen, gewählt zu werden, seine Frau vom Parlament jahrzehntelang als seine Assistentin hatte bezahlen lassen, ohne dass sie dafür etwas tat. Auch zwei seiner Kinder hatte er eine Zeit lang bezahlen lassen, angeblich weil sie als Anwälte Gutachten für ihn schrieben. Doch die Kinder studierten zu dieser Zeit noch. Fillon verstrickte sich in Widersprüche.

Was ihn schließlich den Sieg kostete, war das fehlende Unrechtsbewusstsein. Was er getan habe, sei im politischen Leben doch gang und gäbe gewesen, ließ er immer wieder durchblicken: Wer konnte, der verteilte staatlich finanzierte Posten, für die man gar nicht oder nur wenig arbeiten musste. Fillons Pech war, dass das Wahlvolk inzwischen kein Vertrauen mehr in altgediente Politiker hatte.

Es verging kaum eine Woche in den letzten Jahren, in der nicht irgendein Politiker in einen Skandal verwickelt wurde. Von Präsident Jacques Chirac hieß es kurz vor seiner Wahl zur zweiten Amtszeit, er müsse dringend wiedergewählt werden, um nicht ins Gefängnis zu wandern. Der Staatspräsident ist immun; er kann nur wegen Hochverrats von einem Sondergericht abgesetzt werden. Chirac wurde wiedergewählt, aber nach Ablauf seiner zweiten Amtszeit kam er doch noch vor den Kadi und wurde wegen Veruntreuung öffentlicher Gelder zu zwei Jahren Gefängnis auf Bewährung verurteilt.

Als Chirac Bürgermeister von Paris war, hatte die Stadtkasse Dutzenden von Personen aus seinem Umfeld Gehälter gezahlt, ohne dass sie für die Stadt arbeiteten. Manche waren in Chiracs Partei beschäftigt, einer arbeitete als Chauffeur für eine Gewerkschaft, andere bezogen als Ehefrauen, Töchter oder Nichten von Parteifreunden regelmäßig Taschengeld. Wegen dieser Querfinanzierungen war Alain Juppé, einst

Premierminister unter Chirac und 2017 Kandidat um die Kandidatur, schon 2004 verurteilt worden. Er verlor für ein Jahr die bürgerlichen Ehrenrechte und musste von seinem Amt als Bürgermeister von Bordeaux zurücktreten. Unter Sarkozy wurde er dann wieder Minister. *Tous pourris* ist seit langem ein gängiges Schlagwort, das alle Politiker als korrupt bezeichnet.

Er werde für die »Moralisierung des öffentlichen Lebens« sorgen, hatte Emmanuel Macron im Wahlkampf 2017 angekündigt, und nach der Wahl sollte der neue Justizminister sich sofort an die Arbeit machen, um das Vertrauen der Staatsbürger in ihre Volksvertreter wiederherzustellen. Zum Justizminister ernannte Macron den liberalen Politiker François Bayrou, der mit seiner Partei MoDem (Mouvement démocrate) zu Macrons Sieg beigetragen hatte und deshalb diese wichtige Position im neuen Kabinett erhielt.

Das Tempo, das Macron vorlegte, verschlug manch einem den Atem. Am Sonntag, dem 14. Mai war er in sein neues Amt eingeführt worden. Am Montag lud er den konservativen Abgeordneten Édouard Philippe zum Mittagessen ins Élysée ein und erklärte ihm bei Tisch, dass er ihn zum Premierminister auserwählt habe. Zwei Stunden später wurde Édouard Philippes Ernennung als Regierungschef bekannt gegeben. So schnell kann es gehen, wenn die Macht des Präsidenten groß ist.

Nun galt es die Minister auszusuchen. Sie sollten in erster Linie den moralischen Kriterien der neuen Macht entsprechen. Die Bekanntgabe der Ministerliste wurde sogar um einen Tag verschoben, damit die finanzielle Situation der einzelnen Kandidaten von der Hohen Behörde für die Transparenz des öffentlichen Lebens durchleuchtet werden konnte.

Diese seit 2014 bestehende unabhängige Behörde war von Präsident François Hollande eingerichtet worden, nachdem sein Haushaltsminister Jérôme Cahuzac wegen Steuerhinterziehung und Geldwäsche erwischt worden war.

Cahuzac hatte Millionen Euro auf Konten in der Schweiz und in England gebunkert und sogar das Konto seiner Mutter genutzt, um Geld vor dem Fiskus zu verstecken. Als die ersten Vorwürfe bekannt wurden, belog Cahuzac den Präsidenten und das Parlament: Er führe keine geheimen Konten. Er musste zurücktreten, wurde in Handschellen vor Gericht geführt und zu drei Jahren Gefängnis verurteilt.

Die neue Behörde soll alle Kandidaten für ein öffentliches Amt vor ihrer Ernennung überprüfen, damit sich solche Fälle nicht wiederholen. Wie sinnvoll ihre Errichtung war, erwies sich bereits im Sommer 2014, als Thomas Thévenoud zum parlamentarischen Staatssekretär für Außenhandel ernannt wurde. Die Überprüfung ergab, dass er jahrelang keine Steuern gezahlt hatte, deshalb musste er nach nur neun Tagen im Amt zurücktreten. Er habe eine *»phobie administrative«*, eine Angststörung gegenüber allen Ämtern, sagte er zur Begründung. Er hatte allerdings auch jahrelang seine Miete und andere Rechnungen nicht beglichen. Das Gericht verurteilte ihn im Mai 2017 zu drei Monaten Haft auf Bewährung und Verlust der bürgerlichen Ehrenrechte auf ein Jahr.

Noch bevor Justizminister François Bayrou den Entwurf für ein neues Gesetz zur Moralisierung des öffentlichen Lebens vorlegen konnte, war schon der erste Minister des Kabinetts von Édouard Philippe in eine unschöne Affäre verwickelt. Minister Richard Ferrand war der erste Abgeordnete in der Nationalversammlung gewesen, der sich Macron anschloss; im November 2016 wurde er Generalsekretär der Bewegung *En Marche*. Doch der 54 Jahre alte Bretone hatte als Generalsekretär einer genossenschaftlichen Versicherung ein Immobiliengeschäft zu verantworten, mit dem er seine Lebensgefährtin begünstigt haben soll.

Ganz wie seinerzeit Fillon beteuerte jetzt Ferrand, er habe sich nichts vorzuwerfen: »Ja, ich bin ein ehrlicher Mensch.«

Macron schwieg zu den Vorwürfen und ließ ihn nicht fallen. Zunächst nicht! Nach jeder Parlamentswahl ist es üblich, dass der Premierminister den Rücktritt seiner Regierung bekannt gibt. Dann kommt es zur Bildung eines neuen Kabinetts. Die Veränderungen waren nach dem zweiten Wahlgang größer als erwartet.

Richard Ferrand verlor sein Ministeramt und wurde auf den Posten des Fraktionsvorsitzenden von LRM geschoben. Er wäre gern Präsident der Volksversammlung geworden.

Inzwischen hatte der Justizminister Bayrou die Leitlinien seines Gesetzes vorgestellt. In Zukunft darf niemand Familienangehörige von Amts wegen bezahlen lassen. Man darf sich nur dreimal hintereinander in ein öffentliches Mandat wählen lassen. Jeder Mandatsträger muss eine Steuererklärung vorlegen. Parteifinanzen werden genau überprüft. Spenden werden pro Person auf 7500 Euro begrenzt und müssen dem Rechnungshof vorgelegt werden.

Aber François Bayrou ist nicht nur Justizminister, sondern auch Vorsitzender der MoDem. Kaum hatte er damit begonnen, die Verwendung öffentlicher Gelder strenger und vor allem transparent zu gestalten, da wurde seiner Partei vorgeworfen, Mitarbeiter illegal über das Europäische Parlament entlohnt zu haben. Wegen solcher Vorwürfe war schon vor der Wahl gegen den Front national ermittelt worden. Ein Europaabgeordneter gab vor, ein Assistent, der in Wirklichkeit in der Parteizentrale von MoDem arbeitete, sei mit europäischen Aufgaben betraut. Als die Investigativredaktion des öffentlichen Rundfunks bei MoDem recherchierte, beklagte sich der erzürnte Justizminister bei dem zuständigen Redaktionsleiter. Dann stellte sich aber heraus, dass MoDem mehrere Scheinbeschäftigungen auf Kosten des Europäischen Parlaments zu verantworten hatte.

Daraufhin trat die Verteidigungsministerin Sylvie Goulard zurück, was auf Justizminister François Bayrou und eine weitere Ministerin von MoDem solchen Druck ausübte, dass auch sie, von Macron gedrängt, ihre Regierungsämter aufgeben mussten. Macron hält sich an seine Vorgaben, Regierungsmitglieder müssten Vorbilder sein.

Bei den Vorwürfen gegen Macron handelt es sich um Kleinigkeiten, verglichen mit den früheren Zuständen. Bereits unter Präsident François Hollande waren etwas strengere Maßstäbe angelegt geworden. Nun gut, der Präsident hielt sich auf Staatskosten einen Friseur, der nur für seinen Kopf da war und fast zehntausend Euro im Monat verdiente. Und Aquilino Morelle, einem dem Präsidenten nahestehenden Berater, wurde gekündigt, weil er einen Schuhputzer ins Élysée bestellte, der dem Schuhfanatiker mehrere Dutzend seiner feinen Lederschuhe wienerte.

Als ich vor fünfzehn Jahren begann, Kriminalromane zu schreiben, beschloss ich, Vorfälle aus der französischen Wirklichkeit zu verarbeiten. Als Hauptfigur wählte ich einen Untersuchungsrichter, denn dies sind Persönlichkeiten, die dank der in Frankreich konsequent gehandhabten Gewaltenteilung sehr viel Macht besitzen. Einem französischen Untersuchungsrichter kann kein Justizminister, kein Premier, kein Präsident Weisungen erteilen. Und deshalb sind Untersuchungsrichter manchem Politiker ein Dorn im Auge. Präsident Nicolas Sarkozy, dem die Untersuchungsrichter arg zusetzten, wollte dieses Amt sogar abschaffen.

In meinem letzten Kriminalroman *Das Schloss in der Normandie* ist Untersuchungsrichter Jacques Ricou, meine Hauptfigur, der Korruption afrikanischer Politiker auf der Spur. Zwei Personen lasse ich mit ihrem richtigen Namen auftreten: den ehemaligen Außenminister Roland Dumas und Robert Bourgi, einen Mittelsmann zwischen Frankreich und Afrika. In einem fiktiven Dialog lasse ich sie Sätze sagen, die sie so in Wirklichkeit gesagt haben. Sie unterhalten sich mit der fiktiven Journalistin Margaux, einer Freundin meines Untersuchungsrichters.

Dumas sagt zu Margaux:

»Na schön, du kannst mich gern zitieren: Französische Politiker werden von afrikanischen Staatschefs finanziert. Punkt. Das ist die Grundlage der französischen Afrikapolitik. Scherzhaft nennt man das in Regierungskreisen ›Revolutionssteuer‹ … Es wird zwar niemand zugeben, ist aber ein offenes Geheimnis. Ich selbst habe zwar nie Geld im Auftrag von afrikanischen Präsidenten transportiert, aber dafür gab es Spezialisten. Nicht wahr, Robert?«

Dumas schaute Robert Bourgi verschmitzt an. Der zuckte mit den Schultern. »Nun, ich habe ja öffentlich zugegeben, dass ich für Jacques Chirac mehrere Koffer Bargeld in Afrika abgeholt und im Rathaus abgeliefert habe. Da war Chirac noch Bürgermeister von Paris und kandidierte für das Amt des Staatspräsidenten. Mehrere Millionen Dollar.« Er nahm einen Schluck von seinem Champagner, bevor er fortfuhr. »Für seine Kampagne zur Wiederwahl 2002 gab es noch einmal rund zehn Millionen Dollar. Insgesamt werden es zwanzig Millionen Dollar zwischen 1997 und 2007 gewesen sein.«

Margaux schüttelte unglaubwürdig den Kopf. »Alles nur für die Wahlkämpfe?«

»Die Hälfte floss in die Wahlkämpfe. Der Rest landete in privaten Händen. Für Sarkozy habe ich das dann nicht mehr gemacht.«

»Du vielleicht nicht«, lachte Dumas, »aber das System läuft immer noch wie geschmiert. Es wurde gleich nach der Unabhängigkeit der französischen Kolonien in den sechziger Jahren eingerichtet. Und seitdem haben alle frankophonen Staatschefs in Afrika die politische Klasse Frankreichs finanziert ...«

Bourgi beugte sich zu Margaux vor, als wollte er ihr ein Geheimnis verraten. »Es gab da doch diesen wunderbaren Auftritt von Giscard d'Estaing. Das war beim Radiosender Europe 1. Muss 2009 gewesen sein.« Er lächelte. »Da erzählt Giscard, während des Wahlkampfes 1981 habe er das Gefühl gehabt, Omar Bongo, der Präsident von Gabun, finanziere Chirac. Also rief Giscard, damals immerhin Präsident der Republik, bei Bongo an und sagte ihm auf den Kopf zu: ›Sie unterstützen die Wahlkampagne meines Konkurrenten.‹ Totenstille. Dann antwortete Bongo: ›Ah! Sie wissen es?‹ Daraufhin hat Giscard die Beziehungen zu Bongo abgebrochen. Und Mitterrand hat die Wahl als lachender Dritter gewonnen ...«

Margaux fragte: »Aber was erkaufen sich die Afrikaner für diese ungeheuren Summen?«

Dumas seufzte. »Das ist nicht viel Geld im Vergleich zu den Hunderten von Millionen Euro Entwicklungshilfe oder an internationalen Krediten. Es ist sogar wenig, wenn es darum geht, sich militärischen Schutz zu erkaufen. Schutz gegen Rebellen. Die Zahlung kann lebensrettend sein. Man erkauft sich die Gewähr, bei innenpolitischen Revolten zur Not mit Hilfe der Fremdenlegion ausgeflogen zu werden. Da trifft ein französischer Präsident lebenswichtige Entscheidungen für einen afrikanischen Staatschef.«

So weit die Szene aus dem Kriminalroman, die ich, nebenbei bemerkt, in der Brasserie Lipp spielen lasse, am gleichen Tisch, an dem ich mich seinerzeit selbst mit Roland Dumas – und seiner russischen Freundin Svetlana – zum Lunch getroffen hatte: »Monsieur Dumas hat für drei Personen reserviert.« So nah liegen Fiktion und Wirklichkeit manchmal beieinander.

Robert Bourgi, der öffentlich zugegeben hat, Millionen aus Afrika zu Chirac gebracht zu haben, spielte auch im Wahlkampf 2017 eine Rolle, wenn auch nur eine kleine. Es ging um sehr teure Maßanzüge für den konservativen Kandidaten François Fillon. Robert Bourgi gab zu, sie bezahlt zu haben. Da er bei dieser Gelegenheit erklärte, ein enger Freund von Nicolas Sarkozy zu sein, fragte man sich in Paris, ob Sarkozy die Geschichte mit den geschenkten Anzügen an die Presse durchgestochen hatte. Manch einer vermutete, dass Bourgi die Rechnung für Fillons Anzüge im Auftrag eines afrikanischen Fürsten beglichen hatte.

So geht es immer weiter, die Liste der ungeklärten Geldflüsse scheint kein Ende zu nehmen. Geld stinkt nicht, heißt es, aber oftmals hinterlässt es in den Akten eine verdächtige Spur.

Im Januar 2017 wurde der ehemalige Innenminister

Claude Guéant, enger Mitarbeiter von Nicolas Sarkozy, zu zwei Jahren Gefängnis, einer Geldstrafe von 75 000 Euro und Verlust der bürgerlichen Ehrenrechte auf fünf Jahre verurteilt. Er hatte mit einem Griff in eine besondere Kasse sein Monatsgehalt um 5000 Euro erhöht und so insgesamt 210 000 Euro zusätzlich zu seinem Gehalt abgezweigt. Als dies entdeckt wurde, war Guéant bereits in ein anderes Verfahren verwickelt.

Bei einer Hausdurchsuchung war aufgefallen, dass er 500 000 Euro von einem asiatischen Konto erhalten hatte. Das habe ihm ein malaysischer Anwalt für den Kauf von zwei kleinen Bildern gezahlt, behauptete Guéant. Er gab den Namen des Malers an. Das Gericht stellte fest, dass Bilder dieses Malers höchstens 10 000 oder 20 000 Euro wert seien. Für welche »Leistung« die 500 000 Euro geflossen sind, wird noch immer ermittelt. Möglicherweise stehen sie im Zusammenhang mit den Millionen, die laut Zeugenaussage der libysche Diktator Gaddafi für den Wahlkampf von Sarkozy bereitstellte. Die Affäre ist noch nicht ausgestanden.

Im Mai 2017 wurde der ehemalige konservative Premierminister Édouard Balladur verdächtigt, er habe ein großes Waffengeschäft genutzt, um seinen Wahlkampf für die Präsidentschaft 1995 zu finanzieren. Tatsächlich war ein Milliardenauftrag mit Pakistan abgeschlossen worden und Bestechungsgeld in Höhe von mehreren Millionen Euro nach Pakistan geflossen. Ein Teil dieses Geldes wurde anschließend auf Schweizer Konten rücküberwiesen. Das nennt man in Frankreich elegant *retrocommission*. Es ging angeblich um einige Millionen, die Balladur dann im Wahlkampf verwendete.

Bei der Überprüfung der Wahlausgaben von Balladur

durch den Verfassungsrat sei aufgefallen, so erzählte mir Roland Dumas, der zu dieser Zeit Präsident des *Conseil constitutionnel* war, dass Rechnungen in Höhe von einigen Millionen bar beglichen wurden. Die Auskunft aus Balladurs Lager lautete: Bei dem Geld habe es sich um Einnahmen aus dem Verkauf von T-Shirts gehandelt. Das deckte sich nicht ganz mit der Tatsache, dass mit frischen, durchnummerierten 500-Franc-Scheinen bezahlt worden war.

Nachdem unter Präsident Sarkozy bereits der Élysée-Palast die Aufsicht durch den Rechnungshof zugelassen hat, sollen jetzt auch die Assemblée nationale und der Senat vom Rechnungshof kontrolliert werden. Beide Institutionen wehren sich dagegen, denn das widerspräche dem Prinzip der Gewaltenteilung: Die Exekutive dürfe die Legislative nicht überprüfen. Nun fürchten Abgeordnete und Senatoren, das neue Gesetz über die Moralisierung des öffentlichen Lebens könnte auch sie betreffen. Tatsächlich sieht es so aus, als mache der Justizminister vor keinem Privileg halt.

Die beiden Kammern werden die neuen Regelungen verabschieden müssen – mehr oder weniger gegen ihren Willen. Aber sie wissen auch, dass in Frankreichs Schoß noch viele versteckte Privilegien ruhen, die nur darauf warten, entdeckt zu werden. Es wird noch einige Zeit ins Land gehen, bis die von Macron angekündigte »Moralisierung des öffentlichen Lebens« tatsächlich greift und auch in den Köpfen der verantwortlichen Politiker das Umdenken beginnt.

Nun kann der Präsident sich nicht um alle Details kümmern. Denn das Vertrauen der Wähler liegt nicht nur in einer Moralisierung des öffentlichen Lebens. Um den Franzosen wieder Hoffnung zu geben und Mut zu machen, muss der Präsident Frankreichs Identität neue Stärke vermitteln.

Frankreichs Rolle in der Welt muss wieder jene Bedeutung erhalten, die unter Charles de Gaulle und auch François Mitterrand das Land zur unbestrittenen Nummer eins in Europa werden ließ.

Vive l'Europe?

»*Oui*«, antwortete Emmanuel Macron, gerade einen Tag im Amt des französischen Staatspräsidenten. Er war zum traditionellen Antrittsbesuch bei der Bundeskanzlerin nach Berlin geflogen und in der anschließenden Pressekonferenz von einem Journalisten gefragt worden, ob er sich vorstellen könne, gemeinsam mit Angela Merkel ein deutsch-französisches Paar zu bilden wie seinerzeit de Gaulle und Adenauer oder Mitterrand und Kohl. Ja, das könne er sich vorstellen. Ein mutiger, aber keineswegs ein unbedachter Satz.

Als wenige Wochen später Helmut Kohl starb, würdigte der französische Präsident den ehemaligen Bundeskanzler in einem Nachruf im *Spiegel*. Kohl sei Vorbild für alle überzeugten Europäer: »Es ist Zeit für Frankreich, sich das Erbe Kohls in seiner ganzen Fülle wieder anzueignen. Und Europa eben nicht nur zu einer technischen Angelegenheit verkommen zu lassen.« Bei seiner Trauerrede auf Helmut Kohl im Europäischen Parlament in Straßburg fügte Macron hinzu, er wolle das Beispiel Kohls nutzen, um Vergleichbares zu schaffen: »Ich möchte mit Bundeskanzlerin Merkel dem europäischen Projekt Sinn und Dichte verleihen.«

Im Wahlkampf hatte Macron sich als einziger Kandidat

klar für eine Zusammenarbeit mit Deutschland ausgesprochen, um die Integration Europas weiter voranzutreiben. In einer Rede an der Humboldt-Universität in Berlin am 10. Januar 2017 meinte der Präsidentschaftskandidat, er könne es sich mit einer »demagogischen Äußerung« einfach machen und sagen, Europa sei »out«, Deutschland und Frankreich hätten sich so weit auseinandergelebt, dass es Zeit werde für neue Bündnisse. Aber es widerstrebte ihm nicht nur, auf die antieuropäische Welle aufzuspringen, es widersprach auch seiner politischen Vorstellung. Denn Macron hat eine Vision für Europa.

Im Zentrum dieser Vision steht jene enge Kooperation zwischen Frankreich und Deutschland, die im Frühjahr 1950 mit dem so genannten Schuman-Plan erstmals Gestalt annahm. Der damalige französische Außenminister Robert Schuman hatte den Vorschlag gemacht, die französische und deutsche Kohle- und Stahlproduktion einer gemeinsamen Behörde zu unterstellen, die auch anderen europäischen Staaten offenstehen sollte. Bundeskanzler Konrad Adenauer, der nur wenige Stunden vor der Verlesung dieser Erklärung informiert worden war, stimmte sofort zu. Damit war der Weg frei für die ein Jahr später gegründete Montanunion, aus der dann die Europäische Gemeinschaft hervorging.

Zwischen der Verkündung des Schuman-Planes und dem Amtsantritt Emmanuel Macrons liegen 67 Jahre, Jahre, in denen die deutsch-französischen Beziehungen kontinuierlich ausgebaut wurden, gelegentlich aber auch mancher Belastung ausgesetzt waren. Wie intensiv sie gestaltet werden konnten, das hing jeweils von den Persönlichkeiten an der Spitze ab. Wenn die Chemie zwischen Élysée-Palast und Bundeskanzleramt stimmte, klappte die Verständigung vorzüglich.

Die Basis für einen Neuanfang zwischen beiden Ländern hatten zwei alten Herren gelegt, Staatspräsident Charles de Gaulle und Bundeskanzler Konrad Adenauer. Beide waren im 19. Jahrhundert geboren, beide hatten den Ersten und den Zweiten Weltkrieg erlebt, beide waren beseelt von dem Gedanken, dass es »nie wieder« zu einer Feindschaft zwischen beiden Ländern kommen dürfe. In diesem Geist schlossen sie einen Freundschaftsvertrag, der am 22. Januar 1963 im Élysée-Palast feierlich unterzeichnet wurde – und seither auch Élysée-Vertrag genannt wird.

Aber schon wenige Jahre später begann die Entwicklung der freundschaftlichen Beziehungen erstmals zu stocken. Bundeskanzler Willy Brandt, der gut französisch sprach und später auch ein Ferienhaus in Frankreich besaß, und der französische Präsident Georges Pompidou verstanden sich nicht. Als umso wichtiger für die deutsch-französische Kontinuität erwies sich das gute Verhältnis zwischen ihren beiden Finanzministern, Valéry Giscard d'Estaing und Helmut Schmidt.

Die beiden waren sich zwar bereits in den sechziger Jahren im Komitee von Jean Monnet begegnet, dem Architekten des europäischen Einigungswerks, aber näher kennengelernt haben sie sich erst in ihrer Zeit als Finanzminister. Schmidt erinnerte sich: »Als wir uns 1972 das erste Mal in amtlicher Eigenschaft begegneten – bei einer feierlichen EWG-Gipfelkonferenz unter Vorsitz von Präsident Pompidou –, haben wir leise spöttische Witze ausgetauscht über die phrasenhaften Reden, die wir zu hören bekamen.«

Als Finanzminister waren Schmidt und Giscard mit einem ernsten Thema konfrontiert: dem sich zuspitzenden Währungskonflikt mit den USA. Washington wollte das seit einem Vierteljahrhundert funktionierende weltweite System fester Wechselkurse aufheben, um die wegen des Vietnamkriegs enorm gestiegene Schuldenlast der USA zu drücken. Die europäischen Regierungen hatten nicht genügend Macht, Amerika daran zu hindern. Das einvernehmliche Handeln von Schmidt und Giscard begründete jedoch ein Vertrauensverhältnis, das der deutsch-französischen Freundschaft wenig später, im Frühjahr 1974, als beide kurz hintereinander die Regierungsgeschäfte ihres Landes übernahmen, neue Flügel verleihen sollte.

Sofort nach der Amtsübernahme rief Giscard den deutschen Bundeskanzler an, der seinerseits erst seit drei Tagen im Amt war, und lud ihn nach Paris ein: Schmidt sollte sein erster Besucher sein. Für Helmut Schmidt war es eine Selbstverständlichkeit, nach Paris zu fliegen. Damit begründeten sie eine Tradition, die bis heute besteht: Jeder neu gewählte deutsche Regierungschef stellt sich zuerst in Paris vor, jeder neu gewählte französische Präsident reist als Erstes nach Berlin.

Und sie haben eine weitere Tradition begründet. Dazu eine kleine Anekdote. Im Jahr 2001 fragte Präsident Jacques Chirac, der sich überhaupt nicht mit Bundeskanzler Gerhard Schröder verstand, seinen Außenminister Hubert Védrine: »Wie kommt es, dass Sie sich so gut mit dem grünen Außenminister verstehen?« Védrine antwortete: »Wir sehen uns alle sechs Wochen zum Abendessen. Und da reden wir ohne vorgegebene Tagesordnung über alles.« Das werde ich auch tun, sagte sich Chirac und lud Schröder zum Abendessen in den elsässischen Ort Blaesheim ein. Seither gibt es die regelmäßigen Treffen der beiden Regierungschefs und ihrer Außenminister, die unter dem Terminus »Blaesheim-Prozess« bekannt wurden.

Der Erfinder des »Blaesheim-Prozesses« war jedoch Giscard. Als begeisterter Jäger ging er auch im Elsass gern auf die Pirsch, erlegte Hasen und Fasanen; dabei fuhr er manchmal an dem netten Lokal Le Boeuf in Blaesheim vorbei, kehrte aber nie ein. Was er bedauerte. Eines Tages kam ihm die Idee, Helmut Schmidt dort zum Abendessen einzuladen.

Als es so weit war, trat das ganze Dorf in traditionellen Kostümen an, es gab viel Folklore und Marschmusik. Der französische Präsident und der deutsche Kanzler gaben sich die Hand. Er habe unwillkürlich an den Zweiten Weltkrieg denken müssen, schrieb Giscard später in seinen Erinnerungen: Helmut war Oberleutnant der Wehrmacht gewesen, er selbst als ganz junger Mann auf dem ersten französischen Panzer in Konstanz eingefahren. Blaesheim war ein einziges Fahnenmeer: Würde es gelingen, hier im Elsass, einem Landstrich, der so viele Male in der Geschichte zwischen Deutschland und Frankreich den Besitzer gewechselt hatte, ein Zeichen der Versöhnung zu setzen? »*Le chancelier germanique y était le bienvenue!*« – so begrüßte Giscard den deutschen Gast: Der Kanzler aus Germanien war willkommen.

Adenauer hatte einst, wenn auch mit leicht ironischem Unterton, den Ratschlag erteilt, wie ein deutscher Regierungschef sich bei einem Treffen mit dem französischen Präsidenten zu verhalten habe: Vor der deutschen Fahne verneige er sich einmal, vor der französischen dreimal. Diesem Grundsatz folgte auch Helmut Schmidt, der in Fragen von internationaler Bedeutung dem französischen Präsidenten stets den Vortritt ließ. Zum einen, weil dies dem Selbstverständnis der französischen Nation schmeichelte, zum anderen, weil auf diese Weise das französische Gewicht in der Welt zusätzlich in die Waagschale geworfen werden konnte.

Helmut Schmidt trug Giscard beispielsweise die Idee einer internationalen Konferenz der wichtigsten Industriestaaten vor, auf der aktuelle Fragen der globalen Wirtschafts- und Finanzpolitik in einem gemeinschaftlichen Geist besprochen werden sollten. Deutschland fehlte das politische Gewicht, die Initiative zu einem solchen Gipfeltreffen zu ergreifen. Deshalb setzte Giscard den Gedanken um und begründete mit seiner Einladung ins Schloss Rambouillet bei Paris im November 1975 die Tradition der jährlichen G7-Treffen der Chefs der sieben wichtigsten Industrienationen. Vorrangige Themen in Rambouillet waren die Währungspolitik nach dem Zusammenbruch des Wechselkurssystems von Bretton Woods und die Reaktion auf die erste große Ölkrise.

Immer wieder gelang es Schmidt und Giscard in diesen Jahren, zu einer gemeinsamen Position in der Außenpolitik ihrer beiden Länder zu finden, was nicht jedem gefiel und insbesondere in den USA auf teilweise heftige Kritik stieß. Auf dem Vierergipfel in Guadeloupe im Januar 1979 überredeten sie, unterstützt von dem britischen Premier James Callaghan, den amerikanischen Präsidenten Carter – einen großen Zauderer –, auf die Stationierung neuer sowjetischer Mittelstreckenraketen zu reagieren. Als die Sowjetunion im Dezember desselben Jahres in Afghanistan einmarschierte, beschlossen Bonn und Paris übereinstimmend, Moskau nicht, wie die Amerikaner wollten, unter Quarantäne zu stellen und das Gespräch mit den Russen nicht abzubrechen: Im Mai 1980 traf sich Giscard in Warschau mit Breschnew, Ende Juni reiste Schmidt nach Moskau.

Die wichtigste europäische Initiative von Giscard und Schmidt war die Suche nach einer gemeinsamen europäischen Währung. Mit der Schaffung des Europäischen Währungssystems EWS begründeten sie 1979 die währungspolitische Zusammenarbeit der Länder der Europäischen Gemeinschaft – die damals noch aus neun Mitgliedern bestand – und legten so den Grundstein zu dem, was einmal der Euro werden sollte. Bei der Frage, wie die europäische Verrechnungseinheit heißen sollte, bewährte sich das deutsch-französische Zusammenspiel ein weiteres Mal. Giscard, der die Empfindlichkeiten der Briten kannte, schlug scheinheilig vor, man solle sie »European Currency Unit« nennen. Schmidt grinste: Die Abkürzung davon wäre ja wohl ECU. In Frankreich war der Ecu bis ins 18. Jahrhundert hinein eine Gold- oder Silbermünze; das Wort spielt in der Wahrnehmung der Franzosen heute eine ähnliche Rolle wie etwa das Wort Taler bei den Deutschen.

Schmidt und Giscard haben sich nicht nur politisch vertraut. Bei einem Staatsbesuch im Juli 1980 in Deutschland eröffnete Schmidt seinem Gast, dass er einen jüdischen Vater habe (in Wirklichkeit hatte Schmidt einen jüdischen Großvater). »Außer meiner Frau und einem meiner engsten Mitarbeiter« wisse niemand davon. Er sei von dieser Mitteilung »wie betäubt« gewesen, schrieb Giscard acht Jahre später in seinen Memoiren, in denen er – mit Erlaubnis Schmidts – die Geschichte öffentlich machte.

Die Freundschaft zwischen den Nachfolgern François Mitterrand und Helmut Kohl war von anderen Werten geprägt und gehorchte anderen Gesetzen. Von Oktober 1982, als Kohl Kanzler wurde, bis Mai 1995, als die vierzehnjährige Amtszeit Mitterrands endete, trafen sie sich durchschnittlich knapp zehn Mal im Jahr. »Es waren Begegnungen voller Aufmerksamkeit und gegenseitigem Verständnis«, so Hubert

Védrine, damals engster Berater von Mitterrand und später Außenminister. »Das führte zu einer wahrhaftigen Freundschaft und sogar, auch wenn das außergewöhnlich erscheint, zu einer Form von gegenseitiger Zuneigung. Diese Beziehung war durch ihre Dauer, Intensität und Produktivität wirklich außergewöhnlich.«

Dennoch blieben heftige Auseinandersetzungen nicht aus, besonders während der stürmischen Monate des Zusammenbruchs der DDR. In dieser Zeit erlangte die Freundschaft zwischen dem französischen Außenminister Roland Dumas und dem deutschen Außenminister Hans-Dietrich Genscher eine besondere Bedeutung. In meinem Buch *Und Gott schuf Paris* habe ich 1993 ausführlich darüber berichtet.

Kam Dumas nach Bonn, traf er sich mit Genscher meist in dessen Privathaus zum Abendessen. Wenn Genscher nach Paris reiste, verabredete er sich zum Frühstück oder Abendessen mit Dumas im Palais Beauharnais, der Residenz des deutschen Botschafters. »Das war sehr nützlich«, erzählte mir Dumas, »denn Genscher konnte nie sicher sein, dass seine Botschaften bis zu Mitterrand gelangten. Durch mich war er sicher. Das war in der Ostpolitik besonders wichtig, denn wir beide waren der Meinung, man müsse die Abrüstung in Europa vorantreiben. Immer wenn ich Genscher traf, sagte er mir, könntest du Mitterrand dies oder jenes sagen, damit er es Kohl steckt. Und Mitterrand hat mitgespielt und Kohl zu vielen Dingen bewegt.«

Mitterrand hat Genscher also offenbar mehr vertraut als Kohl. »Nach der Zehn-Punkte-Rede von Kohl vor dem Bundestag«, so Dumas, »war Mitterrand sauer und sagte mir: ›Das hätte dir dein Freund Genscher doch sagen können. Schließlich sind wir Alliierte, brüderlich verbündet. Wir reden doch über alles!‹ Also rufe ich Genscher an, und der antwortet: ›Du kannst Mitterrand sagen, auch ich wusste nichts. Auch ich habe die Rede erst gehört, als Kohl sie hielt. Kohl hatte kurz vorher lediglich die Amerikaner unterrichtet.«

»Hat Mitterrand Kohl misstraut?«

»Ja und nein. Mitterrand hielt Kohl für einen überzeugten Europäer. Aber er fand, dass er sich zu sehr nach den Wählern richtete. Eines Tages hat Mitterrand mich sogar gebeten, Genscher kommen zu lassen, damit er die Lage Deutschlands nach der Einigung erkläre. Genscher kam und konnte Mitterrand beruhigen, Deutschland bleibe im Westen verankert. Mitterrand traute Genscher da mehr als Kohl. Mitterrand misstraute Kohl besonders, weil er sich weigerte, die Oder-Neiße-Grenze anzuerkennen.«

Das Gezerre um die Oder-Neiße-Grenze war einer der Stolpersteine für die Franzosen während des Einigungsprozesses. Für die Franzosen war dies auch deshalb eine heikle Lage, weil Frankreich Polen 1939 eine Sicherheitsgarantie gegeben und dem Deutschen Reich nach dem Einmarsch der Wehrmacht zwar den Krieg erklärt, aber nichts unternommen hatte. Das haben die Polen den Franzosen nie verziehen. Jetzt also galt es, in der Frage der Westgrenze Polens hart zu bleiben.

Die Bonner Regierung war in diesem Punkt gespalten. Kohl wollte mit Blick auf die Wahlen im Dezember 1990 die Vertriebenen nicht vergraulen und weigerte sich, die Oder-Neiße-Linie als Grenze anzuerkennen. Bundesaußenminister Genscher wie auch Bundespräsident von Weizsäcker hatten sich zwar öffentlich bereits auf eine Anerkennung festgelegt, aber es kam nun einmal auf das Wort des Kanzlers an.

Als ARD-Korrespondent in Paris habe ich miterleben können, wie die deutsch-französische Freundschaft in solch einem Fall funktionierte. Im Ministerbüro von Außenminister Dumas saß »mein Spion« Robert Boulay, der mich über wichtige Vorgänge informierte. Anfang 1990 rief er mich eines Tages an, es muss so gegen halb sieben Uhr am Abend gewesen sein. Er sagte: »Dumas und Genscher haben eben eine Stunde lang telefoniert. Dann hat Genscher gesagt, ich steige eben mal ins Flugzeug und komme rüber.«

Ich rief sofort in der deutschen Botschaft an. Nein, man wisse nichts von einem Flug des Außenministers nach Paris. Ich rief in der Presseabteilung des Quai d'Orsay an. Nein, es sei nichts bekannt. Ich überlegte und kam zu dem Schluss, dass Genscher schon in Paris sein müsse. Also fuhr ich mit Kameramann und Toningenieur zum Quai d'Orsay, wo ich im Hof meinem »Spion« begegnete, der dort mit einem deutschen Diplomaten stand. Um Boulay nicht zu verraten, sagte ich: »Ich habe eben aus Bonn erfahren, dass Genscher hier ist. Wir brauchen für einen ›Brennpunkt‹ morgen Abend einige Bilder von dem Treffen.«

Man informierte Genscher, wir durften die beiden Außenminister im vertrauten Gespräch filmen. Sie sprachen ohne Dolmetscher, deutsch.

Als das Team abgedreht hatte, machte Genscher eine Handbewegung, deutete auf einen Stuhl und sagte zu mir: »Setzen Sie sich doch.« So wurde ich Zeuge eines für mich hochinteressanten Gesprächs. Zum einen war ich erstaunt, mit welch hässlichen »Spitznamen« andere Politiker, einschließlich des Bundeskanzlers, bedacht wurden. Zum anderen stellte ich fest, dass Genscher und Dumas ihre Positionen in allen Einzelheiten abstimmten, um eine gemeinsame Linie in der Frage der Oder-Neiße-Grenze vertreten und so Bundeskanzler Kohl unter Druck setzen zu können.

Solche Details ändern nichts an der Bedeutung der Entscheidungen, die Mitterrand und Kohl gemeinsam getroffen haben.

Ihre wichtigste gemeinsame Entscheidung im Rahmen des europäischen Einigungsprozesses war der Beschluss, die gemeinsame europäische Währung einzuführen. Kohl hat lange gezögert, die Mark, in der sich für die Westdeutschen der wirtschaftliche Aufstieg nach dem Krieg symbolisierte, zu opfern. Doch Mitterrand bestand darauf. Védrine erinnert sich: »Helmut, Sie sagen selbst, dass die deutsche und die europäische Einheit die zwei Seiten einer Medaille sind. Das ist jetzt der Moment!«

Bei der Totenmesse für Mitterrand im Januar 1996 in der Kathedrale Notre-Dame kullerten Helmut Kohl Tränen über das Gesicht. Er wischte sie nicht ab. Er ließ sie laufen.

Ein halbes Jahr zuvor war Jacques Chirac als Nachfolger Mitterrands in das Amt des Staatspräsidenten eingeführt worden. Aber nicht nur sein Verhältnis zu Kohl blieb unterkühlt, auch zu Gerhard Schröder fand Chirac keinen Draht. Das Gleiche galt für alle Nachfolger in Berlin und Paris. Weder Sarkozy noch Hollande auf französischer Seite, noch Angela Merkel in Berlin konnten noch einmal ein ähnliches Vertrauensverhältnis aufbauen wie Schmidt und Giscard oder Kohl und Mitterrand. Das mag auch an ihren Biographien liegen. Das politische Denken der nachwachsenden Politikergeneration war nicht mehr durch das Kriegserlebnis geprägt; Europa war für sie nicht mehr eine politische Vision, für die sich zu kämpfen lohnte, sondern Routine.

Gerhard Schröder trat als frisch gewählter Kanzler unter dem Motto an, Deutschland wird deutscher und ist in Europa nicht länger der Zahlmeister. Im Élysée wurde man misstrauisch. Infolge der Einheit waren die Rahmenbedingungen für die deutsch-französische Zusammenarbeit ohnehin verändert. Beim EU-Gipfel von Nizza im Dezember 2000 gab es Streit darüber, ob Deutschland mit seiner weitaus größeren Bevölkerungszahl mehr Stimmen im EU-Ministerrat erhalten solle als Frankreich. Voller Zorn meinte der französische Präsident Jacques Chirac, dafür habe man nun den Krieg gewonnen! Schröder gab schließlich nach, Frankreich und Großbritannien erhielten die gleiche Stimmenzahl wie Deutschland.

Nachdem sich Deutschland relativ schnell von den finanziellen Belastungen der Einheit erholt und mit der Agenda 2010 die notwendigen Anpassungen der Sozialsysteme durchgeführt hatte, erhielt das Land neues politisches Gewicht in der Welt. Mit dieser Entwicklung wollte sich der neue französische Präsident Nicolas Sarkozy ganz und gar nicht abfinden. Er reduzierte die deutsch-französischen Beziehungen auf das Allernotwendigste, suchte den Schulterschluss mit Großbritannien und arbeitete am Konzept einer Mittelmeer-Union als Gegengewicht. Er scheiterte auf der ganzen Linie.

Als Sarkozy gleich nach seiner Amtseinführung 2007 zum traditionellen Antrittsbesuch nach Berlin fuhr, erschreckte er Angela Merkel durch sein ungehobeltes Auftreten. Ununterbrochen zog er über seinen Vorgänger her. Zurück in Paris, nannte er Merkel schon mal »*la boche*«, eine aus der Zeit der Erbfeindschaft stammende Beleidigung für Deutsche, die aus dem allgemeinen Wortschatz der Franzosen längst verschwunden ist. Bei EU-Gipfeln versuchte er immer wieder,

Frau Merkel vorzuführen, und meckerte: »Frankreich handelt, während Deutschland nur daran denkt.«

Nach Sarkozys Vorstellung gebührt Frankreich der erste Platz und die Führung in Europa. Weil der europäische Stabilitätspakt diese Vormachtstellung seiner Meinung nach nicht ausreichend berücksichtigte, stellte er ihn grundsätzlich infrage – und die Unabhängigkeit der Europäischen Zentralbank aus innenpolitischen Gründen gleich mit. Als es darum ging, den früheren sozialistischen Finanzminister Dominique Strauss-Kahn als Chef des Internationalen Währungsfonds durchzusetzen, sprach er sich mit Luxemburg und den USA ab, nicht aber mit Deutschland. Erst gegen Ende seiner Amtszeit begriff Sarkozy, dass er ohne die Deutschen in der Europapolitik wenig bewegen konnte.

Auch seinem Nachfolger François Hollande gelang es nicht, eine kreative Beziehung zu Berlin aufzubauen. Zwar hatte er bei Amtsantritt 2012 großspurig angekündigt, zum 50. Geburtstag des Élysée-Vertrags im Januar 2013 einen neuen Freundschaftsvertrag vorzuschlagen, aber aus dem Versprechen wurde nichts. Stattdessen strich Hollandes Erziehungsministerin Najat Vallaud-Belkacem die zweisprachigen deutsch-französischen Klassen (die Emmanuel Macron sofort wieder einführte).

Auch wenn sich die beiden Personen an der Spitze nicht sonderlich verstanden, war das deutsch-französische Verhältnis in den letzten zwanzig Jahren doch stark genug, alle Irritationen aufzufangen. Der administrative Unterbau und die freundschaftlichen Beziehungen einzelner Minister geben genügend Halt. So war es dem ausgezeichneten Verhältnis der Finanzminister beider Länder zu verdanken, dass es in der Griechenlandkrise nicht zu größeren Verwerfungen zwischen Frankreich und Deutschland kam. Nach dem vorläufigen Ende der Griechenlandkrise im Herbst 2015 führte ich gemeinsam mit einem französischen Kollegen drei Tage lang Gespräche mit Wolfgang Schäuble und dem französischen Finanzminister Michel Sapin. An dem daraus hervorgegangenen Buch lässt sich ablesen, dass bei allen Meinungsverschiedenheiten, die es gab, die Basis des Verständnisses die besondere Beziehung zwischen Deutschland und Frankreich war.

Schäuble mag für den Grexit gewesen sein, Sapin dagegen, doch keiner stellte den anderen je in die Ecke. Schäuble warf Sapin nie die Verletzung der EU-Kriterien durch die französische Schuldenpolitik vor. Als kaum noch eine Lösung der Schuldenkrise möglich schien und die griechische Regierung ein Referendum abhalten ließ, in dem die Mehrheit der Griechen gegen die Auflagen stimmte, unternahm der griechische Ministerpräsident einen letzten Versuch. Schließlich lag ein Programm vor, das von der EU beschlossen wurde. Dieses Programm war heimlich mit Hilfe des französischen Finanzministeriums geschrieben worden.

Ich fragte Wolfgang Schäuble: »Wussten Sie davon?«

»Man hat es in den Zeitungen gelesen«, antwortete Schäuble.

Und Sapin fügte hinzu: »Es stimmt, dass wir Kontakte mit der griechischen Seite hatten. Wir versuchten mit ihr die Niederschrift der Vorschläge voranzutreiben, damit die Vorschläge, die die griechische Seite einbringen würde, den erforderlichen Verpflichtungen entsprachen und glaubwürdig und solide waren ... Als sogenannten Berater hatten sie eine französische Bank.« Die Griechen seien einfach nicht in der Lage gewesen, so Sapin, das Kompromisspapier aus eigener Kraft richtig zu formulieren.

»Haben Sie es Ihrem Freund Wolfgang gesagt?«

»Nein«, antwortete Sapin.

»Und wie bewerten Sie diese Geheimniskrämerei?«, fragte ich Schäuble.

»Mangelndes Selbstvertrauen!«, antwortete der deutsche Finanzminister trocken.

Eine Umfrage aus dem Jahr 2013 ergab, dass 85 Prozent der befragten Franzosen ein »gutes Bild« vom deutschen Nachbarn hatten; 87 Prozent hatten sogar ein positives Bild der bilateralen Zusammenarbeit, und 93 Prozent nannten diese Zusammenarbeit notwendig für die Zukunft der EU und der Eurozone. Doch die anhaltende Wirtschaftskrise und der von Berlin vertretene harte Sparkurs führten dazu, dass Deutschland immer häufiger als »dominantes Land in Europa« gesehen wurde. Deshalb wurde Emmanuel Macron während der Präsidentschaftswahl von seiner rechtsradikalen Herausforderin Marine Le Pen als »Vizekanzler« Angela Merkels bezeichnet; der deutschlandkritische linksradikale Jean-Luc Mélenchon von La France insoumise bezeichnete die Bundeskanzlerin gern als autoritären Bismarck.

Im Sommer und Herbst 2016, auf dem Höhepunkt der Flüchtlingskrise, erhielt Angela Merkel keinerlei Unterstützung aus Paris. Im Gegenteil, der französische Premierminister Manuel Valls kritisierte in einer Rede in München die deutsche Politik – ein äußerst unfreundlicher Akt, gilt doch in der internationalen Diplomatie der Grundsatz, die Regierung des Gastgeberlandes nicht zu kritisieren.

Zur Zeit des Präsidentschaftswahlkampfes 2017 waren die deutsch-französischen Beziehungen auf einem Tiefpunkt angelangt. Umso mutiger war das Bekenntnis von Emmanuel Macron zur deutsch-französischen Zusammenarbeit mit dem Ziel, den Ausbau Europas voranzutreiben. Dafür erhielt er prominente Unterstützung aus Berlin: Wolfgang Schäuble sprach sich für ihn aus, die Bundeskanzlerin empfing ihn, und die SPD mit ihrem frisch gekürten Kanzlerkandidaten Martin Schulz verspürte ihrerseits mächtig Aufwind.

Nun sagt ein Politiker während des Wahlkampfes viel, und hinterher stellt man sich die Frage, was daraus wohl wird. Aber sowohl bei der Zusammenstellung der Regierung als auch bei der Wahl seiner persönlichen Berater im Élysée achtete Macron darauf, Personen zu ernennen, die einen Bezug zu Deutschland haben. Philippe Étienne, bisher Botschafter in Berlin, wurde sein diplomatischer Berater und Sherpa für alle G7- und G20-Gipfel. Kurz vor dem G20-Gipfel in Hamburg besuchte ich ihn in seinem neuen Büro im Élysée.

Zu diesem Zeitpunkt arbeitete Philippe Étienne seit etwa sechs Wochen mit Präsident Macron zusammen und begleitete ihn auf allen Auslandsreisen. An der Tür seines Büros begrüßte er mich: »Heute früh bin ich noch in Berlin gewesen.« Ein kurzer Ausflug mit dem Präsidenten, um G20 vorzubereiten.

Am meisten interessierte mich, wie Merkel und Macron miteinander auskommen. Würden sie den Blaesheim-Prozess wiederaufleben lassen?

»Nein, ich glaube, das ist nicht nötig«, sagte Philippe Étienne. »Schon bei ihrem ersten Treffen, als Macron gerade einen Tag lang Präsident war, hat er der Kanzlerin ganz offen seine Themen vorgetragen. Langfristig gesehen, so hat er Angela Merkel erklärt, hält er es für kein Tabu, die europäischen Verträge zu verändern. Vorher sieht er zwei Schwerpunkte:

Erstens die Zukunft des Euro und zweitens die Demokratisierung Europas. Wichtig sei es, klare Ziele zu haben.«

Macron versteht ein wenig Deutsch. Aber Merkel und er sprechen englisch miteinander, und es sind auch immer Dolmetscher zugegen. Ich wollte wissen, was Macron meinte, als er sagte, Merkel und er könnten wie das Paar Kohl–Mitterrand zusammenarbeiten.

»Die gleichen Arbeitsmethoden, das gleiche gegenseitige Vertrauen. Offen über alles zu sprechen. Und bereit zu sein, richtige Kompromisse einzugehen.«

»Haben sie regelmäßig Kontakt?«

»Ja, sie telefonieren fast jeden Tag miteinander oder schreiben sich Kurznachrichten auf dem Smartphone.«

Die deutsch-französische Freundschaft sei für den Präsidenten »ein Grundpfeiler seiner Politik, nicht nur der Außenpolitik«, betonte Étienne. Voraussetzung für eine glaubwürdige Europapolitik, die er gemeinsam mit Deutschland vorantreiben wolle, seien allerdings innenpolitische Reformen. In Macrons Buch *Revolution* heißt es dazu:

»Frankreich hat eine riesige Verantwortung. Wenn wir unsere deutschen Partner überzeugen wollen, mit uns voran zu gehen, dann müssen wir uns dringend reformieren. Heute wartet Deutschland ab, blockiert eine Reihe von europäischen Vorhaben aus Misstrauen uns gegenüber. Wir haben es zweimal enttäuscht. 2003/2004 haben wir uns zu grundlegenden Reformen verpflichtet, die aber nur die Deutschen durchgeführt haben. Und 2007 haben wir einseitig die Agenda der Rückführung öffentlicher Ausgaben beendet, die wir zusammen beschlossen hatten.« Und dann äußert Macron einen urfranzösischen Gedanken: »Vergessen wir nicht, dass es Platz für eine französische Führung in Europa gibt, aber das beinhaltet, dass wir dafür ein mustergültiges Beispiel liefern.«

Unter dem Motto »*l'Europe qui protège* – Europa, das uns beschützt« will Macron bei den Bürgern der Mitgliedsländer um Zustimmung für die Gemeinschaft werben. Der Schutz, den Europa seinen Bürgern gewährt, umfasst für Macron alles, was ein einzelner Mitgliedsstaat gar nicht leisten kann: von der gemeinsamen Sicherheits- und Verteidigungspolitik über die Währung, gemeinsame Standards beim Umweltschutz und in der Klimapolitik bis hin zu Fragen der Gerechtigkeit und der Entwicklung der Demokratie.

»Er hat keine konservative Sicht auf Europa«, sagte Philippe Étienne, »sondern er will Fortschritt für Europa. Es soll nicht nur einen Verteidigungsfonds geben, sondern auch einen Investitionsfonds, der von einem europäischen Finanzminister geführt wird. Er fordert Maßnahmen gegen Jugendarbeitslosigkeit, soziale Gerechtigkeit, ein liberales Europa. Protektion, aber nicht Protektionismus. Protektionismus wäre eine Rückkehr zum Nationalismus.«

In der Vergangenheit trat Frankreich in Europa immer dann auf die Bremse, wenn es darum ging, dass Souveränitätsrechte abgegeben werden sollten. »Was kann Macron meinen, wenn er jetzt von einer europäischen Souveränität spricht?«

»Die Fähigkeit Europas, die Globalisierung mitzugestalten. Europa darf sich nicht als Opfer der Globalisierung sehen, sondern als Handelnden.«

Die französische Verfassung räumte dem Präsidenten das Recht ein, sich in wichtigen Fragen mit einem Brief an den Kongress zu wenden, die gemeinsame Sitzung von Abgeordneten und Senatoren, vor denen dieser Brief dann verlesen wurde. Dieses nüchterne Verfahren wurde 2008 mit einer Verfassungsreform geändert. Seither kann der Präsident den Kongress zusammenrufen, um dort persönlich aufzutreten und sein Anliegen zu verkünden. François Hollande nutzte das neue Instrument drei Tage nach den Anschlägen von Paris im November 2015 und sprach vor den versammelten Vertretern beider Kammern – im Schloss von Versailles.

Er wolle einmal im Jahr vor dem Kongress eine Rede halten, hatte Emmanuel Macron bald nach seiner Amtseinführung angekündigt. Die Idee, auf diese Weise dem Amt neuen Glanz zu verleihen, hatte er offenbar den Amerikanern abgeschaut; jedes Jahr im Januar hält der Präsident vor dem Kongress seine Ansprache über »the State of the Nation«. Am 3. Juli 2017 war es so weit. Abgeordnete und Senatoren kamen in dem großen Prachtsaal im Schloss von Versailles zusammen. In diesem Saal war am 5. November 1789 die Versammlung der *États généraux* von Ludwig XVI. eröffnet worden, die das Ende der absoluten Macht des Königs einleitete.

Ganz bewusst hatte Macron den Kongress, diese »heilige« Veranstaltung, nach Versailles einberufen. Denn mit dem Schloss verbinden die Franzosen nicht nur das *ancien régime*, die Zeit des Absolutismus. Vielmehr trägt dieser wohl prächtigste Palastbau des klassischen Barock, der so häufig kopiert wurde, immer noch zum Stolz der Franzosen bei. Außerhalb Frankreichs mag man die Identifikation mit Versailles als Anachronismus bezeichnen. So schrieb der italienische Schriftsteller Guido Piovene bereits Anfang der fünfziger Jahre, er würde den Franzosen am liebsten zurufen: »Befreit euch von diesem traurigen Versailles-Komplex!« Doch wer so denkt, verkennt die Seele der Franzosen. Sie haben den König zwar geköpft, dennoch vermissen sie ihn. Und wenn man einen König unter die Guillotine legt, so bedeutet das noch längst nicht, dass man die Werke der Könige verdammt.

Der zum pompösen Halbrund umgestaltete Prachtsaal in Versailles ist am 3. Juli 2017 zum Platzen gefüllt. Die rund neunhundert Volksvertreter, das vollständig versammelte Kabinett und die engsten Mitarbeiter des Präsidenten erheben sich feierlich, als kurz vor drei Uhr am Nachmittag der Saaldiener den Präsidenten der Republik ankündigt. Emmanuel Macron schreitet würdevoll durch das Spalier der *Garde républicaine* in ihrer schmucken Galauniform, in der Rechten den Degen zum Salut vor das Gesicht haltend.

Der Präsident steigt die mit rotem Teppich belegten Stufen zur Rednertribüne hoch, die Versammlung nimmt Platz. Dann skizziert er in großen Linien die Politik, die seine Amtszeit von fünf Jahren bestimmen soll. In der Hauptsache geht es um innenpolitische Themen, die Veränderung der Institutionen, die Ankündigung von Reformen im Wahlrecht.

Gegen Ende kommt Macron auf die Europapolitik zu sprechen. Es reiche nicht, sagt der französische Präsident, das deutsch-französische Tandem wieder zu beleben und mit Angela Merkel eine ständige Beziehung zu pflegen. Vielmehr müsse die europäische Idee als solche erneuert werden. Und das falle jetzt auch leichter, da durch die Wahl Trumps in den USA und den Ausstieg der Briten aus der Gemeinschaft das Bewusstsein der Europäer geschärft sei.

Macron belässt es nicht bei Hinweisen auf notwendige politische Weichenstellungen etwa für den Verteidigungs- oder den Investitionsfonds. Europa müsse vielmehr alles daransetzen, seine Bürger für sich zurückzuerobern: »Bis Ende des Jahres werden wir überall in Europa demokratische Versammlungen veranstalten, um Europa wieder zu gründen.«

Das ist kein leeres Gerede. Der französische Präsident will beim Europäischen Gipfel im Dezember 2017 vorschlagen, dass alle Länder, die dies wollen, an der Demokratisierung Europas teilnehmen können. Ob es gelingt?

Emmanuel Macron hat vorgemacht, wie so etwas funktionieren könnte. Mit seiner Bewegung *En Marche* hat er Hunderttausende Franzosen mitgerissen, seinem Aufruf zur »Revolution« zu folgen. Am Ende haben sie ihn zu ihrem Präsidenten gewählt und anschließend die absolute Mehrheit in der Nationalversammlung geschenkt. Die Revolution, die Frankreich verändern soll, will er jetzt auf Europa übertragen. Um dem europäischen Gedanken neues Leben einzuhauchen, brauche man vor allem eines: eine neue Generation von Politikern, die sich neu für Europa begeistert.

In diesem Punkt denkt Macron ganz und gar historisch. Nicht umsonst nennt man den Umsturz, der 1789 mit dem Sturm auf die Bastille begann, eine »universelle« Revolution. Universell, weil sie ganz Europa erneuerte. Der Präsident bleibt der Grundüberzeugung der Franzosen treu, dass die Revolution nun einmal eine französische Tradition ist. Und so wie sie seinerzeit mit der Forderung nach Freiheit, Gleichheit, Brüderlichkeit Europa begeisterte, so wird mit der Revolution Europas auch diesmal wieder Paris von ganz allein die politische und moralische Führung zufallen.